第**3**版

消費税の
会計処理と
法人税務
申告調整
パーフェクト
ガイド

公認会計士・税理士

鶴田泰三

著

清文社

第3版の発刊にあたって

　本書の新版発行から約4年が経過した。令和5年10月1日からインボイス制度が開始されたが、それに合わせて本書の第3版を発刊することになった。

　本書は消費税制度そのものの詳細な解説を目的としたものではなく、消費税についての会計及び法人税務に関する経理実務処理の解説を主な目的としており、第3版においてもその目的は踏襲している。新版発行からこの第3版発行までの間に、会計及び法人税の分野で本書の内容に影響を与えるような大きな改正はなかったが、インボイス制度に関する法令改正（2割特例の創設等）があり、また新たな通達や大量のQ＆A等も公表されている。それらの内容を反映させ、また、経理実務に資するようにケース・スタディQ＆Aやコラムを追加した。

　第3版における主な改訂事項は次のとおりである。
・消費税制度の改正（2割特例等）の内容の説明を追加した。
・実務では免税事業者からの仕入れについての消費税法上の取扱いと会計処理が問題となることから、この説明を充実させ、消費税申告書の記載事例にも反映させた。
・相談事例等を参考にして、インボイス制度関係を中心にケース・スタディQ＆Aやコラムを追加した。

　新版発行以降も様々な業務に忙殺されている。平成30年から就任していた税理士試験の試験委員は令和3年で終了したが、令和4年からは公認会計士の試験委員（租税法担当）に就任した。休日は妻と3人の子供たちと過ごす時間であり、執筆は遅れるばかりである。

そのような中で引き続き執筆を励まし続けて頂いた清文社の藤本優子氏のおかげで第3版の発刊に辿り着けた。

　本書が引き続き、企業における経理担当者、公認会計士、税理士などの経理実務家（受験生を含めて）の参考になれば幸いである。

2023年12月

公認会計士・税理士　鶴田泰三

は じ め に

　本書は、消費税についての会計及び法人税務に関する実務処理を解説したものである。消費税の内容そのものは必要な範囲での説明に限定し、主として消費税に関する会計処理及び法人税における処理・法人税申告書における申告調整ついて解説をしている。消費税の仕組み、会計処理、法人税法の処理について制度趣旨、立法趣旨などの説明には極力配慮したつもりではあるが、あくまで実務書であり、企業における経理担当者、公認会計士、税理士などの経理実務家を主な読者として想定している。

　個人が買い物をするときは物の代金に消費税を上乗せして支払う。会社でも商品を仕入れる時は消費税を上乗せして支払い、商品を国内に販売するときは消費税を上乗せして相手先に請求する。個人のプライベートな世界においても、会社におけるビジネスの世界においても（営業担当であっても、購買担当であっても、経理担当であっても、どの部署においても）、我々は消費税に囲まれて生活していると言っても過言ではない。しかし、消費税ほど社会の取引の隅々にまで影響しているにもかかわらず、税金の計算・納税の仕組み、そして会計・税務処理方法などが十分に理解されていない税はないのではないかと思われる。普段から、様々な企業の経営者の方々、経理担当の方々、営業担当の方々などと接しているが、これが実感である。

　では、なぜ消費税について理解が不十分なのか。筆者は次の３つがその主な原因ではないかと考えている。第一に、本則課税の他に簡易課税制度、事業者免税点制度があり、企業の置かれている状況によってその制度について選択の余地があることである。第二に、不適切な還付を防止するための特例措置が数次の改正により設けられており、その特例の内容及び関係が複雑になっていることである。そして第三に、これが最

も重要な点だと思われるが、そもそもの入口の話で、仕入税額控除の仕組みと消費税は誰が最終的に負担するのかについての理解が企業の経理担当者も含め一般に不十分なのではないかということである。

これらの理解なしには、消費税についての会計処理及び法人税法上の処理の理解はできないと思われることから、本書では、まず第1章で主に上記の3つの内容について説明することからスタートする。そして、第1章の最後に、本則課税となる場合、簡易課税制度を選択できる場合、免税事業者となる場合の判定フローを示す。第2章では、第1章の最後の判定フローを受けて、共通の事項を説明した後、事業者を5つのパターンに分類し、そのパターンごとに消費税についての会計処理を説明する。企業はこの5パターンのいずれかに該当するため、そのパターンごとに会計処理を検討するのがわかりやすいと考えたためである。第3章では、消費税の法人税法上の処理について、法人税法上の処理及び会計処理と税務処理が相違した場合の法人税申告書上の申告調整について説明する。第4章では、実務でよくある疑問や誤りやすい事項などについて、設例を交えてQ&A形式で説明する。なお、複数税率（軽減税率）及びインボイス制度については、第4章の中でポイントを説明することとした。そして最後の第5章では、設例を用いて、会計処理と消費税申告書及び法人税申告書の関係について、実際の申告書フォームを用いて説明する。消費税率10%への引上げ時期は再延期されたが、今後消費税の経理実務における重要度は増すばかりであろう。

本書が読者の経理実務処理に少しでもお役に立てば望外の喜びである。

最後に、日常業務に追われ執筆が遅れがちな筆者に熱意をもって励まし続けて頂いた清文社の藤本優子氏に感謝を申し上げる。

平成29年1月

公認会計士・税理士　鶴田泰三

CONTENTS

第1章 消費税の基本的仕組み

1 消費税の性格と基本的な流れ

　(1) 消費税の性格 ··· 2

　(2) 基本的な流れ(転嫁と納税) ································ 3

2 課税事業者と免税事業者の区分の仕組み

　(1) 課税事業者と免税事業者 ·································· 6

　(2) 仕入税額控除における本則課税と簡易課税制度 ·· 16

　(3) 本則課税・簡易課税・免税の判定フロー ·········· 28

3 複数税率とインボイス制度

　(1) 令和元年10月の消費税率引上げまでの経緯 ········ 29

　(2) 平成28年11月税制改正後の消費税の概要 ············ 29

第2章 消費税の会計処理

1 課税・免税の5つのパターン

2 各パターン共通事項

　(1) 消費税の会計処理基準 ···································· 43

　(2) 税抜方式と税込方式 ······································ 44

　(3) 組織形態による会計処理方式の相違 ················ 45

　(4) 複数税率と会計仕訳 ······································ 47

　(5) 免税事業者からの仕入れについての会計処理 ····· 49

(6)控除対象外消費税額等の取扱い ……………………………………… 51

(7)会計仕訳と消費税計算との関係 …………………………………… 57

3 パターン別の会計処理

(1)パターンⅠ(課税事業者、本則課税、全額仕入税額控除) ……………… 58

(2)パターンⅡ(課税事業者、本則課税、一部仕入税額控除対象外、個別対応方式) ……… 63

(3)パターンⅢ(課税事業者、本則課税、一部仕入税額控除対象外、一括比例配分方式) … 69

(4)パターンⅣ(課税事業者、簡易課税制度選択) …………………………… 75

(5)パターンⅤ(免税事業者) ………………………………………………… 81

第3章 消費税の法人税における取扱いと申告調整

1 法人税と消費税の関係

2 各パターン共通事項

(1)消費税等の法人税における取扱いについての規定 ……………… 87

(2)消費税等の経理処理の選択 ………………………………………… 87

(3)法人税上の取得価額・時価等の判定 …………………………… 89

(4)消費税等の納付額・還付額の取扱い …………………………… 92

(5)控除対象外消費税額等の処理 …………………………………… 96

(6)免税事業者からの仕入れ ………………………………………… 107

(7)交際費等に係る消費税等の額 ………………………………… 113

3 パターン別の税務処理と申告調整

(1)パターンⅠ(課税事業者、本則課税、全額仕入税額控除) …………… 118

(2)パターンⅡ(課税事業者、本則課税、一部仕入税額控除対象外、個別対応方式) …… 126

(3)パターンⅢ(課税事業者、本則課税、一部仕入税額控除対象外、一括比例配分方式)

………………………………………………………………………… 134

(4)パターンⅣ(課税事業者、簡易課税制度選択) ………………………… 134

(5)パターンⅤ(免税事業者) ……………………………………………… 139

第4章 ケース・スタディQ&A

Q1 税込方式と税抜方式での課税所得の相違 ⋯⋯⋯⋯⋯⋯⋯⋯⋯⋯⋯ 142

Q2 仕入税額控除における個別対応方式の3区分の方法 ⋯⋯⋯⋯⋯⋯ 145

Q3 居住用賃貸建物の取得と資産に係る控除対象外消費税額等 ⋯⋯ 148

Q4 固定資産及び有価証券の売却の仕訳 ⋯⋯⋯⋯⋯⋯⋯⋯⋯⋯⋯⋯⋯ 153

Q5 所有権移転外ファイナンス・リース取引に係る仕入税額控除 ⋯ 156

Q6 貸倒れに係る消費税額の控除 ⋯⋯⋯⋯⋯⋯⋯⋯⋯⋯⋯⋯⋯⋯⋯⋯ 163

Q7 リバースチャージ方式の仕訳処理 ⋯⋯⋯⋯⋯⋯⋯⋯⋯⋯⋯⋯⋯⋯ 167

Q8 公益法人等の仕入税額控除の調整計算 ⋯⋯⋯⋯⋯⋯⋯⋯⋯⋯⋯ 172

Q9 収益認識会計基準における本人と代理人の区分と消費税の取扱い ⋯ 178

Q10 税抜処理・税込処理の選択と損益管理 ⋯⋯⋯⋯⋯⋯⋯⋯⋯⋯⋯ 185

Q11 収益認識会計基準における消費税の会計処理 ⋯⋯⋯⋯⋯⋯⋯⋯ 189

Q12 消費税の修正申告と会計処理 ⋯⋯⋯⋯⋯⋯⋯⋯⋯⋯⋯⋯⋯⋯⋯ 191

Q13 短期前払費用とインボイス ⋯⋯⋯⋯⋯⋯⋯⋯⋯⋯⋯⋯⋯⋯⋯⋯ 194

Q14 免税事業者への支払いの経過措置 ⋯⋯⋯⋯⋯⋯⋯⋯⋯⋯⋯⋯⋯ 198

Q15 売手負担振込手数料と返還インボイス ⋯⋯⋯⋯⋯⋯⋯⋯⋯⋯⋯ 202

第5章 設例に基づく会計処理と消費税・法人税申告書への記載

設例1 パターンⅡ（税抜方式）で、控除対象外消費税額等を決算で正確に見積り、租税公課として計上した場合 ⋯⋯⋯⋯⋯⋯⋯⋯⋯⋯⋯ 206

設例2 パターンⅡ（税抜方式）で、控除対象外消費税額等について重要性がないため決算上無視した場合 ⋯⋯⋯⋯⋯⋯⋯⋯⋯⋯⋯⋯⋯⋯⋯ 216

設例3 パターンⅡ（税抜方式）で、控除対象外消費税額等について決算上概算で租税公課として計上した場合 ⋯⋯⋯⋯⋯⋯⋯⋯⋯⋯⋯⋯ 220

設例 4 パターンⅡ（税込方式）で、決算時に納税額を正確に見積り、租税公課として未払計上した場合 ……………………………………… 224

設例 5 パターンⅡ（税込方式）で、納税時に納税額を租税公課として計上した場合 ……………………………………………………………… 227

設例 6 パターンⅢ（税抜方式）で、控除対象外消費税額等を決算で正確に見積り、租税公課として計上した場合 ……………………… 230

設例 7 パターンⅢ（税込方式）で、決算時に納税額を正確に見積り、租税公課として未払計上した場合 ………………………………… 240

設例 8 パターンⅣ（税抜方式）で、決算時に仮受・仮払差額と納税額との差額を損益に計上した場合 …………………………………… 243

設例 9 パターンⅣ（税抜方式）で、決算時に単に仮受・仮払差額を未払消費税等とした場合 …………………………………………… 251

設例 10 パターンⅣ（税込方式）で、決算時に納税額を正確に見積り、租税公課（費用）として未払計上した場合 …………………… 255

設例 11 パターンⅣ（税込方式）で、納税時に納税額を租税公課（費用）として計上した場合 ………………………………………… 258

設例 12 〈設例 1 〉で修正申告があった場合 ……………………………… 260

設例 13 〈設例 4 〉で修正申告があった場合 ……………………………… 264

【補足】

本書脱稿後の令和5年12月27日に新経理通達及び新経理通達 Q&A が改正された。その主な改正点は、税抜経理方式を適用する場合における次の特例的取扱いである。

① 簡易課税制度あるいは2割特例を適用し、課税仕入れに係る支払対価の額に110分の10（軽減税率が適用されるものである場合には108分の8）を乗じて算出した金額を当該課税仕入れに係る取引の対価の額と区分して経理をしているときは、継続適用を条件に、特例として、当該金額を仮払消費税等の額とすることができることとなった（令和5年10月1日以後の取引から適用）。

② 令和5年10月1日から令和11年9月30日までの間の課税仕入れのうち、適格請求書等の記載事項に基づき計算した金額がないものについて、消費税等の額に相当する金額を取引の対価の額と区分して経理しなかったときは、特例として、仮払消費税等の額はないものとして法人税の所得計算金額の計算を行うことができることとなった。

Column

- 課税期間の末日が休日であった場合の届出書 ················· 16
- 簡易課税制度の適用要件を満たさなくなり、その後改めて適用要件を満たすこととなった場合 ················· 19
- みなし仕入率と益税 ················· 20
- 封じられた「自動販売機作戦」 ················· 27
- 消費税の予定納税額の計算 ················· 40
- 簡易インボイスの保存で監査上問題ないの？ ················· 84
- 免税事業者は課税事業者を選択しないと取引から排除されるのか？ ················· 103
- 毎年恒例の国税局からの問い合わせ ················· 125
- 「決算期変更」という究極の裏ワザ ················· 140
- 切手の購入は課税仕入れにならないの？ ················· 162
- インボイス制度の実施に伴うシステム修正費用の取扱いについて ················· 166
- 補助金と仕入税額控除 ················· 204
- 会社を設立するなら資本金は1,000万円未満？ ················· 233

参考資料

- 消費税の会計処理について（中間報告）················· 274
- 公益法人委員会報告第13号
  公益法人における消費税の会計処理について（中間報告）
  （平成26年12月2日、公益法人新制度への移行終了に伴い廃止）················· 277
- 公益法人における消費税等の会計処理について（通知）
  （内閣府大臣官房公益法人行政担当室長）················· 280
- 消費税法等の施行に伴う法人税の取扱いについて（平成元年3月1日直法2-1、最終改正令和5年6月20日付課法2-8、課審6-6（法令解釈通達））················· 282
- 令和3年改正消費税経理通達関係Q&A（国税庁、令和3年2月）················· 297
- 収益認識基準による場合の取扱いの例（国税庁、平成30年5月）················· 315

―――――― 【凡例】 ――――――

本書における法令等については、次の略称を使用しています。

税制抜本改革法……………………社会保障の安定財源の確保等を図る
　　　　　　　　　　　　　　　　税制の抜本的な改革を行うための消
　　　　　　　　　　　　　　　　費税法の一部を改正する法律
消法………………………………消費税法
消令………………………………消費税法施行令
消規………………………………消費税法施行規則
消基通……………………………消費税法基本通達
インボイスＱ＆Ａ………………消費税の仕入税額控除制度における
　　　　　　　　　　　　　　　　適格請求書等保存方式に関するＱ＆Ａ
　　　　　　　　　　　　　　　　（平成30年6月、令和5年改訂、国税庁軽減
　　　　　　　　　　　　　　　　税率・インボイス制度対応室）
法法………………………………法人税法
法令………………………………法人税法施行令
法規………………………………法人税法施行規則
法基通……………………………法人税基本通達
措法………………………………租税特別措置法
措令………………………………租税特別措置法施行令
新経理通達………………………消費税法等の施行に伴う法人税の取
　　　　　　　　　　　　　　　　扱いについて（平成元年3月1日直法2-1、
　　　　　　　　　　　　　　　　最終改正令和5年6月20日）
新経理通達Ｑ＆Ａ………………令和3年改正消費税経理通達Ｑ＆Ａ
　　　　　　　　　　　　　　　　（令和3年2月、国税庁）
消費税会計処理中間報告………消費税の会計処理について（中間報
　　　　　　　　　　　　　　　　告）、平成元年1月18日、日本公認会
　　　　　　　　　　　　　　　　計士協会、消費税の会計処理に関す
　　　　　　　　　　　　　　　　るプロジェクトチーム
公益法人会計処理中間報告……公益法人委員会報告第13号公益法人
　　　　　　　　　　　　　　　　における消費税の会計処理について
　　　　　　　　　　　　　　　　（中間報告）（平成元年9月5日、日本公認
　　　　　　　　　　　　　　　　会計士協会）（平成26年12月2日、公益法
　　　　　　　　　　　　　　　　人新制度への移行終了等に伴い廃止）

※本書の内容は、2023年12月1日現在の法令等に基づいています。
※消費税の申告書等については、2023年12月現在国税庁が公表している様式をもと
　に掲載しています。実際の様式はこれと異なる場合がありますので、ご留意くだ
　さい。

第 1 章

消費税の
基本的仕組み

1 ▶ 消費税の性格と基本的な流れ

(1) 消費税の性格

消費税は、消費に対して広く公平に負担を求めるために、昭和63年12月に創設、平成元年4月から施行された。その後、税率引上げ、地方消費税[*1]の創設などの度重なる制度改正を経て現在に至っている。

消費税は間接税に分類される租税であるが、主に次の3つの性格がある[*2]。この性格は、会計処理を考えるに当たって極めて重要である。

① 消費に対して広く公平に課税
② 消費者に転嫁
③ 税の累積を排除

①の性格は、消費税創設前の物品税を代表とする特定の物品やサービスに課税する個別間接税に対するものである。消費税では、一部のもの（土地譲渡、医療、福祉、教育など）を除き、（ア）国内で行われる物品の販売・サービスの提供など（国内取引）と（イ）保税地域から引き取られる外国貨物（輸入取引）が課税の対象となる（その他、国境を越えた役務の提供と国外事業者が行う芸能・スポーツ等の役務提供については特別な課税方式で課税される）。

②の性格は、消費税は最終消費者が負担することを予定していることを示している。原材料製造業者→完成品製造業者→卸売業者→小売業者→消費者という商取引の中で、販売する物品・サービスの価格に上乗せ

---

*1 平成6年税制改正において地方消費税が創設され、平成9年4月1日から施行されており、現行は消費税と地方消費税の両者が課税されており、実際に課税される税率は「消費税率」と「地方消費税率」の合計となる。しかし、以下では説明の便宜上、消費税と地方消費税の合計を「消費税等」あるいは単に「消費税」と、「消費税率」と「地方消費税率」税率の合計を単に「消費税率」と呼ぶ場合がある。

*2 『消費税法（基礎編）令和5年度版』（税務大学校）8頁

2

されて、順次先の取引業者に転嫁され、最終消費者が消費税を負担することとなる。ただし、この流れは各段階のすべての取引が課税取引（消費税の課税される取引）であることを前提としている。非課税取引が介在する場合には次の段階に転嫁することができないため、途中の段階の事業者が消費税の負担者となる。

③の性格は、原材料製造業者→完成品製造業者→卸売業者→小売業者→消費者という各段階で何重にも課税されることのないように、売上に係る消費税額から仕入れに含まれる消費税額を控除することにより税が累積しない、いわゆる「前段階税額控除方式」の仕組みを採っていることを示している。

(2) 基本的な流れ（転嫁と納税）

❶ すべてが課税取引の場合

消費税がどのような流れで次の取引段階に転嫁され、納税され、最終的にどの段階の者が負担しているのかを見てみる。まず、すべての段階の取引が課税取引である場合である（消費税率（地方消費税込）は10％とする）。

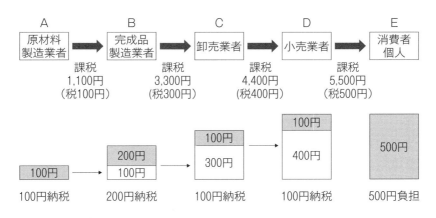

この場合、AはBから消費税等100円を含む1,100円を受け取り、100

円を国税へ納付する。ＢはＣから消費税等300円を含む3,300円を受け取り、売上に対応するＡからの仕入に係る消費税等100円を控除して200円を国税に納付する。ＣはＤから消費税等400円を含む4,400円を受け取り、売上に対応するＢからの仕入に係る消費税等300円を控除して100円を国税に納付する。Ｄは消費者Ｅから消費税等500円を含む5,500円を受け取り、売上に対応するＣからの仕入に係る消費税等400円を控除して100円を国税に納付する。消費者Ｅ個人はＤに消費税等500円を含む5,500円を支払うこととなり、最終的には消費税等の500円を負担することとなる。ただし、国税当局へ納付しているのは、Ａ（100円）、Ｂ（200円）、Ｃ（100円）、Ｄ（100円）であり、合計で500円が国庫に収まっている。この国庫に収まった500円と最終消費者であるＥが負担した500円が一致することとなる。

　このように、すべての段階の取引が課税取引の場合には、Ａ、Ｂ、Ｃ及びＤといった途中段階に介在する事業者においては、次の段階の事業者から預かった消費税等から前段階の事業者へ支払った消費税等を控除したものを国税に納付するだけのことである。すなわち、次の段階の事業者から預かった消費税等は単に仮に預かっているもの、前段階の事業者へ支払った消費税等は単に仮に払ったもの、単に事業者を通過して国税に収まるもの、という性格のものといえる。

❷ 取引の途中段階で非課税取引がある場合

　上記❶は、すべての段階の取引が課税取引であった場合であるが、そうでない場合もある。典型例として、次のようにＨから次の段階の取引が消費税等のかからない取引（ここでは非課税とする）であった場合に転嫁と納税はどのようになるのだろうか。例えば受取利息は非課税だが、仮にＨが貸金業者で、Ｈの売上が受取利息のみのような場合である*3。

---

*3　現実には売上が受取利息のみということはほとんどありえないが、ここではそのように仮定する。

第1章 消費税の基本的仕組み

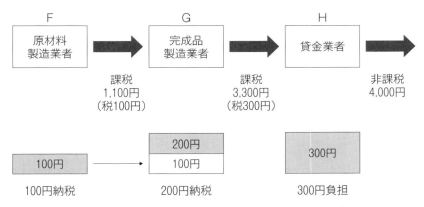

　この場合、FはGから消費税等100円を含む1,100円を受け取り、100円を国税へ納付する。GはHから消費税等300円を含む3,300円を受け取り、売上に対応するFからの仕入に係る消費税等100円を控除して200円を国税に納付する。問題はHにおける取扱いである。Hは売上がすべて非課税であることから、課税売上に対応する仕入が存在しない。すなわち、仕入に係る消費税等を控除することができないのである。したがって、Gからの仕入に含まれる消費税等300円は事業者であるHが負担することになる。このように個人である消費者以外の事業者が消費税の最終負担者になる場合がある。この場合、国税当局へ納付しているのは、F（100円）、G（200円）であり、合計で300円が国庫に収まっている。この国庫に収まった300円とHが負担した300円が一致することとなる。

　このように、途中の段階で非課税取引が登場すると、上記❶とは異なり状況が一変する。FとGにとっては消費税等の性格は上記❶と同様、次の段階の事業者から預かった消費税等は単に仮に預かっているもの、前段階の事業者へ支払った消費税等は単に仮に払ったもの、単に右から左へ通過するだけ、という性格のものである。しかし、HにとってはGへ支払った消費税等の300円は自己が負担する性格のものである。これは、Hにとってのこの消費税等の性格は、

5

Ｈの会計処理を考える上で極めて重要なこととなる。

　なお、この設例ではＨがＧへ支払った消費税300円はすべて課税売上に対応するものではないために、全額が控除できないというものであるが、実際の事業者の売上のすべてが非課税ということは稀であり、課税売上と非課税売上が混在する。その場合は、一定のルールに従って控除できる仕入に係る税額を計算する。

2 課税事業者と免税事業者の区分の仕組み

　ここでは、消費税の会計処理と法人税上の処理を検討するために必要な前提知識として、消費税における課税事業者と免税事業者の区分の仕組みを説明する。なお、本書の説明は法人である事業者を前提とするが、個人事業者についても課税期間が原則暦年であることを除けば大きな違いはないと考えてよい。

（1）課税事業者と免税事業者

　消費税等を納税する義務のある事業者は通常「課税事業者」と呼ばれ（消法9④、消基通1-4-10参照）、また、消費税等を納税する義務が免除される事業者は通常「免税事業者」と呼ばれる（消法9①参照）。「課税事業者」となるのか、あるいは「免税事業者」となるのかは、基本的には「基準期間」と「特定期間」における課税売上高で判断する。

❶「基準期間」とは

　「基準期間」とは、原則としてその事業年度[*4]の前々事業年度（2期前）である[*5]。ただし、前々事業年度が1年未満である場合の「基準期間」は、その事業年度開始の日の2年前の日の前日から同日以後1年を経過する日までの間に開始した各事業年度を合わせた期間とな

る（消法2①十四）。

　「前々事業年度が1年未満である場合」がわかりにくいが、例えば、次のように3月末決算の会社を×2年2月1日に設立したとする。この場合、第3期（×3年4月1日～×4年3月31日）の基準期間はどうなるであろうか。

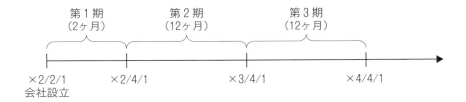

　第3期開始の日は×3年4月1日であり、その日の2年前の日は×1年4月2日となる。その2年前の日の前日は×1年4月1日であり、同日以後1年を経過する日は×2年3月31日となる。×1年4月1日から×2年3月31日までの間に開始した事業年度は第1期のみ（2ヶ月）であり、この場合の基準期間は第1期の2ヶ月間となる。

❷「特定期間」とは

　前事業年度があることが前提で、前事業年度が「短期事業年度」でない法人の場合は、「特定期間」はその前事業年度開始の日以後6月の期間となる（以下の〈ケース1〉）。前事業年度が「短期事業年度」である法人の場合は、「特定期間」は原則としてその事業年度の前々

---

*4　事業年度は、定款等で定まっており、1年間と定めている法人がほとんどあるが、何月から始まって何月に終了するかは法人の決定による。そして法人税と同様に消費税においてもこの事業年度をもとに計算することとなっており、消費税におけるこの計算の基礎となる期間のことを「課税期間」という。したがって、原則としては「事業年度」と「課税期間」は一致するが、課税期間を3ヶ月あるいは1ヶ月と短縮することが可能であるため、事業年度と課税期間が一致しない場合もある。以下では文脈により「事業年度」という用語を用いている場合と、「課税期間」という用語を用いている場合がある。

*5　合併、分割等があった場合には、基準期間を引き継ぐ特例があるが、本書ではその説明は省略する。

事業年度開始の日以後6月の期間（前々事業年度が6ヶ月以下の場合は前々事業年度開始の日から終了日までの期間）となる（消法9の2四）*6。

　ここで「短期事業年度」とは、次の（イ）あるいは（ロ）である（消令20の5①）。

（イ）　前事業年度が7ヶ月以下である場合*7

（ロ）　前事業年度が7ヶ月超8ヶ月未満であって、前事業年度開始の日以後6月の期間の末日の翌日から前事業年度終了の日までの期間が2ヶ月未満の場合

　なお、短期事業年度となる前事業年度は特定期間とはならず、前々事業年度がある場合にその前々事業年度が特定期間となるかどうかの判定をすることとなる。前事業年度が設立事業年度で、かつ、短期事業年度である場合には、前々事業年度がないため特定期間は存在せず、特定期間の判定は不要である（以下の〈ケース2〉）。

---

*6　特定期間と短期事業年度の関係は複雑である。詳細な具体例について、拙稿「実務 Q&A 会計・税務処理と申告調整第36回、消費税の事業者免税点制度の見直しと会計処理（2）」（週刊経営財務 No.3048（2012年1月16日）48〜54頁を参照。

*7　事業年度開始日が月の初日（1日）である場合には、短期事業年度となるのは7ヶ月以下（8ヶ月未満）の場合である。しかし、設立事業年度等で事業年度開始日が月の途中であった場合は、特例により「6ヶ月の期間」が5ヶ月と何日かになり、7ヶ月超8ヶ月未満であっても短期事業年度とならない場合がある（消令20の6①）。

〈ケース1〉（前事業年度が1年である法人）→前事業年度の上半期が特定期間

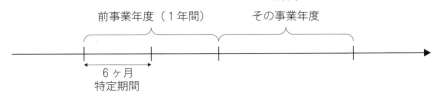

〈ケース2〉（設立年度が7ヶ月の場合）→前事業年度が短期事業年度で、前々事業年度はないことから、特定期間はなし

　前事業年度と前々事業年度をケース分けし、各ケースにおける特定期間をまとめると次の表のとおりである（消法9の2④、消令20の5）。

	ケース	特定期間
前事業年度（短期事業年度を除く）がある		前事業年度開始日以後「6ヶ月の期間」
前事業年度が短期事業年度である	前々事業年度がない	特定期間なし（基準期間もなし）
	①前々事業年度が基準期間に含まれる	特定期間なし⇒基準期間のみで判定
	②前々事業年度（6ヶ月以下を除く）の「6ヶ月の期間」の末日の翌日から前事業年度終了日までの期間が2ヶ月未満である	
	③前々事業年度が6ヶ月以下で、前事業年度が2ヶ月未満	
	④上記①〜③以外	前々事業年度開始日以後「6ヶ月の期間」（前々事業年度が6ヶ月以下の場合は前々事業年度開始日から終了日まで）

❸「課税事業者」なのか「免税事業者」なのかの判定（基本形）

　その事業年度が「課税事業者」なのか「免税事業者」なのかを判定するフローの基本形は次のとおりである。

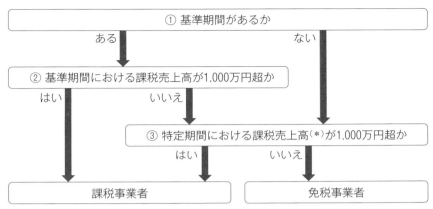

（＊）課税売上高に代えて給与等支払額で判定することも可能

　まず、①基準期間があるかどうかである。基準期間がある場合は、②基準期間における課税売上高が1,000万円を超えると課税事業者となる。基準期間における課税売上高が1,000万円以下の場合及び基準期間はないが特定期間がある場合には、③特定期間における課税売上高で判定する。その場合の特定期間における課税売上高が1,000万円を超えると課税事業者となる。

　なお、特定期間における判定は、課税売上高に代えて給与等支給額で判定することも可能である。したがって、例えば特定期間における課税売上高が1,500万円であっても、特定期間における給与等支給額が800万円であれば、判定に給与等支給額を使用すれば免税事業者となる。

❹ 基準期間がない場合の納税義務の免除の特例

　上記❸のとおり、原則として、基準期間がない場合には、特定期間における課税売上高が1,000万円超でなければ免税事業者となる。しかし、これには次の重要な例外がある。

（イ）　新設法人の納税義務の免除の特例

　その事業年度の基準期間のない法人（社会福祉法第22条に規定する社会福祉法人等（以下「社会福祉法人等」という）は除く）のうち、その事業年度開始の日における資本金の額又は出資の額が1,000万円以上である法人（以下「新設法人」という）については、その新設法人の基準期間がない事業年度は免税事業者とはならない（消法12の2①、消令25）。

　ただし、この「新設法人」の納税義務の免除の特例に該当せず免税事業者と判定された場合（言い換えれば、「新設法人」ではない場合）であっても、次の**（ロ）**で説明する「特定新規設立法人」に該当する場合には納税義務は免除されない。

　新設法人となって納税義務が免除されるかどうかを次の〈ケース1〉から〈ケース3〉で確認する。なお、このケースはいずれも次の**（ロ）**で説明する「特定新規設立法人」には該当しないことが前提である。

〈ケース1〉（設立時の資本金の額が1,000万円以上の場合）
- 設立時の資本金1,000万円で、設立2期の期首もそのまま資本金が1,000万円

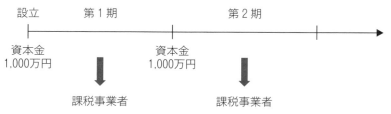

　この〈ケース1〉の場合は、設立時の資本金が1,000万円であるので、設立第1期は課税事業者となる。そして、設立第2期の期首も資本金1,000万円であるので、設立第2期も特定期間による判定を行うまでもなく課税事業者となる。

〈ケース2〉（設立時の資本金の額が1,000万円未満で第1期の期中に資本金の額を1,000万円以上に増資した場合）

- 設立時の資本金800万円で、設立1期の期中に資本金の額を200万円増加

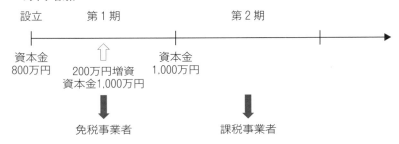

　この〈ケース2〉の場合は、設立時の資本金が800万円であるので、期中にいくら増資をしようと設立時の資本金に変更はないことから、設立第1期は免税事業者となる。そして、設立第2期の期首は資本金1,000万円となっているので、設立第2期は特定期間による判定を行うまでもなく課税事業者となる。

〈ケース3〉（設立時の資本金の額が1,000万円未満で第2期の期中に資本金の額を1,000万円以上に増資した場合）

- 設立時の資本金800万円で、設立2期の期中に資本金の額を200万円増加

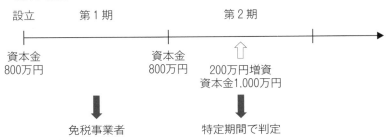

この〈ケース3〉の場合は、設立時の資本金が800万円であるので、設立第1期は免税事業者となる。そして、設立第2期の期首も資本金800万円であるので、設立第2期の期中にいくら増資をしようと設立第2期の期首の資本金に変更はないことから、設立第2期は課税事業者となるかどうかは特定期間により判定を行うこととなる。

（ロ）　特定新規設立法人の納税義務の免除の特例
　　　（一定規模以上の法人の子会社の扱い）

　その事業年度の基準期間がない法人（前述 **（イ）** の「新設法人」及び「社会福祉法人等」を除く。以下「新規設立法人」という）で、次の（ⅰ）と（ⅱ）のいずれの要件も満たすもの（「特定新規設立法人」という）については、特定新規設立法人の基準期間がない事業年度は免税事業者とはならない（消法12の3①、消令25の2）。

（ⅰ）その基準期間のない事業年度開始の日において、他の者によりその新規設立法人の株式の50％超を直接又は間接に保有される場合など、他の者によりその新規設立法人が支配される一定の場合（特定要件）に該当

（ⅱ）上記（ⅰ）の特定要件に該当するかどうかの判定の基礎となった他の者及び他の者と一定の特殊な関係にある法人のうちいずれかの者のその新規設立法人のその事業年度の基準期間に相当する期間における課税売上高が5億円超

　これは、資本金1,000万円未満の会社を設立した場合であっても、課税売上高5億円以上といった一定規模以上の会社の子会社の場合には、経済実態として免税事業者となるのは好ましくないという趣旨だと思われる。

第1章
消費税の基本的仕組み

❺ 課税事業者の選択

（イ） 課税事業者となることの選択[8]

　免税事業者となる場合であっても、「消費税課税事業者選択届出書」を所轄税務署長に提出したときは、その提出があった日の属する課税期間の翌課税期間以後の各課税期間については、課税事業者となる（消法9④、消規11①）。すなわち、免税事業者となる場合であっても、課税事業者を選択することが可能であり、課税事業者を選択しようとする課税期間の初日の前日までに「消費税課税事業者選択届出書」を所轄税務署長に提出すれば、課税事業者となる。課税事業者になるということは、課税仕入れが多額にあった場合に、免税事業者であれば還付とはならないところが、還付を受けられるということである（逆に、免税事業者であれば納付とはならないところが、結果的に納付となることもありえる）。法人の設立事業年度においては、設立事業年度終了日までに、その設立事業年度から課税事業者を選択する旨の「消費税課税事業者選択届出書」を提出すれば、その事業年度は課税事業者となる（消令20）。

（ロ）　課税事業者選択の不適用

　課税事業者を選択した場合は、その後課税事業者をやめようとするときは、「消費税課税事業者選択不適用届出書」を所轄税務署長へ提出する必要がある。ただし、「消費税課税事業者選択届出書」の提出によって課税事業者となった初めての課税期間の初日から2年を経過する日の属する課税期間の初日以後でなければ「消費税課税事業者選択不適用届出書」を提出することができない（消法9⑤⑥、消規11②）。要するに、免税事業者が課税事業者を選択した場合には2年間、課税事業者となることが強制される（いわゆる2年縛り）。

---

[8] インボイス制度開始に伴う経過措置による特例については34頁以下参照。

(2) 仕入税額控除における本則課税と簡易課税制度

❶ 仕入税額控除方法の全体像

　消費税の基本的な考え方としては、売上のすべてが課税売上であれば、売上に係る消費税等の額から、課税仕入に係る消費税等の額の全額を差し引いた差額を国税に納付することとなる。しかし、売上に非課税売上が含まれている場合には、課税売上に係る消費税等の額から課税売上に対応する課税仕入れに係る消費税等のみを差し引いた差額を国税に納付することとなる。ただし、実際の日本の消

> **Column** 課税期間の末日が休日であった場合の届出書
>
> 　課税事業者を選択しようとする課税期間の開始日の前日が土日祝日であった場合、「消費税課税事業者選択届出書」はいつまでに提出すればよいのか。課税期間の開始日の前日が土日祝日であったとしても、その該当日までに提出することが必要である。例えば、課税期間の開始日の前日が3月31日で、3月31日が日曜日であった場合、税務署の翌開庁日である月曜日（4月1日）ではなく、日曜日の3月31日までに提出が必要となる。実際には、日曜日には税務署は業務を行っていないので、窓口に提出する場合には3月29日の金曜日までに、土日の提出は税務署の入口付近にある時間外収受箱に投函することとなる。なお、「消費税課税事業者選択届出書」についての提出時期は発信主義を採用していることから、郵送で届出書を提出する場合には、3月31日までに郵便を発送（発信）し、郵便局の通信日付印が3月31日までであれば、3月31日までの提出となる。
>
> 　確定申告書の提出期限が土日祝日であった場合には翌日となる（国税通則法10②）のとは取扱いが異なるので留意が必要である。
>
> 　課税事業者をやめようとする場合の「消費税課税事業者選択不適用届出書」、後述する「消費税簡易課税制度選択届出書」「消費税簡易課税制度選択不適用届出書」等の提出についても同様である。

費税法上の制度における仕入税額控除の方法は次のとおりとなっている。

簡易課税制度	課税売上割合及び課税売上高	仕入税額控除の方法
不適用	課税売上割合100%	全額控除
	課税売上高5億円以下、かつ、課税売上割合95%以上	
	課税売上高5億円超	個別対応方式と一括比例配分方式の選択
	課税売上割合95%未満	
適用（選択）		みなし仕入率で計算

　簡易課税制度というのは、中小事業者の事務負担を考慮したもので、一定の場合に、仕入税額控除される額をみなし仕入率で計算する方法である。一定の要件を満たさないため簡易課税制度を選択できない場合及び簡易課税制度が選択可能ではあるが選択しない場合は原則的な方法（本則課税）となり、課税仕入れに係る消費税等の実額で控除額を計算する。

　本則課税の場合には、課税売上割合が100％の場合が全額控除となるが、課税売上高5億円以下、かつ、課税売上割合95％以上の場合も全額控除（いわゆる「95％ルール」）となる。「95％ルール」とは非課税売上の割合が全体の5％以下と僅少な場合には事務負担等を考慮して全額を控除することとするものであり、平成23年3月31日までに開始した課税期間ではすべての事業者に「95％ルール」が適用されていた。平成23年6月の消費税法の一部改正において「95％ルール」の適用はその課税期間の課税売上高が5億円以下の事業者に限定された。

　課税売上高5億円超の場合及び課税売上割合95％未満の場合は、課税売上に対応する課税仕入れに係る消費税等のみが控除の対象となるが、その控除の方法に、①個別対応方式と②一括比例配分方式、という2つの方法があり、選択して適用する。

❷ 簡易課税制度

（イ） 制度の選択

　基準期間の課税売上高が5,000万円以下の場合に、簡易課税制度を選択することができる。適用するためには、簡易課税制度を選択しようとする課税期間の初日の前日までに「消費税簡易課税制度選択届出書」を所轄税務署長に提出する必要がある（消法37①）。この制度は本来中小事業者の事務負担を考慮して、課税売上の集計のみから簡便的に納税額を計算できる制度として設けられたものであるが、適用要件が基準期間の課税売上高が5,000万円以下であることのみであるため、この要件を満たした事業者について、みなし仕入率控除と実額控除との有利選択の手段として利用されているのが実情である。

　なお、新設法人及び特定新規設立法人で設立第1期及び第2期の納税義務が免除されない課税期間について、法人の課税売上の多寡にかかわらず、簡易課税制度を選択することが可能である（消基通1-5-19）。設立事業年度終了日までに、その設立事業年度から簡易課税制度を選択する旨の「消費税簡易課税制度選択届出書」を提出すれば、設立事業年度から簡易課税制度が適用できる（消法37①、消令56①一）。

（ロ） 制度選択の不適用

　簡易課税制度を選択した事業者が、適用をやめようとする場合には、「消費税簡易課税制度選択不適用届出書」をやめようとする課税期間の初日の前日までに所轄税務署長に提出する必要がある（消法37⑤⑦）。ただし、「消費税簡易課税制度選択不適用届出書」は、簡易課税制度の適用を開始した課税期間の初日から2年を経過する日の属する課税期間の初日以後でなければ提出できない（消法37⑥）。すなわち、簡易課税制度を選択すると2年間は簡易課税が強制され本則課税に戻ることはできない（2年縛り）。この2年縛り

第1章
消費税の基本的仕組み

は免税事業者が課税事業者を選択した場合と同様の扱いである。

（ハ） みなし仕入率

　簡易課税制度においては、仕入税額控除を実際に支出した額ではなく、みなし仕入率を用いて行うが、その仕入率は事業ごとに次のとおり定められている（消法37①一、消令57①）。

事業区分	みなし仕入れ率	該当する事業
第1種	90%	卸売業
第2種	80%	小売業
第3種	70%	農業、林業、漁業、鉱業、建設業、製造業、電気業、ガス業、熱供給業、水道業
第4種	60%	第1種、第2種、第3種、第5種及び第6種以外
第5種	50%	運輸通信業、金融業、保険業、サービス業
第6種	40%	不動産業

（Column）**簡易課税制度の適用要件を満たさなくなり、その後改めて適用要件を満たすこととなった場合**

　簡易課税制度を選択して適用していた事業者の基準期間の課税売上高が5,000万円超となり、簡易課税制度が適用できなくなった場合であっても、その後、基準期間の課税売上高が5,000万円以下となった場合には、過去に提出した「消費税簡易課税制度選択届出書」の効力は生きており、再び簡易課税制度が適用となる（消基通13-1-3）。

　多額の課税仕入れがあり、本則課税として還付を受けたいのであれば、課税期間の初日の前日までに「消費税簡易課税制度選択不適用届出書」を提出しておかなければならないので留意が必要である。

　また、会社の担当者が変わったり、顧問税理士が変更となったりして、現在の担当者が過去の事情をよく知らない場合に、現在は本則課税であるが、過去に「消費税簡易課税制度選択届出書」を提出しているか不明となっている場合がある。そのような場合には、必ず税務署に届出の有無を確認する必要がある。

19

❸ 個別対応方式と一括比例配分方式

　個別対応方式と一括比例配分方式について、控除仕入税額の計算方法の相違は次のとおりである。なお、この2つの方式は選択適用（申告時に選択可能）であるが、一括比例配分方式は2年間継続適用した後でなければ、個別対応方式に変更できない（消法30⑤）。

	課税仕入れに係る税額		
	①課税売上対応仕入	②課税売上と非課税売上に共通仕入	③非課税売上対応仕入
個別対応方式（消法30②一）	全額控除	課税売上割合分のみ控除	全額控除不可
一括比例配分方式（消法30②二）	仕入税額全体に対する課税売上割合分を控除		

　個別対応方式においては、課税仕入れに係る税額を3つに区分する必要があり、実務的には、どの程度のメッシュでどのような方法で区分するのか（取引単位で集計するのか、部門ごとの集計値等を使用するのか）が問題となる。

(Column) みなし仕入率と益税

　みなし仕入率は実際の仕入率を参考にして決定されているはずではあるが、それでも実際の仕入率よりもみなし仕入率の方が明らかに大きい業種が存在する。法人の実態により異なるが、例えば労働者派遣業は第5種（50％のみなし仕入率）に分類されるが、労働者派遣業の費用は人件費がほとんどであり、実際の仕入率はみなし仕入率50％よりもかなり少ない場合がある。みなし仕入率を使用して税額が減少することを「益税」と呼ぶが、益税を享受するためには、十分な検討と準備が必要となる。

第1章
消費税の基本的仕組み

　製造業、建設業をはじめ大半の業種では課税売上対応仕入が相対的に多いことから、3区分が可能であれば、個別対応方式が有利となる。非課税売上対応仕入が多い業種（医療、介護、不動産売買業等）では一括比例配分方式が有利となる場合がある。実務的には、課税売上割合が限りなく100％に近く、個別対応方式の3区分が煩雑、あるいは不可能と判断して一括比例配分方式を採用している事例もある。

❹ 免税事業者及び簡易課税制度への移行制限

　本来消費税の還付を受けられない経済実態でありながら消費税の還付を受けることを防止する等の観点から、課税事業者から免税事業者あるいは簡易課税制度へ移行することが次の①から④の場合（①②及び③では、「調整対象固定資産」の仕入れを行った課税期間につき簡易課税制度の適用を受けない場合に限る）に制限される。すなわち、この4つの場合には、免税事業者あるいは簡易課税制度に移行できる場合であっても、本則課税としての課税事業者であることが3期間拘束される。3期間拘束されることによって、課税売上割合が著しく変動した場合に3期目に3期間の通算課税売上割合による調整（消法33）がなされる。これにより、本来消費税の還付を受けられない経済実態でありながら消費税の還付を受けていた場合には、3期目には1期目に還付を受けた金額相当の納付が発生し調整されることとなる。

①	課税事業者を選択した課税期間に「調整対象固定資産」[*1]を取得（消法9⑦）【平成22年度税制改正で創設（平成22年4月1日施行）】
②	新設法人が基準期間のない課税期間中に「調整対象固定資産」[*1]を取得（消法12の2②）【平成22年度税制改正で創設（平成22年4月1日施行）】
③	特定新規設立法人が基準期間のない課税期間中に「調整対象固定資産」[*1]を取得（消法12の3③）【平成24年8月の税制抜本改革法で創設（平成26年4月1日施行）】
④	事業者免税点制度及び簡易課税制度の適用を受けない課税期間中に「高額特定資産」*9[*2]を取得*10【平成28年度税制改正で創設（平成28年4月1日施行）】

（＊1）「調整対象固定資産」とは、棚卸資産以外の資産であって、一の取引の単位が100万円以上のもの（消令5）である。

（＊2）「高額特定資産」とは、一の取引の単位につき、税抜金額が1,000万円以上の棚卸資産又は調整対象固定資産（消令25の5①一）である。

❺ インボイス発行事業者となる小規模事業者に係る負担軽減措置
（2割特例）

（イ）　概要

　　令和5年10月1日から令和8年9月30日までの日の属する各課税期間において、免税事業者が適格請求書発行事業者となる場合（適格請求書発行事業者の登録申請書を提出して課税事業者となった場合だけでなく、「消費税課税事業者選択届出書」を提出したことによって課税事業者となった場合も含む）には、納付税額の計算を次のようにできる経過措置が令和5年度税制改正で導入された（28年改正法附則51の2①②）。

---

*9 「自己建設高額特定資産」についても、移行制限がある（消法12の4①、消令25の5①二）が、説明は省略する。

*10 平成28年度税制改正で創設されたもので、平成28年4月1日以後に高額特定資産の仕入れ等を行った場合に適用される。ただし、平成27年12月31日までに締結した契約に基づき平成28年4月1日以後に高額特定資産の仕入れ等を行った場合には、この規定は適用されない（附則32②）。

```
納付税額 ＝ 売上税額 － 特別控除額（売上税額の8割）
       ＝ 売上税額の2割
```

　この2割特例が適用できる課税期間を例示すると次のとおりである（国税庁ホームページ「令和5年4月インボイス制度の改正について」より）。

■**免税事業者である個人事業者が令和5年10月1日から登録を受ける場合**

　令和5年分（計算対象は令和5年10月から12月）の申告から令和8年分の申告までの計4回の申告が適用対象範囲となる。

■**免税事業者である3月決算法人が令和5年10月1日から登録を受ける場合**

　令和5年期（計算対象は令和5年10月から令和6年3月）の申告から令和8年期の申告までの計4回の申告が適用対象範囲となります。

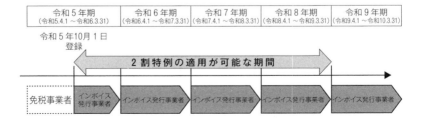

（ロ） 2割特例が適用できない場合

　次の場合には、2割特例の適用を受けることはできない。

①	基準期間の課税売上高が1,000万円を超える課税期間（消法9①）
②	特定期間における課税売上高による納税義務の免除の特例により事業者免税点制度の適用が制限される課税期間（消法9の2①）
③	相続^(注1)・合併・分割があった場合の納税義務の免除の特例により事業者免税点制度の適用が制限される課税期間（消法10、11、12）
④	新設法人・特定新規設立法人の納税義務の免除の特例により事業者免税点制度の適用が制限される課税期間（消法12の2①、12の3①）
⑤	「消費税課税事業者選択届出書」を提出して課税事業者となった後2年以内に本則課税で調整対象固定資産の仕入れ等を行った場合において、「消費税課税事業者選択不適用届出書」の提出ができないことにより事業者免税点制度の適用が制限される課税期間^(注2)（消法9⑦）
⑥	新設法人及び特定新規設立法人の特例の適用を受けた課税期間中に、本則課税で調整対象固定資産の仕入れ等を行ったことにより事業者免税点制度の適用が制限される課税期間（消法12の2②、12の3③）
⑦	本則課税で高額特定資産の仕入れ等を行った場合において事業者免税点制度の適用が制限される課税期間（消法12の4①②③）
⑧	課税期間の短縮の特例の適用を受ける課税期間（消法19）

（注1）相続のあった課税期間について、その相続により事業者免税点制度の適用が制限される場合であっても、適格請求書発行事業者の登録が相続日以前であり、他の2割特例の適用が制限される課税期間でなければ、2割特例の適用を受けることができる（28年改正法附則51の2①三）。
（注2）免税事業者に係る登録の経過措置（28年改正法附則44④）の適用を受けて適格請求書発行事業者となった者は「消費税課税事業者選択届出書」の提出をして課税事業者となっていないので、これには該当しない。

　なお、2割特例の適用にあたっては、上記の適用できない場合に該当しなければ、消費税の申告を行う都度、適用を受けるかどうかの選択が可能である。
　また、一般課税と簡易課税のいずれを選択している場合でも、適用することが可能である。

第1章
消費税の基本的仕組み

（ハ）　消費税課税事業者選択不適用届出書の提出に係る特例

　令和5年10月1日より前から「消費税課税事業者選択届出書」の提出により課税事業者となる場合は、令和5年9月30日以前の期間を含む課税期間の申告については、2割特例の適用を受けることはできない（28年改正法附則51の2①）。

　しかし、適格請求書発行事業者の登録申請書を提出した事業者であって、「消費税課税事業者選択届出書」の提出により令和5年10月1日を含む課税期間から課税事業者となる事業者については、その課税期間中に「消費税課税事業者選択不適用届出書」を提出することにより、「消費税課税事業者選択届出書」を失効させることができる（28年改正法附則51の2⑤）。そのため、登録日から課税事業者となり、その課税事業者となった課税期間から2割特例が適用できる。

（ニ）　2割特例を適用した課税期間後の簡易課税制度の選択

　簡易課税制度を適用して申告する場合は、その適用を受けようとする課税期間の初日の前日までに「消費税簡易課税制度選択届出書」を提出する必要があるのが原則である。

　しかし、2割特例の適用を受けた事業者が、その適用を受けた課税期間の翌課税期間中にその課税期間から簡易課税制度の適用を受ける旨を記載した「消費税簡易課税制度選択届出書」を提出した場合には、その課税期間の初日の前日に「消費税簡易課税制度選択届出書」を提出したものとみなされる（28年改正法附則51の2⑥）。

　したがって、次の事例のような個人事業者の場合は、令和9年12月31日までに令和9年分から簡易課税制度の適用を受ける旨を記載した「消費税簡易課税制度選択届出書」を提出することにより、令和9年分から簡易課税制度の適用を受けることができる（国税庁ホームページ「令和5年4月インボイス制度の改正について」より）。

25

■例：個人事業者が3年間の経過措置期間が終了する翌課税期間において、簡易課税制度を適用する場合

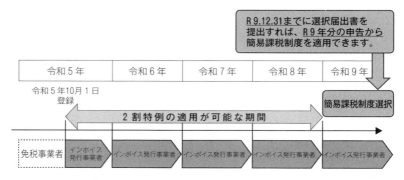

　また、次の事例のような個人事業者の場合は、令和6年12月31日までに令和6年分から簡易課税制度の適用を受ける旨を記載した「消費税簡易課税制度選択届出書」を提出することにより、令和6年分から簡易課税制度の適用を受けることができる（国税庁ホームページ「令和5年4月インボイス制度の改正について」より）。

■例：個人事業者の基準期間における課税売上高が1,000万円を超える課税期間がある場合

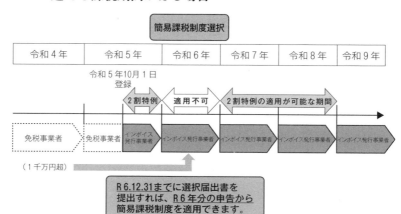

第1章
消費税の基本的仕組み

Column 封じられた「自動販売機作戦」

　課税事業者を選択した場合及び新設法人の場合についての免税事業者及び簡易課税制度への移行制限規定は、平成22年度税制改正で創設されたものであるが、これは会計検査院から指摘された次のような経済実態に合わない消費税の還付手法を封じるものであった。

　賃貸住宅経営をする事業者が賃貸住宅の建設が完成した課税期間（未入居で賃貸収入（非課税）はなし）に課税事業者を選択した。その建設が完了した課税期間に賃貸住宅の敷地内に自動販売機を設置し、自動販売機の手数料収入（課税売上）を計上し、その課税期間の課税売上割合を100％とした。そして一括比例配分方式を適用することにより、建設工事代金に係る仕入税額の全額を控除し還付を受けた。そして、3年間の通算課税割合による調整を避けるため、3期目には免税事業者あるいは簡易課税制度を適用した。

　なお、特定新規設立法人の場合は平成24年の税制抜本改革法で特定新規設立法人の制度自体が創設されたときに合わせて創設されたものである。また、事業者免税点制度及び簡易課税制度の適用を受けない課税期間の場合は、本則課税における会計検査院から指摘された経済実態に合わない還付事例を封じるために、平成28年度税制改正で創設されたものである。

　これらの経緯を見ると、立法当局と納税者との「いたちごっこ」の感は免れない。事業者免税点制度と簡易課税制度の存在自体に根本的な問題がありそうである。

27

(3) 本則課税・簡易課税・免税の判定フロー

①本則課税、②簡易課税、③免税事業者のいずれになるかの判断のフローは、前述の基本形から各特例等を加味するとの次のように複雑化する。

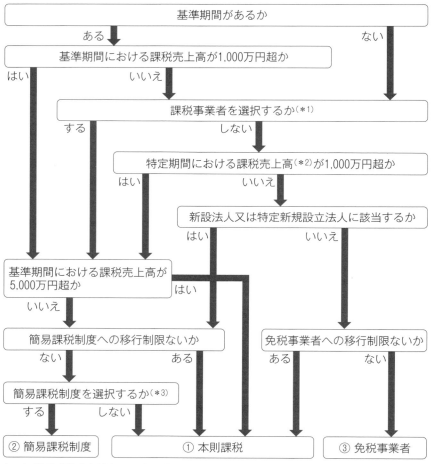

(＊1) 課税事業者を選択しようとする課税期間の初日の前日（前期の末日）までに届出書の提出が必要
(＊2) 課税売上高に代えて給与等支払額で判定することも可能
(＊3) 簡易課税制度の適用を受けようとする課税期間の初日の前日（前期の末日）までに届出書の提出が必要

第1章
消費税の基本的仕組み

3 複数税率とインボイス制度

(1) 令和元年10月の消費税率引上げまでの経緯

　民主党政権下の平成24年8月に消費税率を8％から10％に引上げるのは平成27年10月1日からとなった。その後、平成28年度税制改正により引上げは平成29年4月1日からに延期された。

　さらにその後、平成28年11月の税制改正により、消費税率の引上げ時期及び軽減税率の実施時期等が再延期された。消費税率の8％から10％への引上げは令和元年10月1日からとなり、同時に軽減税率が導入された。また、令和5年10月1日から仕入税額控除の要件が適格請求書等保存方式（いわゆるインボイス制度）となった。令和元年10月1日からインボイス制度が導入される令和5年10月1日前の4年間は、インボイス制度導入までの準備期間としての経過的な取扱いがなされた。

(2) 平成28年11月税制改正後の消費税の概要

❶ 消費税率及び地方消費税率の引上げの再延期

　消費税率の10％への引上げは、当初、平成27年10月1日からであったものが、平成28年度税制改正で平成29年4月1日からと1年半延期となり、平成28年11月の税制改正でさらに令和元年10月1日からと2年半延期となり、軽減税率の適用も同時期からとなった（税制抜本改革法の一部を改正する等の法律附則1条、所得税法等の一部を改正する法律（平成28年法律第15号）の一部を改正する法律附則1条）。

　なお、軽減税率適用前の税率合計8％と令和元年10月1日以降の軽減税率における税率合計は8％で同じであるが、次のとおり消費税率と地方消費税率の内訳が異なることに留意が必要である。

29

	令和元年9月30日まで	令和元年10月1日以降	
		標準税率	軽減税率
消費税率	6.3%	7.8%	6.24%
地方消費税率	1.7%	2.2%	1.76%
合　計	8.0%	10.0%	8.0%

❷ **軽減税率の対象となる品目**

　軽減税率が適用される対象品目は次の2つである（改正消費税法2①九の二、別表第一、改正消費税法附則34①一、二）。

①	飲食料品	食品表示法に規定する食品（酒類を除く）をいい、一定の一体資産を含む。外食やケータリング等は対象とならない。
②	新　　聞	一定の題号を用い、政治、経済、社会、文化等に関する一般社会的事実を掲載する週2回以上発行するもの（定期購読契約に基づくもの）

❸ **仕入税額控除**

（イ）　仕入税額控除の要件

　　仕入税額控除の適用を受けるためには、一定の事項を記載した帳簿及び請求書等の保存が必要となる（消法30⑦⑧⑨）。インボイス制度開始日（令和5年10月1日）後は、請求書等は適格請求書あるいは適格簡易請求書となった。

　　なお、一定規模以下の事業者に対する事務負担軽減のため、基準期間の課税売上高が1億円又は特定期間における課税売上高が5,000万円以下の事業者が、令和5年10月1日から令和11年9月30日までの間において国内において行う課税仕入れについて、その金額が税込1万円未満であるものについては、一定の事項を記載した帳簿のみの保存で仕入税額控除が可能である（28年改正法附則53の2、改正令附則24の2①）。

第1章
消費税の基本的仕組み

（ロ）　適格請求書と適格簡易請求書の記載事項

　　適格請求書発行事業者には、国内において課税資産の譲渡等を行った場合に、相手方（課税事業者に限る）からの求めに応じて適格請求書又は適格簡易請求書を交付する義務がある（消法57の4①②）。　適格請求書と適格簡易請求書の記載事項を比較して示すと、次のとおりである（下線部は差異がある箇所）。

適格請求書（消法57の4①）	適格簡易請求書（消法57の4②）
①適格請求書発行事業者の氏名又は名称及び登録番号	①同左
②課税資産の譲渡等を行った年月日	②同左
③課税資産の譲渡等に係る資産又は役務の内容（課税資産の譲渡等が軽減対象資産の譲渡等である場合には、資産の内容及び軽減対象資産である旨）	③同左
④課税資産の譲渡等の税抜価額又は税込価額を税率ごとに区分して合計した金額及び適用税率	④課税資産の譲渡等の税抜価額又は税込価額を税率ごとに区分して合計した金額
⑤税率ごとに区分した消費税額等	⑤税率ごとに区分した消費税額等又は適用税率
⑥書類の交付を受ける事業者の氏名又は名称	

　　適格簡易請求書は適格請求書と比較すると次の違いがある。
・「書類の交付を受ける事業者の氏名又は名称」が不要
・「税率ごとに区分した消費税額」又は「適用税率」のいずれか一方の記載で足りる

（ハ）　適格請求書の発行が免除される場合

　　次の取引については、適格請求書発行事業者が行う事業の性質上、適格請求書を交付することが困難なため、適格請求書の交付

31

義務が免除される（消令70の9②）。

①	3万円未満の公共交通機関（船舶、バス又は鉄道）による旅客の運送
②	出荷者等が卸売市場において行う生鮮食料品等の販売（出荷者から委託を受けた受託者が卸売の業務として行うものに限る）
③	生産者が農業協同組合、漁業協同組合又は森林組合等に委託して行う農林水産物の販売（無条件委託方式かつ共同計算方式により生産者を特定せずに行うものに限る）
④	3万円未満の自動販売機及び自動サービス機により行われる商品の販売等
⑤	郵便切手類のみを対価とする郵便・貨物サービス（郵便ポストに差し出されたものに限る）

（ニ）　適格簡易請求書が交付できる事業

　　適格請求書発行事業者が、不特定かつ多数の者に課税資産の譲渡等を行う事業を行う場合には、適格請求書に代えて、適格簡易請求書を交付することができる（消法57の4②、消令70の11）。

①	小売業、飲食店業、写真業、旅行業
②	一般乗用旅客自動車運送業（タクシー業）
③	駐車場業（不特定かつ多数の者に対するものに限る）
④	その他上記の事業に準ずる事業で不特定かつ多数の者に資産の譲渡等を行う事業

（ホ）　返還インボイス

　　適格請求書発行事業者には、課税事業者に返品や値引き等の売上げに係る対価の返還等を行う場合、一定の場合（消令70の9③）を除き、適格返還請求書（返還インボイス）の交付義務がある（消令70の9③）。

　　ただし、売上げに係る対価の返還等に係る税込価額が1万円未

満である場合には、返還インボイスの交付義務が免除される（消法57の4③、消令70の9③二）。したがって、売手が負担する振込手数料相当額を売上値引き（売上対価の返還等）と処理している場合には、振込手数料相当額が1万円未満であれば、返還インボイスの交付は不要となる（第4章 Q15参照）。

（ヘ） 帳簿のみの保存で仕入税額控除が認められる場合

帳簿及び請求書等の保存が仕入税額控除の要件であるが、インボイス制度の下では、次の取引については請求書等の交付を受けることが困難であるなどの理由から、一定の事項を記載した帳簿のみの保存で仕入税額控除が認められる（消令49①、消規15の4）。

①	適格請求書の交付義務が免除される3万円未満の公共交通機関による旅客の運送
②	適格簡易請求書の記載事項（取引年月日を除く）が記載されている入場券等が使用の際に回収される取引（①に該当するものを除く）
③	古物営業を営む者の適格請求書発行事業者でない者からの古物（古物営業を営む者の棚卸資産に該当するものに限る）の購入
④	質屋を営む者の適格請求書発行事業者でない者からの質物（質屋を営む者の棚卸資産に該当するものに限る）の取得
⑤	宅地建物取引業を営む者の適格請求書発行事業者でない者からの建物（宅地建物取引業を営む者の棚卸資産に該当するものに限る）の購入
⑥	適格請求書発行事業者でない者からの再生資源及び再生部品（購入者の棚卸資産に該当するものに限る）の購入
⑦	適格請求書の交付義務が免除される3万円未満の自動販売機及び自動サービス機からの賞品の購入等
⑧	適格請求書の交付義務が免除される郵便切手類のみを対価とする郵便・貨物サービス（郵便ポストに差し出されたものに限る）
⑨	従業員等に支給する通常必要と認められる出張旅費等（出張旅費、宿泊費、日当及び通勤手当）

❹ 免税事業者の適格請求書発行事業者の登録・取消しと課税事業者の選択の関係

（イ） まとめ

免税事業者が適格請求書発行事業者の登録・取消しをする場合と課税事業者の選択・選択不適用の関係についてまとめると次のとおりである（国税庁ホームページ「インボイス制度において注意すべき事例集」をもとに加工）。

		令和5年10月1日〜令和11年9月30日までの日の属する課税期間	令和11年10月1日以後
登録手続	提出書類	・適格請求書発行事業者登録申請書	・適格請求書発行事業者登録申請書 ・課税事業者選択届出書
登録手続	提出期限	・登録希望日（提出日から15日以後の登録を受ける日として希望する日）を記載して提出[注]	・課税期間の初日から起算して15日前の日 ・課税事業者選択届出書は課税期間の初日の前日
取消手続	提出書類	・登録の取消しを求める旨の届出書（登録日前は取下書）	
取消手続	提出期限	・取り消したい課税期間の初日から起算して15日前の日[注]	
取消手続	取消し後の納税義務	・登録日から2年を経過する日の属する課税期間の末日までは納税義務あり ・令和5年10月1日を含む課税期間に登録した事業者については、その登録日を含む課税期間の納税義務は生じるが、その翌課税期間からは基準期間の課税売上高が1,000万円以下である場合などは納税義務なし	・課税選択した課税期間の初日から2年経過日の属する課税期間の初日以後は、課税選択不適用届出書を提出することができ、この場合、その届出書の提出日の属する課税期間の翌課税期間以後は、納税義務なし

（注）期限が土日祝日の場合でもその翌日に期限が延長されないので留意が必要。

第1章
消費税の基本的仕組み

（ロ） 令和5年10月1日～令和11年9月30日までの日の属する課税期間の登録に係る経過措置

　免税事業者は、適格請求書発行事業者となるためには、課税期間の初日から起算して15日前の日までに適格請求書発行事業者登録申請書を提出し、かつ、課税期間の初日の前日までに課税事業者選択届出書を提出するのが原則である。

　しかし、令和5年10月1日から令和11年9月30日までの日の属する課税期間中において登録を受ける場合には、適格請求書発行事業者の登録申請書に希望日（提出日から15日以降の登録を受ける日として希望した日）を記載することで、その登録日から課税事業者となる経過措置が設けられている（28年改正法附則44④、改正令附則15②）。すなわち、この経過措置期間中は、課税期間の途中からの登録が可能である。

（ハ） 登録取り止めの手続き

　適格請求書発行事業者は、「適格請求書発行事業者の登録の取消しを求める旨の届出書」を翌課税期間の初日から起算して15日前の日までに提出することにより、翌課税期間から登録の効力を失わせることができる（消法57の2⑩一）。ただし、登録日から2年を経過日の属する課税期間の末日までは納税義務がある。

　「適格請求書発行事業者の登録の取消しを求める旨の届出書」を翌課税期間の初日から起算して15日前の日を過ぎて提出した場合には、登録の効力を失わせるのが翌々事業年度となるので留意が必要である。

（二） 令和5年10月1日を含む課税期間に登録した事業者についての特例

　令和5年10月1日を含む課税期間に登録した事業者については、その登録日を含む課税期間の納税義務は生じるが、その翌課税期間からは基準期間の課税売上高が1,000万円以下である場合など

35

については納税義務はなくなる。

❺ **インボイス制度における税額計算**
（イ）　売上税額の計算方法

　　売上税額の計算は、原則は総額割戻し計算、特例としてインボイス積上げ計算が認められるが、その計算方法は次のとおりである。

原則（総額割戻し計算） （消法45）	特例（インボイス積上げ計算） （消法45⑤、消令62①）
・売上税額の合計額 　＝軽減税率の対象となる売上税額 　　＋標準税率の対象となる売上税額 ・軽減税率の対象となる売上税額 　＝軽減税率の対象となる課税売上 　（税込）×100/108×6.24% ・標準税率の対象となる売上税額 　＝標準税率の対象となる課税売上 　（税込）×100/110×7.8%	・売上税額の合計額 　＝インボイスに記載した消費税額等 　　の合計額×78/100

（ロ）　仕入税額の計算方法

　　仕入税額の計算は、原則は積上げ計算、特例として総額割戻し計算が認められる。また、積上げ計算としては、インボイス積上げ方式が原則で、帳簿積上げ方式も特例として認められる。これらの計算方法は次のとおりである。

第1章
消費税の基本的仕組み

原則（積上げ計算） （新消法30①、新消令46①②）	特例（総額割戻し計算） （新消令46③）
【原則】インボイス積上げ^(注1) 【特例】帳簿積上げ方式^(注2)	・仕入税額の合計額 　＝軽減税率の対象となる仕入税額 　　＋標準税率の対象となる仕入税額 ・軽減税率の対象となる仕入税額 　＝軽減税率の対象となる課税仕入れ 　　（税込）×6.24/108 ・標準税率の対象となる仕入税額 　＝標準税率の対象となる課税仕入れ 　　（税込）×7.8/110

（注1）インボイス積上げ方式（消令46①）
　　　インボイスに記載された消費税額等のうち課税仕入れに係る部分の金額の合計額×78/100
（注2）帳簿積上げ方式
　　・課税仕入れの都度、次の計算をして、帳簿に記載（消令46②）
　　　（1円未満の端数は切り捨て又は四捨五入（切り上げは認められない））
　　　　標準税率の課税仕入れ　→　支払い対価の額×10/110
　　　　軽減税率の課税仕入れ　→　支払い対価の額×8/108
　　・仕入税額の合計額＝帳簿に計上した金額（仮払消費税等）の合計額×78/100
　　・これには、例えば、課税仕入れに係る適格請求書の交付を受けた際に、その適格請求書を単位として帳簿に記載している場合のほか、課税期間内で一定の期間内に行った課税仕入れにつきまとめて交付を受けた適格請求書を単位として帳簿に記載している場合が含まれる（消基通11-1-10）。

（ハ）　選択可能な方法

　　売上税額の計算方法と仕入税額の計算方法について、すべての組み合わせが認められるわけではなく、下図の矢印の組み合わせが認められる。すなわち、売上税額をインボイス積上げ計算、仕入税額を総額割戻し計算とする組み合わせは認められない。

売上税額[注2]		仕入税額[注3]
総額割戻し計算	(注1)	総額割戻し計算
インボイス積上げ計算		インボイス積上げ計算 帳簿積上げ計算

（注1）矢印の組み合わせのみが認められる（有利計算を排除するため、売上をインボイス積上げ計算で行い、仕入を総額割戻し計算で行うことは認められない）

（注2）売上税額において、総額割戻し計算とインボイス積上げの併用可（ただし、売上税額において一部でもインボイス積上げ計算を行った場合には、仕入税額について総額割戻し計算の併用は不可）

（注3）仕入れ税額において、インボイス積上げ計算と帳簿積上げ計算の併用可

❻ 免税事業者[*11]からの仕入れに係る税額計算

（イ） 経過措置による税額控除割合

インボイス制度の下では、免税事業者からの課税仕入れは、仕入税額控除ができない（消法30⑦）。ただし、インボイス制度開始から一定期間は、次のように一定割合を仕入税額とみなして控除できる経過措置がある（28年改正法附則52、53）。

期　　間	税額控除割合
令和5年10月1日から令和8年9月30日まで	仕入税額相当額の80%
令和8年10月1日から令和11年9月30日まで	仕入税額相当額の50%

（ロ） 経過措置により仕入税額とみなす金額の計算

経過措置により仕入税額とみなす金額の計算方法は次のとおりである。

---

*11 課税事業者であっても適格請求書発行事業者とならないという選択肢もあるため、正確には、「適格請求書発行事業者でない者」であるが、「適格請求書発行事業者でない者」のほとんどが免税事業者であると考えられるため、この表現とした（以下同様）。

仕入税額の計算	経過措置により仕入税額とみなす金額の計算
【積上げ計算】	【積上げ計算】（改正令附則22①一、23①一） 経過措置の適用を受ける課税仕入れの都度、次の計算をして合計 [注1] [注2] 標準税率分：課税仕入れに係る支払対価の額× 　　　　　　7.8/110×80/100（税額控除割合） 軽減税率分：課税仕入れに係る支払対価の額× 　　　　　　6.24/108×80/100（税額控除割合）
【割戻し計算】	【割戻し計算】（改正令附則22①二、23①二） 次の金額の合計額 標準税率分：経過措置の適用を受ける課税仕入れに係る支払対価の額の合計金額×7.8/110×80/100 軽減税率分：経過措置の適用を受ける課税仕入れに係る支払対価の額の合計金額×6.24/108×80/100

(注1)本経過措置の適用を受ける課税仕入れを区分して管理し、課税期間の中途や期末において、その区分した課税仕入れごとに、この計算を行うことも可能（ただし、あくまでも積上げ計算の場合）（インボイスQ＆A、問130）。

(注2)税抜経理を採用している場合、課税仕入れの都度、経過措置対象分（消費税額等相当額の80/100）に仮払消費税額等を算出し端数処理（その額に1円未満の端数が生じたときは、その端数を切り捨て又は四捨五入）を行っていれば、その金額の合計額に78/100を乗じて算出した金額（切捨て）を本経過措置の適用を受けた課税仕入れとすることが可能（インボイスQ＆A、問130）。

Column 消費税の予定納税額の計算

◆次の場合の予定納税額はいくらか。

（例）前期の消費税額725,000円、前期の地方税消費税204,400円

　　消費税　　　725,000円÷2=362,500円

　　地方消費税　204,400円÷2=102,200円

　　合計　　　　362,500円＋102,200円＝464,700円

この計算は誤りである。

◆正しい予定納税額の計算は次のようになる。

　　消費税　　　725,000÷12×6=362,400円（百円未満切捨て）

　　地方消費税　362,400円×22/78=102,200円（百円未満切捨て）

　　合計　　　　362,400円＋102,200円＝464,600円

　消費税の計算は前期の金額をまず12で割って、その後に中間納付の回数は1回なので6を掛ける。そして計算した金額の百円未満を切り捨てる。

　初めの計算は、単に半分にしたために誤ってしまったものである。前年の半分なので割る2で何がいけないの？という感じだが、税法ではこのようなことが細かく規定されている。

◆さらに面倒なことが起こることがある。

　当期の決算時に、中間納付額の合計額464,600円はわかるが、消費税と地方消費税の内訳がわからなかったため、消費税を初めの誤った計算である362,500円として、地方消費税は合計から362,500円を差し引いて102,100円として消費税申告書を作成して申告したらどうなるだろうか。中間納付の合計額は正しい金額であるため、消費税及び地方消費税の納税額合計は正しいが、消費税額が100円少なく、地方消費税額が100円多くなっている。

◆何の問題もないのでは？と思いきや……

　消費税と地方消費税は税目が異なることから、税務署は許してくれない。消費税について100円の修正申告書を提出し、その後、地方消費税について100円の更正の請求書を提出する羽目になる。さすがに、100円納付して、100円還付するという金銭のやりとりはしないでよいようだ。

第2章

消費税の
会計処理

1 課税・免税の5つのパターン

第1章における判定の結果、消費税の課税・免税のパターンは、次のⅠからⅤまでの5つとなる。

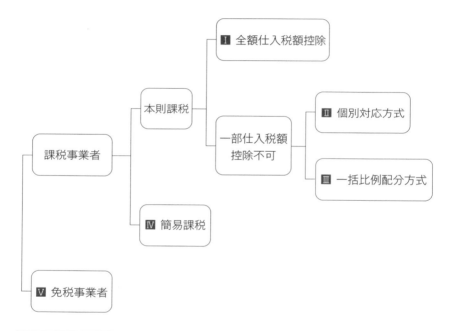

Ⅰ	課税事業者、本則課税、全額仕入税額控除
Ⅱ	課税事業者、本則課税、一部仕入税額控除不可、個別対応方式
Ⅲ	課税事業者、本則課税、一部仕入税額控除不可、一括比例配分方式
Ⅳ	課税事業者、簡易課税制度を選択適用
Ⅴ	免税事業者

以下ではこの5つのパターンごとに会計処理を説明するが、まず、各パターンに共通の事項から説明する。

第2章
消費税の会計処理

2 ▷ 各パターン共通事項

(1) 消費税の会計処理基準

　消費税の会計処理に関して、企業会計審議会及び企業会計基準委員会が制定した会計基準等は現在存在しない。あるのは、消費税法施行直前の平成元年1月18日に日本公認会計士協会の「消費税の会計処理に関するプロジェクトチーム」が公表した「消費税の会計処理について（中間報告）」（以下「消費税会計処理中間報告」という。）である。かなり古いもので、中間報告のまま現在まで改訂されてはいないが、現行の実務は基本的にこの「消費税会計処理中間報告」を参考に処理されていると思われる。

　また、公益法人における消費税の会計処理については、平成元年9月5日に日本公認会計士協会から公表された「公益法人委員会報告第13号、公益法人における消費税の会計処理について（中間報告）」（以下「公益法人会計処理中間報告」という）が存在していた。しかし、この「公益法人会計処理中間報告」は、公益法人新制度への移行期間終了等に伴う一連の非営利法人委員会公表物の廃止の中のひとつとして、平成26年12月2日に廃止となった。この趣旨は、「特例民法法人の公益社団・財団法人又は一般社団・財団法人への移行期が終了したこと、及び平成20年に公表された公益法人会計基準が実務に浸透してきたことを受け、上記の実務指針等は、既に役割を終了しているものと考えられるため廃止する」と説明されている[12]。「公益法人会計処理中間報告」は廃止となったものの、規定されていた内容が廃止・変更となったわけではないと考えられる。

　したがって、以下では、「消費税会計処理中間報告」及び旧「公益法人会計処理中間報告」の内容に従って会計処理について説明する[13]。

---

[12]　「公益法人新制度への移行期間終了等に伴う非営利法人委員会公表物の廃止について」（平成26年12月2日、日本公認会計士協会）

また、「消費税会計処理中間報告」に特に規定がないことについては、定着している実務慣行を考慮して説明を加えることとする。

(2) 税抜方式と税込方式

❶ 税抜方式とは

　　税抜方式とは、課税資産の譲渡に係る税額を本体価格とは区分し「仮受消費税等」[14]の勘定で、課税仕入れに係る税額を本体価格と区分して「仮払消費税等」の勘定で処理することにより、損益及び資産を税抜金額で計上する方法である。

　　なお、税抜方式の中で、「仮受消費税等」及び「仮払消費税等」を取引の都度区分する方法と月末あるいは期末に一括して区分する方法があり、いずれかの方法を会社は選択することとなるが、以下では取引の都度区分する方法で説明することとする[15]。

❷ 税込方式とは

　　税込方式とは、損益及び資産を本体価格と消費税等に区分することなく、税込金額で計上する方法である。

❸ 税抜方式と税込方式の併用方式が認められるか

　　後述するように、税務上は一定の場合には併用方式が認められて

---

[13]　なお、「消費税会計処理中間報告」においては、現時点では通常あまり使用されない用語（例えば、「販売税」「仕入税」）が用いられている箇所がある。本書では、現在通常用いられていると思われる用語（例えば、「課税売上に係る消費税額」「課税仕入れに係る消費税額」「売上税額」「仕入税額」など）に置き換えて説明している。

[14]　企業によって使用する勘定科目は異なり、他に「預り消費税等」「仮預り消費税等」等が用いられている。

[15]　会計ソフトへの入力は、入力の効率化等の観点から、税込金額と消費税コード（課税・非課税等のコード）を入力する方法が一般的である（もちろん本体と消費税等を別々に入力することも通常は可能）。そして、税込金額で入力をして税抜方式を採用（会計ソフト上選択）すると、ソフト上で本体価格と消費税等が自動的に区分される。区分するタイミングを取引の都度とするか、一括とするかはソフト上選択可能であることが一般的である。このような実務が一般的なことから、本書では取引の都度、消費税等を区分する方法により説明することとした。

いるが、会計処理上、併用方式が妥当な処理といえるかどうかが問題となる。これについては、基本的には、会計処理方法が混在することは経営成績及び財政状態の適正表示の観点からは望ましいことではないと考えられる。

(3) 組織形態による会計処理方式の相違

会計処理方法として税抜方式を採用するのが適切なのか、税込方式を採用するのが適切なのかについては、その法人の組織形態の差異を考慮する必要がある。

❶ 株式会社等の営利組織の場合

株式会社等の営利組織においては、業種により差異はあるものの、売上の大半が課税売上高であることが多い。売上のうち課税売上高が大半を占める場合には、課税仕入れに係る消費税額等の大半が仕入税額控除となることから、課税仕入れに係る消費税額等は課税売上に係る消費税額等から控除される単なる仮払金（通過勘定）としての性格が強くなる。そのため、原則として損益計算に影響しない「税抜方式」を採用することが適切である（消費税会計処理中間報告、第2）。

なお、収益認識に関する会計基準によれば、税抜方式が強制される（第4章 Q11参照）

ただし、次の（ⅰ）から（ⅲ）の場合には、例外として税込方式を採用することができる（消費税会計処理中間報告、第2）。

- （ⅰ）非課税取引が主要な部分を占める企業等当該企業が消費税の負担者となると認められる場合
- （ⅱ）簡易課税制度を採用した場合
- （ⅲ）その他企業の業種業態等から判断して合理性がある場合

❷ 公益法人等の非営利組織の場合

公益法人等の非営利組織においては、法人の業務内容により差異はあるものの、売上の大半が非課税取引あるいは課税対象外取引（特定収入*16）であることが多い。売上のうち非課税売上あるいは特定収入が大半を占める場合には、課税仕入れに係る消費税額等の大半が仕入税額控除とならないことから、課税仕入れに係る消費税額等は法人のコスト（費用）としての性格が強くなる。そのため、原則として損益及び資産を本体価格と消費税等に区分することなく、税込金額で計上し、消費税負担額を費用（「租税公課」等）に計上する「税込方式」を採用することが適切である（公益法人会計処理中間報告、第1、2）。

なお、令和5年2月3日、インボイス制度導入後の税込方式の継続について内閣府大臣官房公益法人行政担当室長が公表した「公益法人における消費税等の会計処理について（通知）」では、「公益法人における消費税等の会計処理について、現在税込方式を採用されている法人におかれましては、従来どおり税込方式を採用しても差支えありません。」とされている。

❸ まとめ

組織形態による消費税の経理処理方法をまとめると次のとおりとなる。

---

*16　公益法人などで特定収入割合が5％超の場合の仕入控除税額の調整計算については第4章Q8参照。

組織形態	原則的方式	例外	
		方式	例外が認められる場合
株式会社等の営利組織	税抜方式	税込方式	・非課税取引が主要な部分を占める企業等当該企業が消費税等の負担者となると認められる場合 ・簡易課税制度を採用した場合 ・その他企業の業種業態等から判断して合理性がある場合
公益法人等の非営利組織	税込方式	税抜方式	・課税取引が主要部分を占めるため、消費税の最終負担者とならない法人等

(4) 複数税率と会計仕訳

❶ 消費税率10％への引上げ後の税率の多様化

　令和元年10月1日から消費税率が10％へ引上げになる一方で、「飲食料品」と「新聞」については軽減税率の8％が適用となった。また、一定の要件を満たすものには経過措置の適用があり旧税率8％が適用される。また、消費税率が3％から5％への引上げ時及び5％から8％への引上げ時に経過措置が適用され旧税率3％あるいは旧税率5％がいまだに適用される場合もある[*17]。さらに、インボイス制度開始後の一定期間、免税事業者からの課税仕入れについては、仕入税額相当額の80％あるいは50％を控除する経過措置がある。

　したがって、令和5年10月1日以降は、消費税の課税取引は次の7つのものが混在することになる。特に、旧税率の8％と軽減税率の8％は、同じ8％でも消費税率（国税）と地方消費税率（地方税）の内訳が異なるため区分することに留意が必要である。

---

*17　例えば、長期間のリース契約で旧税率3％あるいは旧税率5％の取引がありうる。

税率	内容
旧税率3%	3%から5%引上げ時の経過措置適用
旧税率5%	5%から8%引上げ時の経過措置適用
旧税率8%	8%から10%引上げ時の経過措置適用
軽減税率8%	「飲食料品」「新聞」で軽減税率適用
10%	軽減税率が適用されないもの
免税事業者経過措置 （軽減税率8%）	仕入税額相当額の80%あるいは50%を控除する経過措置適用（軽減税率8%分）
免税事業者経過措置 （10%）	仕入税額相当額の80%あるいは50%を控除する経過措置適用（10%分）

❷ 税率の多様化への会計仕訳の対応

　消費税の集計は、会計ソフトへ会計仕訳を入力する際に、消費税コードを入力することにより行うことが多い（そのため、会計ソフトへ消費税コードを入力することを前提とする）。令和5年10月1日以後、その消費税コードは上記❶の7つに区分することとなる（前述の**Ⅱ**の個別対応方式では課税仕入れは、それをさらに3つに区分する必要がある）。

> 事例
>
> 令和5年10月31日に次の合計132,940円を振り込んだ（適格請求書が必要なものについては全て入手）。
> ・旧税率5%のリース料　　　31,500円（うち、消費税1,500円）
> ・旧税率8%のリース料　　　43,200円（うち、消費税3,200円）
> ・10%のリース料　　　　　55,000円（うち、消費税5,000円）
> ・日刊新聞紙10月分購読料　　3,240円（うち、消費税　240円）

《仕訳例》

　税抜方式を採用しているとすると、次のようになる（一括比例

第2章
消費税の会計処理

配分方式を採用しており、3区分はしていないものとする）*18。

（借方）リース料（旧税率5%）	30,000	（貸方）預金	132,940
仮払消費税（旧税率5%）	1,500		
リース料（旧税率8%）	40,000		
仮払消費税（旧税率8%）	3,200		
リース料（10%）	50,000		
仮払消費税（10%）	5,000		
新聞図書費（軽減税率8%）	3,000		
仮払消費税（軽減税率8%）	240		

（5）免税事業者からの仕入れについての会計処理

❶ 問題の所在

　免税事業者からの仕入れについては仕入税額控除ができないが、前述（第1章38頁参照）のように、インボイス制度開始後の一定期間は、一定割合を仕入税額控除とみなす経過措置がある。そこで、消費税相当額のうち仕入税額控除される部分あるいは、仕入税額控除されない部分について、どのように会計処理するかの問題が生ずる。

　なお、ここで問題となるのは、次の表の○の部分である。税込方式を採用している場合には、支払金額全額を費用あるいは資産に計上するため、問題にはならない。

---

*18　実際の実務では、税抜方式を採用していても、税込金額で入力して、会計ソフト上で自動的に仮払消費税を認識させる方が便宜であることが多い。

パターン	税抜方式	税込方式
Ⅰ	○	―
Ⅱ	○	―
Ⅲ	○	―
Ⅳ	○	―
Ⅴ	○(注)	―

(注)パターンⅤは、法人税上は税込方式が強制されるが、会計上は何らかの理由で税抜方式を採用することもありえるため、○としてある。

❷ 基本的な考え方

企業会計基準委員会等からの見解は執筆時点で示されていないため、筆者の私見となるが、税抜方式を採用している場合は、仕入税額控除される部分は「仮払消費税等」とし、仕入税額控除されない部分は本来の費用科目あるいは資産科目とするのが適切と考えられる。

❸ 会計処理例

上記❷の考え方による会計処理例は次のとおりである[19]。

(例1)令和6年2月1日、建設業者が外注費1,100,000（内消費税額相当額100,000）を免税事業者である業者へ支払った。

（借方）外注費　　　1,020,000[注1]　（貸方）現預金　　　1,100,000

　　　　仮払消費税等　 80,000[注2]

(注1)1,000,000＋100,000（消費税額相当額）×20%=1,020,000

(注2)100,000（消費税額相当額）×80%=80,000（経過措置による仕入税額）

---

[19] 購買システムと会計システムとの連動等との関係で、期中は仮払消費税等は10%で仕訳処理して、期末に2%分を合計で費用等に振替える処理をする事例がある。このような場合の問題点については第4章Q14を参照。

第2章
消費税の会計処理

（例2）令和6年2月1日、得意先への接待で飲食代55,000（内消費税額相当額5,000）を免税事業者である飲食店に支払った。

（借方）接待交際費　　51,000[注1]　　　（貸方）現預金　　　55,000
　　　　仮払消費税等　　4,000[注2]

（注1）50,000＋5,000（消費税額相当額）×20%=51,000

（注2）5,000（消費税額相当額）×80%=4,000（経過措置による仕入税額）

（例3）令和6年2月1日、免税事業者から機械を購入し、22,000,000（内消費税額相当額2,000,000）を支払った。

（借方）機械装置　　20,400,000[注1]　　（貸方）現預金　22,000,000
　　　　仮払消費税等　1,600,000[注2]

（注1）20,000,000+2,000,000（消費税額相当額）×20%=20,400,000

（注2）2,000,000（消費税額相当額）×80%=1,600,000（経過措置による仕入税額）

（6）控除対象外消費税額等の取扱い

❶ 何がどこで問題となるのか

　本則課税で仕入税額のうち一部が控除対象外となるパターン（42頁のパターンⅡとパターンⅢ）では、控除対象外消費税額等を会計処理上どのように扱うかが問題となる。

　なお、パターンⅠでは仕入税額の全額が控除となり、控除対象外消費税額等は発生しない。また、パターンⅣの簡易課税制度を選択した場合は、仕入税額控除の計算はみなし率を使用することから控除できない部分はあるものの、実額の仕入税額から控除できない税額を算出するわけではないことから、控除対象外消費税額等の問題はそもそも発生しない。さらに、パターンⅤの免税事業者において

51

は、消費税額等の申告・納付が不要なことから、やはり、控除対象
外消費税額等の問題はそもそも発生しない。

　そしてさらに、問題となるパターンⅡとパターンⅢにおいて、税
抜方式を採用する場合と税込方式を採用する場合があるが、いずれ
の方法を採用するかにより取扱いが異なるのかどうかが問題とな
る。

❷ 税抜方式に限っての問題

　控除対象外消費税額等の会計処理（及び後述する税務上の取扱い）が
問題となるのは、パターンⅡとパターンⅢにおいて「税抜方式」を
採用している場合のみである。「税込方式」を採用している場合は、
費用及び資産の金額の計上は税込金額でなされ、消費税額等は本体
価格と運命を共にする（例えば、償却資産であれば本体価格と合算されて
減価償却を通じて費用化される）ため、控除対象外消費税額等が単独で
問題になることはない。

パターン	税抜方式	税込方式
Ⅰ	―	―
Ⅱ	○	―
Ⅲ	○	―
Ⅳ	―	―
Ⅴ	―	―

（注）問題となるのは○の部分のみ

❸ 控除対象外消費税額等の会計処理方法
（ⅰ）期間費用に係るもの

　　旅費交通費、通信費などの販売費及び一般管理費のように、す
べてその事業年度の費用となるものに係る控除対象外消費税額等

は、「租税公課」等として、その事業年度の費用とする。

　なお、交際費等に係る控除対象外消費税額等の税務上の取扱いは、交際費等に含めることとなっているが、その分だけを「接待交際費」等の科目としてもよいし、「租税公課」に含めるままでもよいと考える。

（ⅱ）棚卸資産に係るもの

　棚卸資産に係る控除対象外消費税額等の会計処理は次の2つの方法が認められる。《第1法》によると棚卸資産が販売された事業年度で費用化されるのに対し、《第2法》によると棚卸資産を仕入れた事業年度で費用化されるという相違が生じる。

　なお、棚卸資産の販売はごく一部の例外を除いて課税売上となる。したがって、パターンⅡの個別対応方式においては、棚卸資産に係る消費税等は通常課税売上対応仕入として全額控除となるため、控除対象外消費税額等は発生しない。それに対してパターンⅢの一括比例配分方式においては、棚卸資産に係る消費税等からも控除対象外消費税額等が発生する。

> 事例
>
> ×1年度にX社（インボイス発行事業者）から33,000円（内消費税等3,000円）の商品を仕入れ、×1年度末は在庫となり、×2年度中に販売した。消費税は本則課税で一括比例配分方式を採用しており、×1年度の課税売上割合は75％であった。

【控除対象外消費税額等の計算】

　　　3,000円×（100％－75％）＝750円

【控除対象外消費税額等の仕訳】

《第1法》 その棚卸資産の取得価額に算入する方法

〔商品仕入時〕

（借方）商品仕入	30,000	（貸方）買掛金	33,000
仮払消費税等	3,000		

〔決算時〕*20

（借方）商品	750	（貸方）仮払消費税等	3,000
仮受消費税等	××		

　この方法では、控除対象外消費税額等750は翌期（×2年度）に商品の販売と同時に費用化される。

《第2法》 発生事業年度の期間費用とする方法

〔商品仕入時〕

（借方）商品仕入	30,000	（貸方）買掛金	33,000
仮払消費税等	3,000		

〔決算時〕

（借方）租税公課	750	（貸方）仮払消費税等	3,000
仮受消費税等	××		

　この方法では、控除対象外消費税額等750は商品を仕入れた×1年度に費用化される。

(ⅲ) 固定資産等に係るもの

　固定資産に係る控除対象外消費税額等の会計処理は次の3つの方法が認められる。

＊20　決算時の仕訳は全社の1期分で集計された仮受消費税等と仮払消費税等の合計額を清算する仕訳を行うが、ここでは説明の便宜上、この商品仕入れに関わる部分のみを示している（以下の説明で同様）。

第2章
消費税の会計処理

　　事例

×1年度に Y 社（インボイス発行事業者）から22,000,000円（内消費税
等2,000,000円）の機械装置を購入して事業の用に供した。消費税
は本則課税で一括比例配分方式を採用しており、×1年度の課税
売上割合は70％であった。

【控除対象外消費税額等の計算】

　　　2,000,000円×（100％－70％）＝600,000円

【控除対象外消費税額等の仕訳】

《第1法》　その固定資産等の取得価額に算入する方法

〔機械装置購入時〕

（借方）機械装置　　　　20,000,000　（貸方）預金　　　　　　22,000,000
　　　　仮払消費税等　2,000,000

〔決算時〕

（借方）機械装置　　　　　600,000　（貸方）仮払消費税等　2,000,000
　　　　仮受消費税等　　　　××

　　この方法では、控除対象外消費税額等600,000円は、機械装置の
減価償却を通じて費用化される。

《第2法》　長期前払消費税等として費用配分する方法

〔機械装置購入時〕

（借方）機械装置　　　　　20,000,000　（貸方）預金　　　　　　22,000,000
　　　　仮払消費税等　　　2,000,000

〔決算時〕

（借方）長期前払消費税等[21]　600,000　（貸方）仮払消費税等　2,000,000
　　　　仮受消費税等　　　　　　××

　　この方法では、控除対象外消費税等600,000円は、長期前払消費

---

[21]　「長期前払費用」勘定が使用される例も多い。

55

税等の償却に応じて費用化される[*22]。

《第3法》　発生事業年度の期間費用とする方法

〔機械装置購入時〕

（借方）機械装置　　　20,000,000　（貸方）預金　　　　　　22,000,000

　　　　仮払消費税等　2,000,000

〔決算時〕

（借方）租税公課　　　　600,000　（貸方）仮払消費税等　2,000,000

　　　　仮受消費税等　　　×　×

　　この方法では、控除対象外消費税額等600,000円は、機械装置を購入した×1年度に全額費用化される。ただし、この方法の場合には、第3章(105頁)で説明するように法人税上は申告調整が必要となる。

（ⅳ）まとめ

　　以上の（ⅰ）から（ⅲ）をまとめると次のとおりとなる。

	認められる会計処理方法	費用化の時期
期間費用に係るもの	発生事業年度の期間費用とする方法	発生事業年度
棚卸資産に係るもの	《第1法》その棚卸資産の取得価額に算入する方法	商品の販売時
	《第2法》発生事業年度の期間費用とする方法	発生事業年度
固定資産等に係るもの	《第1法》その固定資産等の取得価額に算入する方法	固定資産の減価償却費の耐用年数にわたって
	《第2法》長期前払消費税等として費用配分する方法	長期前払消費税等の償却期間
	《第3法》発生事業年度の期間費用とする方法	発生事業年度

[*22]　実務上は、法人税上の償却期間に合わせて、60ヶ月で費用化する例が多い。

第2章
消費税の会計処理

(7) 会計仕訳と消費税計算との関係

　消費税等の額の計算は実務的には会計仕訳から集計することが多いが、会計仕訳が消費税等の額の計算にどのような影響があるのかを検討する必要がある。これは誤解が生じやすいところであるが、制度的には会計仕訳と消費税計算とは連動していない。例えば、会計上費用のマイナス処理をしたから、消費税上課税仕入れのマイナス処理となるというような関係はなく、消費税等の額の計算は消費税法の定めにしたがって計算することになる。

　例として、会社が従業員のために社宅を借りて100支払い、従業員からは所得税法の規定に適合した金額（10とする）を個人負担（給与天引き）しているというケースを検討する。会計仕訳としては主に次の2つの方法が考えられる。

〈**会計仕訳①**〉

・社宅の家賃を100支払った。			
（借方）地代家賃	100	（貸方）預金	100
・社宅の個人負担分10を給与天引きした。			
（借方）給与	××	（貸方）預金	××
		預り金	××
		地代家賃	10

57

〈会計仕訳②〉

> ・社宅の家賃を100支払った。
> （借方）地代家賃　　　　100　　　（貸方）預金　　　　　　100
>
> ・社宅の個人負担分10を給与天引きした。
> （借方）給与　　　　　　××　　　（貸方）預金　　　　　　××
> 　　　　　　　　　　　　　　　　　　　　　預り金　　　　　××
> 　　　　　　　　　　　　　　　　　　　　　雑収入　　　　　10

　ここでのポイントは、個人の給与から天引きした10の取扱いである。①の仕訳では地代家賃はネットで90となり、②の仕訳では10は雑収入となる（なお、会計処理上は①の処理が一般的には妥当である）。

　それに対して消費税上の扱いは、支払った居住用家賃は非課税仕入であるが、個人負担として会社が受け取った金額は非課税売上となる。会計上、①の仕訳をしようが、②の仕訳をしようが消費税の計算には関係がない。①の仕訳をすると非課税仕入がネットで90になるということはない。

3 パターン別の会計処理*23

(1) パターンⅠ（課税事業者、本則課税、全額仕入税額控除）

❶ 適切な会計処理

　パターンⅠでは、税抜方式が適切である*24。本則課税で全額が仕入税額控除となる場合は、基本的には預かった消費税額等と支払っ

---

*23　株式会社等で特定収入割合の調整が不要な法人を前提とする。
*24　しかしながら、中小零細企業を中心に税込方式を採用している例も多い。

58

第2章
消費税の会計処理

た消費税額等の差額を国税に納付することから、預かった消費税額等は単なる仮受金で、支払った消費税額等は単なる仮払金であり、仮受金と仮払金は通過勘定といえる。したがって、損益及び資産は税抜の本体価額で計上し、消費税額等が損益に影響されない方法が望ましい。

❷ 税抜方式による仕訳例

（イ） 売上・収入関係

（ⅰ）国内売上

（例）商品2,200,000（内消費税額等200,000）を国内で販売した。

（借方）売掛金	2,200,000	（貸方）売上	2,000,000 （課税売上）	
		仮受消費税等	200,000	

売上を課税売上2,000,000とし、仮受消費税等200,000を計上する。

（ⅱ）輸出売上（免税売上）

（例）商品1,000,000を輸出した。

（借方）売掛金	1,000,000	（貸方）売上	1,000,000 （免税売上）

売上を輸出売上1,000,000とする（免税売上のため「仮受消費税等」は発生しない）。

（ⅲ）非課税売上

（例）預金利息1,000（所得税額及び復興特別所得税額153控除後847）が入金となった。

（借方）預金	847	（貸方）受取利息	1,000 （非課税売上）
仮払税金	153		

59

受取利息を非課税売上1,000とする（非課税売上のため「仮受消費税等」は発生しない）。

（ⅳ）補助金の受取

（例）国から補助金3,000,000を受け取った。

（借方）預金	3,000,000	（貸方）補助金収入	3,000,000
			（課税対象外）

補助金収入3,000,000を課税対象外取引とする（「仮受消費税等」は発生しない）。

（ロ）仕入・費用関係

（ⅰ）国内仕入

（例）商品880,000（内消費税額等80,000）をインボイス発行事業者から国内で仕入れた。

（借方）仕入	800,000	（貸方）買掛金	880,000
	（課税仕入）		
仮払消費税等	80,000		

仕入を課税仕入800,000とし、仮払消費税等80,000を計上する。仕入税額が全額控除される場合は課税仕入れを3区分する必要はない。

（ⅱ）輸入仕入

（例）商品700,000を輸入し、輸入消費税等を税関で[25]70,000納付した（関税、為替換算等の関係は無視する）。

---

[25] 実務的には、代行業者が立替えて納付し、後日その代行業者へ支払うことが多い。

第2章
消費税の会計処理

・輸入先からの仕入計上

（借方）仕入　　　　　　700,000　（貸方）買掛金　700,000
　　　　（輸入仕入）

・輸入消費税等の税関での納付

（借方）仮払消費税等　70,000　（貸方）預金　　　　70,000

　仕入を輸入仕入700,000とし、仮払消費税等70,000を計上する。
仕入税額が全額控除される場合は課税仕入れを3区分する必要は
ない。

（ⅲ）販売費及び一般管理費

（例）管理部門の人員の移動のためのJR運賃160（内消費税額等15）
　　　を支払った。

（借方）旅費交通費　　　　145　（貸方）現金　　　　　160
　　　　（課税仕入）

　　　　仮払消費税等　　　　15

（注）JR運賃は公共交通機関特例によりインボイスは不要

　旅費交通費を課税仕入145とし、仮払消費税等15を計上する。
仕入税額が全額控除される場合は課税仕入れを3区分する必要は
ない。

（ハ）固定資産関係

（例）応接室の机と椅子のセットをインボイス発行事業者から購
　　　入し550,000（内消費税額等50,000）を支払った。

（借方）器具備品　　　　500,000　（貸方）現金　　　550,000
　　　　（課税仕入）

　　　　仮払消費税等　　50,000

　器具備品を課税仕入500,000とし、仮払消費税等50,000を計上す

61

る。仕入税額が全額控除される場合は課税仕入れを3区分する必要はない。器具備品は会計上及び法人税上は減価償却を通じて費用化・損金化されるが、消費税上は購入した時点で50,000の全額が仕入税額控除の対象となる。

（ニ）　中間納付時

（例）　消費税額等の中間納付額2,000,000（内消費税額分1,560,000、地方消費税額440,000）を納付した[26]。

（借方）仮払税金（中間消費税）	1,560,000	（貸方）預金	2,000,000
仮払税金（中間地方消費税）	440,000		

　消費税の中間納付額2,000,000は「仮払税金」等として、「仮払消費税等」とは別の勘定科目とするのがわかりやすい[27]。また、中間納付額の消費税申告書への記載は、消費税分と地方消費税分を分けて記載することとなることから、仕訳上も中間消費税分と中間地方消費税分を分けておくと便利である。

（ホ）　決算期末

（例）　決算時に消費税等の確定申告時の納税額が5,000,000と算出された。

（借方）仮受消費税等　××	（貸方）仮払消費税等		××
	仮払税金（中間消費税）		1,560,000
	仮払税金（中間地方消費税）		440,000
	未払消費税等		5,000,000
	雑収入		××

　課税売上として積み上げられた「仮受消費税等」、課税仕入と

---

[26]　中間納付の要否及び回数は前事業年度の納税額により変わる。ここでは中間納付を1回と仮定する。

[27]　中間納付額を「未払消費税等」のマイナスとする事例もある。

第2章
消費税の会計処理

して積み上げられた「仮払消費税等」、中間納付分の「仮払税金」を反対仕訳で消去し、確定申告納付額分を「未払消費税等」[*28]とする。仕入税額が全額控除となる場合であっても、端数処理等の関係で若干の差額が生じる場合が多く、その金額は「雑収入」等とする。

(2) パターンⅡ(課税事業者、本則課税、一部仕入税額控除対象外、個別対応方式)

❶ 適切と考えられる会計処理

パターンⅡでは、税抜方式が適切である場合と税込方式が適切である場合に分かれる。株式会社等の営利組織を前提とすると、原則としてパターンⅠと同様に税抜方式が適切となる。ただし、非課税取引が主要な部分を占める企業では税込方式も認められる。

❷ 税抜方式による仕訳例
(イ) 売上・収入関係
(ⅰ) 国内売上

(例) 商品2,200,000(内消費税額等200,000)を国内で販売した。

(借方)売掛金	2,200,000	(貸方)売上	2,000,000 (課税売上)
		仮受消費税等	200,000

売上を課税売上2,000,000とし、仮受消費税等200,000を計上する。個別対応方式は仕入税額を区分する必要があるだけで、売上サイドの区分には影響しない。

(ⅱ) 輸出売上 (免税売上)

(例) 商品1,000,000を輸出した。

[*28] 確定申告納付額は「未払金」とする事例も多い。

```
（借方）売掛金　1,000,000　（貸方）売上　　　　　　1,000,000
　　　　　　　　　　　　　　　　　　　　　　　　　　　　（免税売上）
```

　売上を輸出売上1,000,000とする（免税売上のため「仮受消費税等」は発生しない）。個別対応方式に仕入税額を区分する必要があるだけで、売上サイドの区分には影響しない。

（ⅲ）非課税売上

（例）預金利息1,000（所得税額及び復興特別所得税額153控除後847）が入金となった。

```
（借方）預金　　　　847　（貸方）受取利息　　　　1,000
　　　　　　　　　　　　　　　　　　　　　　　　（非課税売上）
　　　　仮払税金　　153
```

　受取利息を非課税売上1,000とする（非課税売上のため「仮受消費税等」は発生しない）。

（ⅳ）補助金の受取

（例）国から補助金3,000,000を受け取った。

```
（借方）預金　3,000,000　（貸方）補助金収入　3,000,000
　　　　　　　　　　　　　　　　　　　　　　　　　（課税対象外）
```

　補助金収入3,000,000を課税対象外取引とする（「仮受消費税等」は発生しない）。

（ロ）　仕入・費用関係

（ⅰ）国内仕入

（例）商品880,000（内消費税額等80,000）をインボイス発行事業者から国内で仕入れた。

第2章
消費税の会計処理

（借方）商品仕入	800,000	（貸方）買掛金	880,000
	（課税売上対応仕入）		
仮払消費税等	80,000		

　　商品仕入は課税売上に直接対応するものであることから、課税売上対応仕入800,000とし、仮払消費税等80,000を計上する。個別対応方式においては課税仕入れを3区分する必要がある。

（ⅱ）輸入仕入

（例）商品700,000を輸入し、輸入消費税等を税関で70,000納付した（関税、為替換算等の関係は無視する）。

・輸入先からの仕入計上

（借方）商品仕入	700,000	（貸方）買掛金	700,000
	（課税売上対応輸入仕入）		

・輸入消費税等の税関での納付

（借方）仮払消費税等	70,000	（貸方）預金	70,000

　　商品仕入は課税売上に直接対応するものであることから、課税売上対応輸入仕入700,000とし、仮払消費税等70,000を計上する。個別対応方式においては課税仕入れを3区分する必要がある。

（ⅲ）販売費及び一般管理費

（例）管理部門の人員の移動のための JR 運賃160 （内消費税額等15）を支払った。

（借方）旅費交通費	145	（貸方）現金	160
	（共通仕入）		
仮払消費税等	15		

　　管理部門の人員の移動のための JR 運賃は課税売上に直接対応

65

するものでないことから、旅費交通費を共通仕入145とし、仮払消費税15を計上する。個別対応方式においては課税仕入れを3区分する必要がある。

（ハ）　固定資産関係

（例）応接室の机と椅子のセットをインボイス発行事業者から購入し550,000（内消費税額等50,000）を支払った。

（借方）器具備品	500,000 （共通仕入）	（貸方）現金	550,000
仮払消費税等	50,000		

　応接室の机と椅子は課税売上に直接対応するものでないことから、器具備品を共通仕入500,000とし、仮払消費税50,000を計上する。器具備品は会計上及び法人税上は減価償却を通じて費用化・損金化されるが、消費税上は購入した時点で50,000の全額が仕入税額控除の対象となる。個別対応方式においては課税仕入れを3区分する必要がある。

（ニ）　中間納付時

（例）消費税額等の中間納付額2,000,000（内消費税額分1,560,000、地方消費税額440,000）を納付した。

（借方）仮払税金（中間消費税）	1,560,000	（貸方）預金	2,000,000
仮払税金（中間地方消費税）	440,000		

（ホ）　決算期末（控除対象外消費税額等の処理含む）

（例）決算時に消費税等の確定申告時の納税額が5,000,000と算出された。控除対象外消費税額等が40,000生じたが、全額租税公課としてその期に費用計上することとしている。

第2章
消費税の会計処理

（借方）仮受消費税等	××	（貸方）仮払消費税等		××
租税公課	40,000	仮払税金（中間消費税）		1,560,000
		仮払税金（中間地方消費税）		440,000
		未払消費税等		5,000,000
		雑収入		××

❸ 税込方式による仕訳例

（イ） 売上・収入関係

（ⅰ）売上

（例）当社は居住用マンションの賃貸を主に営んでおり、賃貸収入 3,000,000を計上した。

（借方）預金	3,000,000	（貸方）家賃収入	3,000,000 （非課税売上）

　家賃収入3,000,000を非課税売上とする。個別対応方式は仕入税額を区分する必要があるだけで、売上サイドの区分には影響しない。

（ⅱ）非課税売上

（例）預金利息1,000（所得税額及び復興特別所得税額153控除後847）が入金となった。

（借方）預金	847	（貸方）受取利息	1,000 （非課税売上）
仮払税金	153		

　受取利息を非課税売上1,000とする（非課税売上のため「仮受消費税等」は発生しない）。

（ⅲ）補助金の受取

（例）国から補助金3,000,000を受け取った。

67

（借方）預金 3,000,000	（貸方）補助金収入 3,000,000 （課税対象外）

　補助金収入3,000,000を課税対象外取引とする（「仮受消費税等」は発生しない）。

（ロ）　仕入・費用関係

（例）管理部門の人員の移動のための JR 運賃160（内消費税額等15）を支払った。

（借方）旅費交通費 160 （共通仕入）	（貸方）現金 160

　旅費交通費を税込金額で共通仕入160とする。個別対応方式においては課税仕入れを3区分する必要がある。

（ハ）　固定資産関係

（例）応接室の机と椅子のセットをインボイス発行事業者から購入し550,000（内消費税額等50,000）を支払った。

（借方）器具備品 550,000 （共通仕入）	（貸方）現金 550,000

　応接室の机と椅子は課税売上に直接対応するものでないことから、器具備品を税込金額で共通仕入550,000として計上する。個別対応方式においては課税仕入れを3区分する必要がある。

（ニ）　中間納付時

（例）消費税額等の中間納付額2,000,000（内消費税額分1,560,000、地方消費税額440,000）を納付した。

（借方）仮払税金（中間消費税） 1,560,000 　　　　仮払税金（中間地方消費税） 440,000	（貸方）預金 2,000,000

（ホ）　決算期末

（例）決算時に消費税等の年間の確定税額が6,000,000、確定申告時の納税額が中間納付額2,000,000控除後で4,000,000と算出

第2章
消費税の会計処理

された。

（借方）租税公課	6,000,000	（貸方）仮払税金（中間消費税）	1,560,000
		仮払税金（中間地方消費税）	440,000
		未払消費税等	4,000,000

　税込方式の場合には、消費税等の年間確定税額を「租税公課」とする。

（3）パターンⅢ（課税事業者、本則課税、一部仕入税額控除対象外、一括比例配分方式）

❶ 適切な会計処理

　パターンⅢでは、パターンⅡと同様、税抜方式が適切と考えられる場合と税込方式が適切と考えられる場合に分かれる。考え方はパターンⅡと同様である。

❷ 税抜方式による仕訳例

（イ）　売上・収入関係

（ⅰ）国内売上

（例）商品2,200,000（内消費税額等200,000）を国内で販売した。

（借方）売掛金	2,200,000	（貸方）売上	2,000,000
			（課税売上）
		仮受消費税等	200,000

　売上を課税売上2,000,000とし、仮受消費税等200,000を計上する。

（ⅱ）輸出売上（免税売上）

（例）商品1,000,000を輸出した。

| （借方）売掛金 | 1,000,000 | （貸方）売上 | 1,000,000 |
| | | | （免税売上） |

　売上を輸出売上1,000,000とする（免税売上のため「仮受消費税等」

69

は発生しない)。

（iii） 非課税売上

（例） 預金利息1,000（所得税額及び復興特別所得税額153控除後847）が
入金となった。

（借方）預金		847	（貸方）受取利息		1,000
					（非課税売上）
仮払税金		153			

受取利息を非課税売上1,000とする（非課税売上のため「仮受消費税
等」は発生しない)。

（iv） 補助金の受取

（例） 国から補助金3,000,000を受け取った。

（借方）預金	3,000,000	（貸方）補助金収入	3,000,000
			（課税対象外）

補助金収入3,000,000を課税対象外取引とする（「仮受消費税等」は
発生しない)。

（ロ） 仕入・費用関係

（i） 国内仕入

（例） 商品880,000（内消費税額等80,000）をインボイス発行事業者か
ら国内で仕入れた。

（借方）商品仕入	800,000	（貸方）買掛金	880,000
	（課税仕入)		
仮払消費税等	80,000		

商品仕入800,000、仮払消費税等80,000を課税仕入として計上す
る。一括比例配分方式においては課税仕入れを3区分する必要が
ない。

第2章
消費税の会計処理

（ii）輸入仕入

（例）商品700,000を輸入し、輸入消費税等を税関で70,000納付した（関税、為替換算等の関係は無視する）。

```
・輸入先からの仕入計上
（借方）商品仕入        700,000      （貸方）買掛金      700,000
              （輸入仕入）
・輸入消費税等の税関での納付
（借方）仮払消費税等     70,000      （貸方）預金         70,000
```

　商品仕入700,000、仮払消費税等70,000を輸入仕入として計上する。一括比例配分方式においては課税仕入れを3区分する必要がない。

（iii）販売費及び一般管理費

（例）管理部門の人員の移動のためのJR運賃160（内消費税額等15）を支払った。

```
（借方）旅費交通費        145      （貸方）現金         160
              （課税仕入）
      仮払消費税等        15
```

　旅費交通費145、仮払消費税15を課税仕入れとして計上する。一括比例配分方式においては課税仕入れを3区分する必要がない。

（ハ）　固定資産関係

（例）応接室の机と椅子のセットをインボイス発行事業者から購入し550,000（内消費税額等50,000）を支払った。

```
（借方）器具備品        500,000      （貸方）現金       550,000
              （課税仕入）
      仮払消費税等      50,000
```

71

器具備品500,000、仮払消費税50,000を課税仕入として計上する。器具備品は会計上及び法人税上は減価償却を通じて費用化・損金化されるが、消費税上は購入した時点で50,000の全額が仕入税額控除の対象となる。一括比例配分方式においては課税仕入れを3区分する必要がない。

（二） 中間納付時

（例）消費税額等の中間納付額2,000,000（内消費税額分1,560,000、地方消費税額440,000）を納付した。

（借方）仮払税金（中間消費税）	1,560,000	（貸方）預金　2,000,000
仮払税金（中間地方消費税）	440,000	

（ホ） 決算期末（控除対象外消費税額等の処理含む）

（例）決算時に消費税等の確定申告時の納税額が5,000,000と算出された。控除対象外消費税額等が100,000生じたが、全額租税公課としてその期に費月計上することとしている。

（借方）仮受消費税等	××	（貸方）仮払消費税等	××
租税公課	100,000	仮払税金（中間消費税）	1,560,000
		仮払税金（中間地方消費税）	440,000
		未払消費税等	5,000,000
		雑収入	××

❸ 税込方式による仕訳例

（イ） 売上・収入関係

（ⅰ） 売上

（例）当社は居住用マンションの賃貸を主に営んでおり、賃貸収入3,000,000を計上した。

第2章
消費税の会計処理

| （借方）預金　3,000,000 | （貸方）家賃収入　3,000,000 |
| | （非課税売上） |

家賃収入3,000,000を非課税売上とする。

（ⅱ）非課税売上

（例）預金利息1,000（所得税額及び復興特別所得税額153控除後847）が
入金となった。

（借方）預金　　　　　847	（貸方）受取利息　　　　1,000
	（非課税売上）
仮払税金　　　　153	

受取利息を非課税売上1,000とする（非課税売上のため「仮受消費税
等」は発生しない）。

（ⅲ）補助金の受取

（例）国から補助金3,000,000を受け取った。

| （借方）預金　　3,000,000 | （貸方）補助金収入　3,000,000 |
| | （課税対象外） |

補助金収入3,000,000を課税対象外取引とする（「仮受消費税等」は
発生しない）。

（ロ）仕入・費用関係

（例）管理部門の人員の移動のための JR 運賃160（内消費税額等15）
を支払った。

| （借方）旅費交通費　　160 | （貸方）現金　　　　　　160 |
| 　　　　　（課税仕入） | |

旅費交通費を税込金額で課税仕入160とする。一括比例配分方

73

式においては課税仕入れを3区分する必要がない。

（ハ）　固定資産関係

（例）応接室の机と椅子のセットをインボイス発行事業者から購入し550,000（内消費税額等50,000）を支払った。

（借方）器具備品	550,000	（貸方）現金	550,000
	（課税仕入）		

　器具備品を税込金額で課税仕入550,000として計上する。一括比例配分方式においては課税仕入れを3区分する必要がない。

（ニ）　中間納付時

（例）消費税額等の中間納付額2,000,000（内消費税額分1,560,000、地方消費税額440,000）を納付した。

（借方）仮払税金（中間消費税）	1,560,000	（貸方）預金	2,000,000
仮払税金（中間地方消費税）	440,000		

（ホ）　決算期末

（例）決算時に消費税等の年間の確定税額が6,000,000、確定申告時の納税額が中間納付額2,000,000控除後で4,000,000と算出された。

（借方）租税公課	6,000,000	（貸方）仮払税金（中間消費税）	1,560,000
		仮払税金（中間地方消費税）	440,000
		未払消費税等	4,000,000

　税込方式の場合には、消費税等の年間確定税額を「租税公課」とする。

第2章
消費税の会計処理

（4）パターンⅣ（課税事業者、簡易課税制度選択）

❶ 適切な会計処理

パターンⅣでは、株式会社等の営利組織を前提とすると、原則として税抜方式が適切となる。ただし、簡易課税制度を選択しているため税込方式も認められる。

❷ 税抜方式による仕訳例

（イ）売上・収入関係

（ⅰ）国内売上

（例）商品2,200,000（内消費税額等200,000）を国内で卸売販売した。

（借方）売掛金	2,200,000	（貸方）売上	2,000,000
			（課税売上・1種）
		仮受消費税等	200,000

売上を課税売上2,000,000とし、仮受消費税等200,000を計上する。簡易課税制度では、課税売上を1種から6種に区分しておく必要がある。

（ⅱ）輸出売上（免税売上）

（例）商品1,000,000を輸出した。

（借方）売掛金	1,000,000	（貸方）売上	1,000,000
			（免税売上）

売上を輸出売上1,000,000とする（免税売上のため「仮受消費税等」は発生しない）。

（ⅲ）非課税売上

（例）預金利息1,000（所得税額及び復興特別所得税額153控除後847）が入金となった。

75

（借方）預金	847	（貸方）受取利息	1,000
			（非課税売上）
仮払税金	153		

受取利息を非課税売上1,000とする（非課税売上のため「仮受消費税等」は発生しない）。

（iv）補助金の受取

（例）国から補助金3,000,000を受け取った。

（借方）預金	3,000,000	（貸方）補助金収入	3,000,000
			（課税対象外）

補助金収入3,000,000を課税対象外取引とする（「仮受消費税等」は発生しない）。

（ロ）　仕入・費用関係

（i）国内仕入

（例）商品880,000（内消費税額等80,000）を国内でインボイス発行事業者から仕入れた。

（借方）商品仕入	800,000	（貸方）買掛金	880,000
	（課税仕入）		
仮払消費税等	80,000		

商品仕入800,000、仮払消費税等80,000を課税仕入として計上する。簡易課税制度では仕入税額控除はみなし率を用いて行うため、消費税額の計算には実額の課税仕入金額は使用しないため、3つに区分する必要がない。ただし、本則課税となった場合の税額を試算するには、3つに区分しておくと便利である（以下、簡易課税制度の事例においては同様）。

第2章
消費税の会計処理

（ⅱ）**輸入仕入**

（例）商品700,000を輸入し、輸入消費税額等を税関で70,000納付
　　　した（関税、為替換算等の関係は無視する）。

・輸入先からの仕入計上

（借方）商品仕入　　　　700,000　　（貸方）買掛金　700,000
　　　　　　　　　　（輸入仕入）

・輸入消費税等の税関での納付

（借方）仮払消費税等　　70,000　　（貸方）預金　　　70,000

　　商品仕入700,000、仮払消費税等70,000を輸入仕入として計上す
る。

（ⅲ）**販売費及び一般管理費**

（例）管理部門の人員の移動のための JR 運賃160（内消費税額等15）
　　　を支払った。

（借方）旅費交通費　　　　145　　（貸方）現金　　　　　160
　　　　　　　　　　（課税仕入）

　　　　仮払消費税等　　　　15

　　旅費交通費145、仮払消費税等15を課税仕入れとして計上する。

（ハ）　固定資産関係

（例）応接室の机と椅子のセットをインボイス発行事業者から購
　　　入し550,000（内消費税額等50,000）を支払った。

（借方）器具備品　　　　500,000　　（貸方）現金　　　550,000
　　　　　　　　　　（課税仕入）

　　　　仮払消費税等　　50,000

　　器具備品500,000、仮払消費税等50,000を課税仕入として計上す
る。

77

（ニ）　中間納付時

（例）　消費税額等の中間納付額2,000,000（内消費税額分1,560,000、地方消費税額440,000）を納付した。

> （借方）仮払税金（中間消費税）　　1,560,000　　（貸方）預金　2,000,000
> 　　　　仮払税金（中間地方消費税）　 440,000

（ホ）　決算期末

（例）　決算時に消費税等の確定申告時の納税額が3,500,000と算出された。仮受消費税等と仮払消費税等との差額よりも確定申告税額が500,000円少なかった（益税の発生）。

> （借方）仮受消費税等　××　（貸方）仮払消費税等　　　　　　××
> 　　　　　　　　　　　　　　　　仮払税金（中間消費税）　　1,560,000
> 　　　　　　　　　　　　　　　　仮払税金（中間地方消費税）　 440,000
> 　　　　　　　　　　　　　　　　未払消費税等　　　　　　　3,500,000
> 　　　　　　　　　　　　　　　　雑収入　　　　　　　　　　 500,000

　　仮受消費税等と仮払消費税等との差額（いわゆる「益税」）500,000円は雑収入とする（法人税の課税対象）。

❸　税込方式による仕訳例

（イ）　売上・収入関係

（ⅰ）国内売上

（例）　商品2,200,000（内消費税額等200,000）を国内で卸売販売した。

> （借方）売掛金　2,200,000　　　（貸方）売上　　　2,200,000
> 　　　　　　　　　　　　　　　　　　　　　（課税売上・1種）

　　売上として課税売上（1種）2,200,000（税込金額）を計上する。簡易課税制度では、課税売上を1種から6種に区分しておく必要があ

第2章
消費税の会計処理

る。

（ⅱ）輸出売上（免税売上）

（例）商品1,000,000を輸出した。

（借方）売掛金	1,000,000	（貸方）売上	1,000,000
			（免税売上）

　売上を輸出売上1,000,000とする（免税売上のため「仮受消費税等」は発生しない）。

（ⅲ）非課税売上

（例）預金利息1,000（所得税額及び復興特別所得税額153控除後847）が入金となった。

（借方）預金	847	（貸方）受取利息	1,000
仮払税金	153		（非課税売上）

　受取利息を非課税売上1,000とする（非課税売上のため「仮受消費税等」は発生しない）。

（ⅳ）補助金の受取

（例）国から補助金3,000,000を受け取った。

（借方）預金	3,000,000	（貸方）補助金収入	3,000,000
			（課税対象外）

　補助金収入3,000,000を課税対象外取引とする（「仮受消費税等」は発生しない）。

（ロ）　仕入・費用関係

（ⅰ）国内仕入

（例）商品880,000（内消費税額等80,000）をインボイス発行事業者から国内で仕入れた。

79

（借方）商品仕入	880,000 （課税仕入）	（貸方）買掛金	880,000

商品仕入880,000（税込金額）を課税仕入として計上する。

（ⅱ）輸入仕入

（例）商品700,000を輸入し、輸入消費税等を税関で70,000納付した（関税、為替換算等の関係は無視する）。

・輸入先からの仕入計上			
（借方）商品仕入	700,000 （輸入仕入）	（貸方）買掛金	700,000
・輸入消費税等の税関での納付			
（借方）商品仕入	70,000 （輸入仕入）	（貸方）預金	70,000

商品本体金額700,000と輸入消費税等70,000を商品仕入として計上する。

（ⅲ）販売費及び一般管理費

（例）管理部門の人員の移動のためのJR運賃160（内消費税額等15）を支払った。

（借方）旅費交通費	160 （課税仕入）	（貸方）現金	160

旅費交通費160（税込金額）を課税仕入れとして計上する。

（ハ）固定資産関係

（例）応接室の机と椅子のセットをインボイス発行事業者から購入し550,000（内消費税額等50,000）を支払った。

（借方）器具備品	550,000 （課税仕入）	（貸方）現金	550,000

第2章
消費税の会計処理

　　器具備品550,000（税込金額）を課税仕入として計上する。

（二）　中間納付時

　　（例）消費税額等の中間納付額2,000,000（内消費税額分1,560,000、地
　　　　方消費税額440,000）を納付した。

（借方）仮払税金（中間消費税）	1,560,000	（貸方）預金	2,000,000
仮払税金（中間地方消費税）	440,000		

（ホ）　決算期末

　　（例）決算時に消費税等の確定申告税額が5,500,000と算出された。

（借方）租税公課	5,500,000	（貸方）仮払税金（中間消費税）	1,560,000
		仮払税金（中間地方消費税）	440,000
		未払消費税等	3,500,000

　　年間の確定申告税額5,500,000を租税公課とし、中間納税額控除
後の金額を未払消費税等とする。

（5）パターンⅤ（免税事業者）

❶　適切な会計処理

　　パターンⅤの免税事業者の会計処理については、「消費税会計処理
中間報告」では特に触れられていない。免税事業者は支払った消費
税等は全額、その事業者の負担となることから、株式会社等の営利
組織であったとしても税込方式が適切であると思われる。免税事業
者は売上先に対して消費税等を請求することができないため[*29]、基
本的には「仮受消費税等」を別建て表示することはできないことに

---

*29　実務的には、免税事業者が請求書で「消費税等」などと表示している例もある。この場合、
　　この「消費税等」は消費税等の額そのものではなく、消費税等相当額と解釈することとなる
　　と考えられる。

81

なる。

❷ 税込方式による仕訳例

（イ） 売上・収入関係

（ⅰ） 国内売上

（例） 商品2,200,000を国内で販売した。

（借方）売掛金	2,200,000	（貸方）売上	2,200,000

　　売上として2,200,000を計上する。免税事業者においては、この金額は「税込金額」ではなく、消費税等相当額が含まれた金額という意味合いとなる。ただし、課税事業者の判定の準備のために、売上2,200,000を課税売上と判定集計しておくと便利である。

（ⅱ） 輸出売上（免税売上）

（例） 商品1,000,000を輸出した。

（借方）売掛金	1,000,000	（貸方）売上	1,000,000 （免税売上）

　　売上を輸出売上1,000,000とする。

（ⅲ） 非課税売上

（例） 預金利息1,000（所得税額及び復興特別所得税額153控除後847）が
　　　入金となった。

（借方）預金	847 （非課税売上）	（貸方）受取利息	1,000
仮払税金	153		

　　受取利息を非課税売上1,000とする。

（ⅳ） 補助金の受取

（例） 国から補助金3,000,000を受け取った。

（借方）預金　3,000,000	（貸方）補助金収入　3,000,000
	（課税対象外）

　補助金収入3,000,000を課税対象外取引とする。

（ロ）　仕入・費用関係

（ⅰ）国内仕入

（例）商品880,000（内消費税等80,000）を国内でインボイス発行事業者から仕入れた。

（借方）商品仕入　　880,000	（貸方）買掛金　　　　880,000

　商品仕入880,000（税込金額）を計上する。なお、免税事業者の場合は、課税取引か否かの判定は不要であるが、課税事業者となった場合の本則課税・簡易課税選択の有利・不利判定の準備のため、課税仕入れと判定集計しておくと便利である（以下同様）。

（ⅱ）輸入仕入

（例）商品700,000を輸入し、輸入消費税額等を税関で70,000納付した（関税、為替換算等の関係は無視する）。

・輸入先からの仕入計上	
（借方）商品仕入　700,000	（貸方）買掛金　　　　700,000
・輸入消費税等の税関での納付	
（借方）商品仕入　70,000	（貸方）預金　　　　　70,000

　商品本体金額700,000と輸入消費税等70,000を商品仕入として計上する。

（ⅲ）販売費及び一般管理費

（例）管理部門の人員の移動のためのJR運賃160（内消費税額等15）を支払った。

83

（借方）旅費交通費	160	（貸方）現金	160

旅費交通費160（税込金額）を計上する。

（ハ）　固定資産関係

（例）応接室の机と椅子のセットをインボイス発行事業者から購入し550,000（内消費税額等50,000）を支払った。

（借方）器具備品	550,000	（貸方）現金	550,000

器具備品550,000（税込金額）を計上する。

> **Column** 簡易インボイスの保存で監査上問題ないの？
>
> 　小売業、飲食店業、タクシー業などの特定の事業を行う場合などは、インボイスに代えて、簡易インボイスを交付することができる。簡易インボイスはインボイスと比べて記載要件が簡素化されており、書類の交付を受ける（支払う側の）会社名の記載が不要となっている。飲食店などではレジから印刷された簡易インボイスを交付するこが多くなっている。この簡易インボイスの保存で、会計監査、監査役監査、法人税上保存義務のある帳簿書類等の関係で問題ないのだろうか。簡易インボイスとは別に支払側の会社名が記載された領収書を受領すべきなのだろうか。
>
> 　公認会計士あるいは監査役・監事の監査では支払内容については実質的内容で判断する。また、法人税上保存義務のある帳簿書類としては、規則で「領収書」等が列挙されているが、記載内容の詳細についての規定はない。簡易インボイスとは別に支払側の会社名が記載された領収書を受領した方が望ましいが、伺い書等で支払内容について明確になっており、責任者の決裁を受けているのであれば、簡易インボイスの保存で問題はないと思われる。

第 **3** 章

消費税の
法人税における
取扱いと申告調整

1 ▶ 法人税と消費税の関係

　法人税と消費税は当然のことではあるが別々の税目であり、それぞれの課税目的に従って計算されるもので、制度としては連動して計算されるものではない。しかし、法人税と消費税とは似て非なるものではあるものの考え方に通じるところも多い。実務的にはある取引が生じると、仕訳を会計ソフトへの入力と同時に消費税コードを入力することにより消費税計算ができるようになっている場合が多く、その意味では、会計仕訳と法人税処理と消費税処理は連動しているといえる。

　収入サイドでいえば、法人税において益金となるかどうかと消費税上課税取引となるかどうかとは直接の関連性はない（受取利息は法人税上益金であるが、消費税上は非課税売上である）。しかし、現金主義（現金預金の支出があった時点で認識する）ではなく、発生ベースで認識・計上するという考え方は同じである（商品を販売した場合には、期末時で未入金であったとしても、法人税上も売上であり消費税上も課税売上となる）。

　支出サイドでいえば、法人税上損金となるかどうかと消費税上仕入税額控除の対象となるかどうかとは直接の関連性はない（機械装置を取得・事業供用すると法人税上は減価償却費として法定耐用年数の期間に損金が配分されるが、消費税上は取得・事業供用した事業年度に全額控除対象となる）。しかし、収入サイドと同様、現金主義ではなく、発生ベースで認識・計上するという考え方は同じである（機械装置を取得・事業供用した場合には、期末時に未払であったとしても、法人税上も償却は可能であるし、消費税上も仕入税額控除の対象となる[30]）。

---

[30]　割賦契約で機械装置を取得した場合も、支払いが長期にわたり未払残高が多額にあるにもかかわらず、消費税上は、取得した事業年度で全額が仕入税額控除の対象となる。

第3章
消費税の法人税における取扱いと申告調整

2 各パターン共通事項

（1）消費税等の法人税における取扱いについての規定

　消費税等の法人税における取扱いは、後述する資産に係る控除対象外消費税額等に関する政令（法令139の4）を除き、法人税法及び施行令には特に規定（別段の定め）はない。したがって、資産に係る控除対象外消費税額等に関する処理を除き、一般に公正妥当と認められる会計処理の基準に従って法人税の益金及び損金の計算をすることとなる（法22②③④）。ただし、消費税等の法人税における取扱いについては、個別通達「消費税法等の施行に伴う法人税の取扱いについて」（平成元年3月1日直法2-1、最終改正令和5年6月20日付課法2-8、課審6-6（法令解釈通達）、以下「新経理通達」という。）が出されており、この個別通達に詳細な規定があることから、次の **(2)** 以下では、「新経理通達」に従い説明することとする。

（2）消費税等の経理処理の選択

❶ 原則

　　法人税の課税所得金額の計算に当たり、法人が行う取引に係る消費税等の経理処理については、税抜方式又は税込方式のいずれの方式によることもできるが、原則として、選択した方式はその法人が行うすべての取引について適用する必要がある（「新経理通達」2本文）。

❷ 混合方式が認められる場合

　　原則としては、その法人のすべての取引について、税抜方式あるいは税込方式のいずれかの方式に統一する必要があるが、売上げ等の収益に係る取引につき税抜方式を適用している場合には、次の(イ)あるいは(ロ)の方式が認められる（「新経理通達」2但書）。

87

㈨　固定資産、繰延資産及び棚卸資産（以下「固定資産等」という）の取得に係る取引又は販売費及び一般管理費等（以下「経費等」という）の支出に係る取引のいずれかの取引について税込方式を採用する。

㈩　固定資産等のうち棚卸資産の取得に係る取引については、継続適用を条件として固定資産及び繰延資産と異なる方式を選択適用する。

認められる方式をまとめると、次表のとおりとなる。

	収益取引	棚卸資産	固定資産・繰延資産	経費等
原則	税抜			
	税込			
認容される混合方式	税抜	税抜	税抜	税込
			税込	税抜
			税込	税抜
				税込
		税込	税抜	税込
				税抜

（注）免税事業者について、すべての取引について税込方式のみとなります（「新経理通達」5）。

❸ 会計上混合方式は妥当か

会計上は、その法人の組織形態、課税取引・非課税取引の割合などにより、税抜方式を採用するのが適切か、税込方式を採用するのが適切かの判断がなされる。では、法人税上認められる混合方式を会計上採用することができるのであろうか。これについては、損益管理等の観点から、経理方式はいずれかに統一すべきと考える。

第3章
消費税の法人税における取扱いと申告調整

(3) 法人税上の取得価額・時価等の判定

❶ 基本的な考え方

　法人税上、ある規定の適用の要否の判断にあたって金額基準がある場合に、その金額は税抜金額なのか、税込金額なのかが問題になる。これについては、基本的には、税抜方式を採用している場合には判定は税抜金額で、税込方式を採用している場合には判定は税込金額で行うこととなる（「直法2-1通達」9〜11）。

❷ 具体例

（イ）　少額の減価償却資産の取得価額の損金算入

　取得した減価償却資産が、使用可能期間が1年未満であるもの又は取得価額が10万円未満である場合には、事業の用の供した日の属する事業年度において損金経理をすることにより損金算入が可能である（法令133）。この規定は、固定資産に計上して減価償却を通じて損金とすることを要せず、その事業年度に全額損金とすることができるものの基準を示したものである。この場合の「取得価額が10万円未満」といったときの10万円は、税抜方式であれば税抜金額で判定し、税込方式であれば、税込金額で判定する。この場面では、税抜方式が有利となる。

【具体例】

　事務所用の机椅子のセット（税抜金額95,000円、税込金額104,500円（消費税等10％））をインボイス発行事業者から購入した。

（取扱い）

〈税抜方式の場合〉

　税抜金額である95,000円で判断し、10万円未満であるため、その事業年度に全額損金算入することができる。

〈税込方式の場合〉

89

税込金額である104,500円で判断し、10万円以上であるため、この少額の減価償却資産の取得価額の損金算入の規定は適用できない。

（ロ）　一括償却資産の損金算入

　取得した減価償却資産で取得価額が20万円未満であるものを事業の用に供した場合には、その全部又は特定の一部を一括したものの取得価額の合計額を3年間で損金経理をすることにより損金算入が可能である（法令133の2）。この規定は、減価償却資産のうち10万円以上20万円未満であるものは選択により、個別管理ではなく、その事業年度の合計額を3年間で均等に損金とすることができるとするものである。この場合の「取得価額が20万円未満」といったときの20万円は、税抜方式であれば税抜金額で判定し、税込方式であれば、税込金額で判定する。税抜方式が有利となるのは上記**（イ）**と同様である。

【具体例】

　事務所用の応接セット（税抜金額190,000円、税込金額209,000円（消費税等10%））をインボイス発行事業者から購入した。

（取扱い）

〈税抜方式の場合〉

　税抜金額である190,000円で判断し、20万円未満であるため、この一括償却資産の損金算入の規定が適用可能である。

〈税込方式の場合〉

　税込金額である209,000円で判断し、20万円以上であるため、この一括償却資産の損金算入の規定は適用できない。

（ハ）　交際費等の損金不算入の対象とならない接待飲食費の範囲

　交際費等の額のうち接待飲食費の額の50%を超える金額が、資本

金の額又は出資金の額が100億円以下である法人（一定の法人を除く）については全額が、損金不算入となる[*31]（措法61の4①）。ここでの「交際費等」とは、交際費、接待費、機密費その他の費用で、法人がその得意先、仕入先その他事業に関係ある者等に対する接待、供応、慰安、贈答それらに類する行為のために支出するものである（措法61の4⑥）。ただし、飲食費であって、1人当たりの金額が5,000円以下のものは「交際費等」には該当しない（措法61の4⑥、措令37の5①）。この場合の「5,000円以下」になるか否かは、税抜方式であれば税抜金額で判定し、税込方式であれば、税込金額で判定する。税抜方式が有利となるのは上記**（イ）（ロ）**と同様である。

> 【具体例】
>
> 　当社と当社の取引先の者合計5人で会食をし、合計で税込金額26,400円（税抜金額24,000円）を支払った。
>
> **（取扱い）**
>
> **〈税抜方式の場合〉**
>
> 　1人当たりの金額が4,800円（＝24,000円÷5）となり、5,000円以下であるため、交際費等には該当しない。
>
> **〈税込方式の場合〉**
>
> 　1人当たりの金額が5,280円（＝26,400円÷5）となり、5,000円超となり、損金不算入計算の対象となる。

（二）　中小企業者等が機械等を取得した場合の特別償却

　青色申告法人である中小企業者等が特定機械装置等でその製作の後事業の用に供されたことのないものを取得等して一定の事業の用の供した場合には、その事業の用に供した事業年度において特別償却が可能となっている（措法42の6①）。ここでの「特定機械装置等」

[*31]　期末の資本金・出資金の額が1億円以下の法人（一定の法人を除く）については定額控除限度額（年800万円）を超える金額を損金不算入額とすることができる（措法61の4②）。

となる対象資産にはいくつかのものがあるが、例えば、機械装置で、1台又は1基の取得価額が160万円以上のものが該当する（措令27の6④一）。この場合の「取得価額が160万円以上」といったときの160万円以上か否かは、税抜方式であれば税抜金額で判定し、税込方式であれば、税込金額で判定する。この場面では、税込方式が有利となる。

【具体例】

1台税抜金額150万円（税込金額165万円）の機械装置を取得し事業の用に供した。

（取扱い）

〈税抜方式の場合〉

1台税抜金額150万円であり、160万円以上ではないため、特別償却の対象とはならない。

〈税込方式の場合〉

1台税込金額165万円であり、160万円以上となるため、特別償却の対象となる。

（4）消費税等の納付額・還付額の取扱い

消費税等の納付額と還付額の法人税法上の扱いは、税抜方式を採用している場合と税込方式を採用している場合とで大きく異なる。後述3のパターン別の処理において設例をもとに詳細に検討するが、基本的な考え方は次のとおりである。

❶ 税抜方式の場合

税抜方式を採用している場合には、本則課税においては、控除対象外消費税額等の部分を除いては損益には影響を与えない。また、簡易課税制度を選択している場合においては、仮受消費税等と仮払

消費税等との差額と実際の納税額とは差異が生じるため、その差異分は益金又は損金となる（「新経理通達」6）。

❷ 税込方式の場合

税込方式を採用している場合には、税抜方式を採用している場合と大きく異なり、納付額は損金算入され、還付額は益金に算入される。ただし、損金又は益金に算入される時期は次のように原則と特例がある。

（イ） 納付額の損金算入時期

消費税等の納付額の損金算入時期は、次の表のとおり、原則として消費税の申告書が提出された日の属する事業年度に損金算入される（すなわち、課税期間の翌事業年度に損金算入される）。更正又は決定があった場合には、その更正又は決定があった日の属する事業年度に損金算入される。ただし、特例として（会計的にはむしろ原則だと思われるが）、申告期限未到来の消費税の申告書に記載すべき消費税等の額を損金経理により未払金に計上したときは、損金経理した事業年度の損金の額に算入される（「新経理通達」7）。

	納付額の損金算入時期
原則	申告書が提出された日の属する事業年度
更正又は決定があった場合	更正又は決定のあった日の属する事業年度
特例として認められる場合	損金経理により未払金に計上したときは、その損金経理した事業年度

【具体例】

当社は3月末決算法人で消費税等の経理処理は税込方式によっている。×1年3月31日に終了する事業年度（×1年3月期）の消費税等の確定申告書（本則課税）を×1年5月31日に提出し、同日その消費税額等100万円を納付した。100万円が損金算入されるのはど

93

の事業年度であろうか。

（解答）

〈原則〉

　申告書が提出された×1年5月31日の属する事業年度である×2年3月期に損金算入される。

×1年5月31日の仕訳

（借方）租税公課　100万円　　（貸方）預　金　　　　　100万円

〈特例〉

　×1年3月期の決算において、次のような仕訳を行い損金経理をした場合には、×1年3月に損金算入となる。

×1年3月期決算仕訳

（借方）租税公課　100万円　　（貸方）未払消費税等　100万円

〈有利不利判定〉

　特例を適用した方が1年早く100万円を損金算入することができる。

（ロ）　還付額の益金算入時期

　消費税等の還付額の益金算入時期は、次の表のとおり、原則として消費税の申告書が提出された日の属する事業年度に益金算入される（すなわち、課税期間の翌事業年度に益金算入される）。更正又は決定があった場合には、その更正又は決定があった日の属する事業年度に益金算入される。ただし、特例として（会計的にはむしろ原則だと思われるが）、還付を受ける消費税等の額を収益の額として未収入金に計上したときのその金額については、その収益に計上した事業年度の益金の額に算入される（「新経理通達」8）。

	還付額の益金算入時期
原則	申告書が提出された日の属する事業年度
更正又は決定があった場合	更正又は決定のあった日の属する事業年度
特例として認められる場合	収益の額として未収入金に計上したときは、その収入に計上した事業年度

【設例】

当社は3月末決算法人で消費税等の経理処理は税込方式によっている。×1年3月31日に終了する事業年度（×1年3月期）の消費税等の確定申告書（本則課税）を×1年5月31日に提出したが、100万円の還付申告書であり、×1年7月15日に100万円が還付された。還付された100万円が益金算入されるのはどの事業年度か。

（解答）

〈原則〉

申告書が提出された×1年5月31日の属する事業年度である×2年3月期に益金算入される。

×1年7月15日の仕訳			
（借方）預　金	100万円	（貸方）雑収入	100万円

〈特例〉

×1年3月期の決算において、次のような仕訳を行い収入計上した場合には、×1年3月に益金算入となる。

×1年3月期決算仕訳			
（借方）未収消費税等	100万円	（貸方）雑収入	100万円

〈**有利不利判定**〉

原則の方が1年遅く100万円を益金算入することができる。

（5）控除対象外消費税額等の処理

❶ 法人税上の扱い

本則課税で税抜方式を採用している場合、全額が仕入税額控除されるパターンⅠを除き、控除対象外消費税額等が発生する（税込方式を採用している場合には、消費税等は当然に資産の取得価額又は経費に含まれるため問題とならない）。この控除対象外消費税額等を法人税上どう扱うかが問題となるが、資産に係るものと経費に係るものとに分けて説明する。

（イ） 資産に係る控除対象外消費税額等

棚卸資産、固定資産等の資産に係る控除対象外消費税額等の法人税上扱いは、次の（ⅰ）によるか、あるいは（ⅱ）又は（ⅲ）によることとなる。

（ⅰ）資産の取得価額への算入

その資産の取得価額に算入し、それ以後の事業年度において、売却、減価償却などを通じて損金の額に算入する。

（ⅱ）その事業年度に全額が損金算入可能な場合

次のいずれかに該当する場合には、損金経理を要件として、その事業年度に全額が損金算入可能である（法令139の4①②）。

・その事業年度の課税売上割合が80%以上であること
・棚卸資産に係る控除対象外消費税額等であること
・一の資産に係る控除対象外消費税額等が20万円未満であること

（ⅲ） 上記（ⅱ）に該当しない場合は、「**繰延消費税額等**」として資産に計上し、次の金額が損金算入可能となる。

〈繰延消費税額等の生じた事業年度〉（法令139の4③）*32

損金算入限度額＝繰延消費税額等×当期の月数／60×1／2

〈その後の事業年度〉

損金算入限度額＝繰延消費税額等×当期の月数／60

【設例1】

　　当社は3月末決算の株式会社で消費税等の経理処理は税抜方式（本則課税、個別対応方式）によっている。×1年3月31日に終了する事業年度（×1年3月期、1年決算）の消費税等の確定申告書における課税売上割合は90％であった。×1年3月10日にインボイス発行事業者から本社ビルを320,000千円で取得・事業供用しており、その内訳は次のとおりである。

　　　　土地　　　100,000千円
　　　　建物　　　220,000千円（内、消費税額等20,000千円）

　　この本社ビルの建物に係る消費税等についての控除対象外消費税額等はいくらで、×1年3月期に損金算入可能額はいくらか。なお、本社ビルの建物に係る消費税額等20,000千円は共通仕入とし、控除対象外消費税額等の法人税上の処理について、資産の取得価額の算入する方法は選択しない。

（解答）
〈控除対象外消費税額等の計算〉
　　　20,000千円×（1－90％）＝2,000千円

〈×1年3月期の損金算入可能額〉
　　　×1年3月期の課税売上割合は90％で80％以上であることか

*32　月割計算はせず、年額の半額とする。

ら、控除対象外消費税額等の2,000千円は損金経理を要件に、×1年3月期に全額損金算入することが可能である。

【設例2】

　当社は3月末決算の株式会社で消費税等の経理処理は税抜方式（本則課税、個別対応方式）によっている。×1年3月31日に終了する事業年度（×1年3月期、1年決算）の消費税等の確定申告書における課税売上割合は70％であった。×1年3月10日にインボイス発行事業者から本社ビルを320,000千円で取得・事業供用しており、その内訳は次のとおりである。

　　　土地　　100,000千円

　　　建物　　220,000千円（内、消費税額等20,000千円）

　この本社ビルの建物に係る消費税額等についての控除対象外消費税額等はいくらで、×1年3月期に損金算入可能額はいくらか。なお、本社ビルの建物に係る消費税等20,000千円は共通仕入とし、控除対象外消費税額等の法人税上の処理について、資産の取得価額の算入する方法は選択しない。

（解答）

〈控除対象外消費税額等の計算〉

　　20,000千円×（1－70％）＝6,000千円

〈×1年3月期の損金算入可能額〉

　×1年3月期の課税売上割合は70％で80％未満であり、控除対象外消費税額等の6,000千円は20万円以上であることから、繰延消費税額等に該当し繰延の対象となる。

　×1年3月期は取得年度であるため、損金算入可能額は次のとおりとなる。

　　6,000千円×12／60×1／2＝600千円

（ロ）　経費に係る控除対象外消費税額等

経費に係る控除対象外消費税額等は、全額がその事業年度の損金の額に算入される。ただし、交際費等に係る控除対象外消費税額等については、後述 **(7)** を参照。

❷　資産に係る控除対象外消費税額等の申告調整
（イ）　申告調整が必要な場合と不要な場合

申告調整が問題となるのは主に固定資産を取得した場合であることから、前述の建物取得を例に申告調整の要否を検討する。

> **【設例】**
> ・3月末決算法人で、税抜方式、本則課税、個別対応方式
> ・×1年3月期（1年決算）の課税売上割合は70%
> ・×1年3月10日にインボイス発行事業者から本社ビルを320,000千円で取得・事業供用しており、その内訳は次のとおり。
>
> 　　　土地　　　100,000千円
> 　　　建物　　　220,000千円（内、消費税額等20,000千円）
>
> ・控除対象外消費税額等
> 　　　20,000千円×（1−70%）＝6,000千円
> ・×1年3月期に損金算入可能額
> 　　　6,000千円×12／60×1／2＝600千円

この設例で、会計処理方法としては、固定資産の取得価額に算入する方法は採用しないこととして、次の2つの方法が採用可能である。

・長期前払消費税等として費用配分する方法（ここでは費用化の期間は法人税の扱いと同様とし、資産科目としては「長期前払費用」を使用するものとする）

・発生事業年度の期間費用とする（ここでは費用科目は「租税公課」を使用するものとする）

会計処理	税務処理	申告調整
【長期前払消費税等として費用配分する方法】 ×1年3月期決算仕訳 (借方) 仮受消費税等　　　×× 　　　　長期前払費用　6,000千円 　　　　租税公課　　　　××*33 　　　　（貸方）仮払消費税等　×× 　　　　　　　　未払消費税等　×× 　　　　　　　　雑収入　　　　×× (借方) 長期前払費用償却　600千円 　　　　（貸方）長期前払費用　600千円	600千円が 損金算入	なし
【発生事業年度の期間費用とする方法】 ×1年3月期決算仕訳 (借方) 仮受消費税等　　　×× 　　　　租税公課　　　6,000千円 　　　　租税公課　　　　××*34 　　　　（貸方）仮払消費税等　×× 　　　　　　　　未払消費税等　×× 　　　　　　　　雑収入　　　　××	600千円が 損金算入	5,400千円 (=6,000千円−600千円) 損金算入限度超過 額となり加算留保 とし、翌期以降に 減算留保処理

（ロ）　具体的な申告書別表記載方法

（i）会計処理で長期前払消費税等として費用配分する方法を採用した場合

　この会計処理方法では、会計処理と税務処理が一致しているため、申告調整は発生しない。ただし別表16（10）（資産に係る控除対象外消費税額等の損金算入に関する明細書）を法人税申告書に添付する必要がある。

　×1年3月期の別表16（10）と×2年3月期の別表16（10）の記載例を示す。なお、記載欄を省略している箇所がある（以下同様）。

---

*33　税務上繰延対象とならない控除対象外消費税額等の分
*34　同上

100

第3章
消費税の法人税における取扱いと申告調整

資産に係る控除対象外消費税額等の損金算入に関する明細書	事業年度	×0・4・1 ×1・3・31	法人名				別表十六(十)

繰 延 消 費 税 額 等 (発生した事業年度)	1	6,000,000円 ×0・4・1 ×1・3・31	円 ・ ・	円 ・ ・	円 ・ ・	円 ・ ・	円 当期分
当 期 の 損 金 算 入 限 度 額 (1)×当期の月数/60　当期発生分については(1)×当期の月数/60×1/2	2	600,000					
当 期 損 金 経 理 額	3	600,000					
差 引	損 金 算 入 不 足 額 (2)-(3)	4						
	損 金 算 入 限 度 超 過 額 (3)-(2)	5						
損金算入限度超過額	前 期 か ら の 繰 越 額	6						
	同上のうち当期損金認容額 ((4)と(6)のうち少ない金額)	7						
	翌 期 へ の 繰 越 額 (5)+(6)-(7)	8						

当期に生じた資産に係る控除対象外消費税額等の損金算入額等の明細

課税標準額に対する消費税額等 (税抜経理分)	9	円	(12)のうち当期損金算入額	14	600,000円
課 税 仕 入 れ 等 の 税 額 等 (税抜経理分)	10		同上のうち	(13)の割合が80%以上である場合の資産に係る控除対象外消費税額等の合計額	15	
同上の額のうち課税標準額に対する消費税額等から控除されない部分の金額	11			資産に係る控除対象外消費税額等で棚卸資産に係るものの合計額	16	
同上の額のうち資産に係るものの金額 (資産に係る控除対象外消費税額等の合計額)	12	6,000,000		資産に係る控除対象外消費税額等で特定課税仕入れに係るものの合計額	17	
				資産に係る控除対象外消費税額等で20万円未満のものの合計額	18	
当期の消費税の課税売上割合	13	70%	当 期 の 繰 延 消 費 税 額 等 ((12)-(15))又は((12)-(16)-(17)-(18))	19	6,000,000

令五・四・一以後終了事業年度分

101

資産に係る控除対象外消費税額等の損金算入に関する明細書

| 事業年度 | ×1・4・1 ×2・3・31 | 法人名 | | 別表十六(十) 令五・四・一以後終了事業年度分 |

繰 延 消 費 税 額 等 （発生した事業年度）	1	6,000,000円 ×0・4・1 ×1・3・31	：・：・： 円	：・：・： 円	：・：・： 円	：・：・： 円	当 期 分 円
当期の損金算入限度額 $(1) \times \dfrac{\text{当期の月数}}{60}$　当期発生分については $(1) \times \dfrac{\text{当期の月数}}{60} \times \dfrac{1}{2}$	2	1,200,000					
当 期 損 金 経 理 額	3	1,200,000					
差　損 金 算 入 不 足 額 (2) − (3)	4						
引　損 金 算 入 限 度 超 過 額 (3) − (2)	5						
損金算入限度超過額　前 期 か ら の 繰 越 額	6						
同上のうち当期損金認容額 ((4)と(6)のうち少ない金額)	7						
翌 期 へ の 繰 越 額 (5) + (6) − (7)	8						

当期に生じた資産に係る控除対象外消費税額等の損金算入額等の明細

		円			円
課税標準額に対する消費税額等 （税抜経理分）	9		(12)のうち当期損金算入額	14	
課税仕入れ等の税額等 （税抜経理分）	10		同上のうち　(13)の割合が80%以上である場合の資産に係る控除対象外消費税額等の合計額	15	
同上の額のうち課税標準額に対する消費税額等から控除されない部分の金額	11		資産に係る控除対象外消費税額等で棚卸資産に係るものの合計額	16	
同上の額のうち資産に係るものの金額 (資産に係る控除対象外消費税額等の合計額)	12		資産に係る控除対象外消費税額等で特定課税仕入れに係るものの合計額	17	
当期の消費税の課税売上割合	13		資産に係る控除対象外消費税額等で20万円未満のものの合計額	18	
			当 期 の 繰 延 消 費 税 額 等 ((12) − (15)) 又は ((12) − (16) − (17) − (18))	19	

第3章
消費税の法人税における取扱いと申告調整

（ⅱ）会計処理で発生事業年度の期間費用とする方法を採用した場合

　この会計処理方法では、×1年3月期の費用処理額が法人税上の損金算入限度額を超過しているため、×1年3月期では申告調整で加算留保が生じ、×2年3月期以降で減算留保が生じる（税効果会計上の将来減算一時差異となる）。

　×1年3月期の別表16（10）、別表4（一部）、別表5（1）（一部）と×2年3月期の別表16（10）、別表4（一部）、別表5（1）（一部）の記載例を示す。

Column　免税事業者は課税事業者を選択しないと取引から排除されるのか？

　適格請求書等保存方式になると、適格請求書の保存がなければ仕入税額控除ができなくなる。適格請求書を発行できるのは適格請求書発行事業者登録をした事業者、つまり課税事業者のみである。仕入れる側から見れば、仕入先が適格請求書発行事業者でなければ仕入税額控除ができなくなる。その意味では、免税事業者は課税事業者にならなければ取引停止となる可能性がある。しかし、これは売上先が企業である場合に起こりうる現象である。事業者ではない個人相手の商売ではどうだろうか。事業者ではない個人は消費税の最終負担者であり、仕入税額控除はないため、免税事業者のままの方が有利になる可能性が高い。現在免税事業者である場合は、適格請求書発行事業者となるかどうか難しい選択を迫られる。新たな有利・不利選択の登場である。この選択は誰がどのように判断すればいいのか。

103

| 資産に係る控除対象外消費税額等の損金算入に関する明細書 | | 事業年度 | ×0・4・1
×1・3・31 | 法人名 | | | | 別表十六(十)
令五・四・一以後終了事業年度分 |

繰延消費税額等 (発生した事業年度)	1	6,000,000 円 ×0・4・1 ×1・3・31	円 ・・	円 ・・	円 ・・	円 ・・	円 当期分
当期の損金算入限度額 (1)×当期の月数/60　当期発生分については(1)×当期の月数/60×1/2	2	600,000					
当期損金経理額	3	6,000,000					
差引 損金算入不足額 (2)-(3)	4						
損金算入限度超過額 (3)-(2)	5	5,400,000					
損金算入限度超過額 前期からの繰越額	6						
同上のうち当期損金認容額 ((4)と(6)のうち少ない金額)	7						
翌期への繰越額 (5)+(6)-(7)	8	5,400,000					

当期に生じた資産に係る控除対象外消費税額等の損金算入額等の明細

課税標準額に対する消費税額等 (税抜経理分)	9	円	(12)のうち当期損金算入額	14	円 600,000
課税仕入れ等の税額等 (税抜経理分)	10		同上のうち (13)の割合が80%以上である場合の資産に係る控除対象外消費税額等の合計額	15	
同上の額のうち課税標準額に対する消費税額等から控除されない部分の金額	11		資産に係る控除対象外消費税額等で棚卸資産に係るものの合計額	16	
同上の額のうち資産に係るものの金額 (資産に係る控除対象外消費税額等の合計額)	12	6,000,000	資産に係る控除対象外消費税額等で特定課税仕入れに係るものの合計額	17	
			資産に係る控除対象外消費税額等で20万円未満のものの合計額	18	
当期の消費税の課税売上割合	13	70%	当期の繰延消費税額等 ((12)-(15))又は((12)-(16)-(17)-(18))	19	6,000,000

第3章
消費税の法人税における取扱いと申告調整

〈×1年3月期　別表4の一部〉

区分		総額	処分	
			留保	社外流出
		①	②	③
加算	資産に係る控除対象外消費税額等の損金算入限度超過額	5,400,000	5,400,000	

〈×1年3月期　別表5(1) I の一部〉

区分	期首現在利益積立金額	当期の増減		差引翌期首現在利益積立金額 ①－②＋③
		減	増	
	①	②	③	④
資産に係る控除対象外消費税額等			5,400,000	5,400,000

105

資産に係る控除対象外消費税額等の損金算入に関する明細書			事業年度	×1・4・1 ×2・3・31	法人名				別表十六㈩ 令五・四・一以後終了事業年度分

繰　延　消　費　税　額　等 （発生した事業年度）	1	6,000,000 円 ×0・4・1 ×1・3・31	円 ・・	円 ・・	円 ・・	円 ・・	円 当　期　分
当 期 の 損 金 算 入 限 度 額 (1)×当期の月数/60〔当期発生分については (1)×当期の月数/60×1/2〕	2	1,200,000					
当　期　損　金　経　理　額	3	0					
差引 損 金 算 入 不 足 額 (2)－(3)	4	1,200,000					
損 金 算 入 限 度 超 過 額 (3)－(2)	5						
前 期 か ら の 繰 越 額	6	5,400,000					
同上のうち当期損金認容額 ((4)と(6)のうち少ない金額)	7	1,200,000					
翌 期 へ の 繰 越 額 (5)＋(6)－(7)	8	4,200,000					

当期に生じた資産に係る控除対象外消費税額等の損金算入額等の明細

課税標準額に対する消費税額等 （税抜経理分）	9	円	(12)のうち当期損金算入額	14	円
課税仕入れ等の税額等 （税抜経理分）	10		同上のうち (13)の割合が80％以上である場合の資産に係る控除対象外消費税額等の合計額	15	
同上の額のうち課税標準額に対する消費税額等から控除されない部分の金額	11		資産に係る控除対象外消費税額等で棚卸資産に係るものの合計額	16	
同上の額のうち資産に係るものの金額 （資産に係る控除対象外消費税額等の合計額）	12		資産に係る控除対象外消費税額等で特定課税仕入れに係るものの合計額	17	
当期の消費税の課税売上割合	13		資産に係る控除対象外消費税額等で20万円未満のものの合計額	18	
			当 期 の 繰 延 消 費 税 額 等 ((12)－(15)) 又は ((12)－(16)－(17)－(18))	19	

〈×2年3月期　別表4の一部〉

区分		総額	処分	
			留保	社外流出
		①	②	③
減算	資産に係る控除対象外消費税額等の損金算入限度超過額の当期認容額	1,200,000	1,200,000	

〈×2年3月期　別表5(1) Iの一部〉

区分	期首現在利益積立金額	当期の増減		差引翌期首現在利益積立金額 ①－②＋③
		減	増	
	①	②	③	④
資産に係る控除対象外消費税額等	5,400,000	1,200,000		4,200,000

(6) 免税事業者からの仕入れ

❶ 免税事業者からの仕入れに係る消費税相当額の法人税上の取扱い

(イ)　令和5年10月1日から令和8年9月30日の間の仕入れ(経過措置)

　　令和5年10月1日から令和8年9月30日の間に免税事業者からの課税仕入れがあった場合は、課税仕入れに係る消費税額の80％相当額について仕入税額控除の適用が可能である。その場合、税抜方式を採用している場合は、支払対価のうちインボイス制度導入前の仮払消費税等の額の80％相当額を仮払消費税等の額とし、残額を本来の費用の額あるいは資産の額として、法人税上の所得金額の計算を行う

こととなる（新経理通達3の2、新経理通達Q＆A問3）。

【例1】

令和5年11月1日、得意先の接待での飲食代55,000（内消費税額等相当額5,000）を免税事業者である飲食店に支払った（税抜方式を採用）。

〈法人税上の処理〉

　　（借方）接待交際費　　　51,000[注1]　　（貸方）現金預金　55,000
　　　　　　仮払消費税等　　　4,000[注2]

（注1）50,000＋5,000（消費税額等相当額）×（100％－80％）＝51,000

（注2）5,000（消費税額等相当額）×80％

【例2】

令和5年11月1日、免税事業者から機械を購入し、22,000,000（内消費税額等相当額2,000,000）を支払った（税抜方式を採用）。

〈法人税上の処理〉

　　（借方）機械装置　　　20,400,000[注1]　　（貸方）現金預金　22,000,000
　　　　　　仮払消費税等　1,600,000[注2]

（注1）20,000,000＋2,000,000（消費税額等相当額）×（100％－80％）
　　　　＝20,400,000

（注2）2,000,000（消費税額等相当額）×80％

（ロ）　令和8年10月1日から令和11年9月30日の間の仕入れ（経過措置）

　令和8年10月1日から令和11年9月30日の間に免税事業者からの課税仕入れがあった場合は、課税仕入れに係る消費税額の50％相当額について仕入税額控除の適用が可能である。その場合、税抜方式を採用している場合は、支払対価のうちインボイス制度導入前の仮払消費税等の額の50％相当額を仮払消費税等の額とし、残額を本来の費用の額あるいは資産の額として、法人税上の所得金額の計算を行うこととなる（新経理通達3の2、新経理通達Q＆A問4）。

第3章
消費税の法人税における取扱いと申告調整

【例1】

令和8年11月1日、得意先の接待での飲食代55,000（内消費税額等相当額5,000）を免税事業者である飲食店に支払った（税抜方式を採用）。

〈法人税上の処理〉

　　　（借方）接待交際費　　　52,500[注1]　　（貸方）現金預金　55,000
　　　　　　　仮払消費税等　　　2,500[注2]

（注1）50,000＋5,000（消費税額等相当額）×（100％−50％）＝52,500

（注2）5,000（消費税額等相当額）×50％

【例2】

令和8年11月1日、免税事業者から機械を購入し、22,000,000（内消費税額等相当額2,000,000）を支払った（税抜方式を採用）。

〈法人税上の処理〉

　　　（借方）機械装置　　21,000,000[注1]　　（貸方）現金預金　22,000,000
　　　　　　　仮払消費税等　1,000,000[注2]

（注1）20,000,000＋2,000,000（消費税額等相当額）×（100％−50％）
　　　　＝21,000,000

（注2）2,000,000（消費税額等相当額）×50％

（ハ）　令和11年10月1日以降の仕入れ（原則的取扱い）

　令和11年10月1日以降は、免税事業者からの仕入れについては課税仕入れに係る消費税額はないこととなる（消法30①）。その場合、税抜方式を採用している場合は、仮払消費税等の額として取引の対価の額と区分して経理する額はなく、支払対価の額そのものを費用の額として、法人税上の所得金額の計算を行うこととなる（新経理通達14の2、新経理通達Q＆A問2）。

【例1】

令和11年11月1日、得意先の接待での飲食代55,000（内消費税額等相当

109

額5,000）を免税事業者である飲食店に支払った（税抜方式を採用）。

〈法人税上の処理〉

　　（借方）接待交際費　　　55,000　　　（貸方）現金預金　　　55,000

【例2】

令和11年11月1日、免税事業者から機械を購入し、22,000,000（内消費税額等相当額2,000,000）を支払った（税抜方式を採用）。

〈法人税上の処理〉

　　（借方）機械装置　　22,000,000　　（貸方）現金預金　22,000,000

❷ 免税事業者からの仕入れについて法人税上の取扱いと異なる会計処理をした場合の申告調整

　システム上の問題等何らかの理由で上記❶の法人税上の扱いと異なる会計処理をした場合には、申告調整が必要となる場合がある（新経理通達Q＆A問8参照）。

【例】　令和5年11月1日、免税事業者から機械（耐用年数10年、定額法、償却率0.10、10月末決算法人）を購入し22,000,000（内消費税額等相当額2,000,000）を支払った（税抜方式を採用）。なお、会計システムの都合上、仮払消費税等は消費税額相当額の10％で計上することとし、次の仕訳を行った。

〈取得時〉

　（借方）機械装置　　20,000,000　　（貸方）現金預金　　22,000,000
　　　　　仮払消費税等　2,000,000

〈決算時〉

　　決算時は、機械装置の減価償却費は20,000,000をもとに計算し、免税事業者の課税仕入れに係る経過措置により仕入税額控除の対象とならない額は雑損失とした。

110

（借方）減価償却費　　2,000,000　　（貸方）機械装置　　　2,000,000

　　　　雑損失　　　　　400,000^(注)　　　　　仮払消費税等　400,000^(注)

（注）2,000,000×（100％－80％）

【申告調整】

〈法人税上の減価償却限度額計算〉

　法人税法は、免税事業者からの課税仕入れのうち経過措置により仕入税額控除の対象とならなかった部分は機械装置の取得価額に含めて償却限度額計算を行う。

　　取得価額　　　　　20,000,000＋400,000＝20,400,000

　　償却限度額　　　　20,400,000×0.10＝2,040,000

　　償却限度超過額　（2,000,000＋400,000^(注)）－2,040,000＝360,000

（注）雑損失として処理した金額は、償却費として損金経理をした金額となる（新経理通達14の2(注)1、同3の2（1）(注)）

〈別表4の一部〉

区分		総額	処分	
			留保	社外流出
		①	②	③
加算	減価償却の償却超過額	360,000	360,000	

〈別表5(1) I の一部〉

区分	期首現在 利益積立金額	当期の増減		差引翌期首現在 利益積立金額 ①−②+③
		減	増	
	①	②	③	④
減価償却超過額			360,000	360,000

【翌事業年度の申告調整】

〈決算時の減価償却費の会計処理〉

(借方) 減価償却費　　2,000,000　　　(貸方) 機械装置　　　2,000,000

〈法人税上の償却限度額〉　償却限度額　20,400,000 × 0.10 = 2,040,000

〈償却限度超過認容額〉 2,040,000 − 2,000,000 = 40,000

〈翌事業年度の別表4の一部〉

区分		総額	処分	
			留保	社外流出
		①	②	③
減算	減価償却の償却超過認容額	40,000	40,000	

〈翌事業年度の別表5(1) I の一部〉

区分	期首現在 利益積立金額	当期の増減		差引翌期首現在 利益積立金額 ①−②+③
		減	増	
	①	②	③	④
減価償却超過額	240,000	40,000		200,000

(7) 交際費等に係る消費税等の額

❶ 処理方法

　交際費等に係る消費税等の額で損金に計上された額は、法人税の申告においては、交際費等の額に含める。ただし、税抜方式を採用している場合、交際費等の額に含めるのは、控除対象外消費税額等の部分のみとなる（「新経理通達」12）。

（イ）　税抜方式の場合

　税抜方式を採用している場合には、帳簿上の「交際費」等の勘定残高は税抜金額になっているが、これに交際費等に係る消費税等のうち、控除対象外となった部分も法人税の申告上交際費等に含める。

　この交際費等の額に加算する額は次のように計算する。

一括比例配分方式	交際費等の係る消費税等×（1−課税売上割合）
個別対応方式	共通仕入となる交際費等に係る消費税等×（1−課税売上割合）

　なお、例えば「旅費交通費」の中に計上されている得意先の接待のために利用したタクシー代など、帳簿上「交際費」勘定としていないものも法人税の申告上は交際費等に含める場合があるが、そのようなものも当然ながら上記の扱いに含めることとなる。

（ロ） 税込方式の場合

税込方式を採用している場合には、帳簿上の「交際費」等の勘定残高は税込金額となっており、そのままの税込金額を法人税の申告上の交際費等とする。別の科目で税務上の交際費等に含まれるものも帳簿上は税込金額となっていることから、そのままその税込金額を税務上の交際費等に含めることとなる。

❷ 設例と申告書別表記載例
（イ） 設例

当社は3月末決算法人（資本金2億円）、消費税は本則課税（一括比例配分方式）。×1年3月期の消費税関係及び交際費等の内容は次のとおりである（免税事業者からの仕入はない）。

・課税売上高50億円

・課税売上割合99％

・帳簿上の交際費勘定残高　税込金額11,000千円（消費税率10％、税抜金額10,000千円、消費税額等1000千円、課税対象外取引はないものと仮定）

・上記のうち、接待飲食費の額　税込金額3,300千円（税抜金額3,000千円、消費税額等300千円）

・交際費勘定以外に税務上の交際費等に含まれるものはないものとする

（ロ） 設例における交際費等の損金不算入額計算
（ⅰ） 税抜方式を採用した場合

・交際費等に係る消費税等の額のうち控除対象外のもの

$$1,000,000円 × （1 － 99％） ＝ 10,000円$$

・接待飲食費の額に係る消費税等の額のうち控除対象外のもの

$$300,000円 × （1 － 99％） ＝ 3,000円$$

・支出交際費等の額

$$10,000,000円 + 10,000円 = 10,010,000円$$

・支出接待飲食費損金算入基準額

$$（3,000,000円 + 3,000円）×50／100 = 1,501,500円$$

・損金不算入額

$$10,010,000円 - 1,501,500円 = 8,508,500円$$

（ⅱ）税込方式を採用した場合

・支出交際費等の額

$$11,000,000円$$

・支出接待飲食費損金算入基準額

$$3,300,000円×50／100 = 1,650,000円$$

・損金不算入額

$$11,000,000円 - 1,650,000円 = 9,350,000円$$

（ハ）　設例における法人税申告書別表15の記載例

〈税抜方式を採用した場合〉

交際費等の損金算入に関する明細書

事 業 年 度	×0・4・1 ×1・3・31	法人名

別表十五　令五・四・一以後終了事業年度分

支 出 交 際 費 等 の 額 (8 の 計)	1	10,010,000	損 金 算 入 限 度 額 (2) 又は (3)	4	1,501,500
支出接待飲食費損金算入基準額 (9の計) × $\frac{50}{100}$	2	1,501,500			
中小法人等の定額控除限度額 ((1)と((800万円×$\frac{12}{12}$)又は(別表十五付表「5」))のうち少ない金額)	3	0	損 金 不 算 入 額 (1) － (4)	5	8,508,500

支 出 交 際 費 等 の 額 の 明 細

科　　　　　目	支 出 額 6	交際費等の額から 控除される費用の額 7	差引交際費等の額 8	(8) の う ち 接 待 飲 食 費 の 額 9
	円	円	円	円
交　　際　　費	10,000,000		10,000,000	3,000,000
交際費等に係る 控除対象外消費税等	10,000		10,000	3,000
計	10,010,000		10,010,000	3,003,000

第3章
消費税の法人税における取扱いと申告調整

〈税込方式を採用した場合〉

交際費等の損金算入に関する明細書

		事 業 年 度	×0・4・1 ×1・3・31	法人名	

別表十五 令五・四・一以後終了事業年度分

支 出 交 際 費 等 の 額 (8 の 計)	1	11,000,000 円	損 金 算 入 限 度 額 (2) 又 は (3)	4	1,650,000 円
支出接待飲食費損金算入基準額 (9の計)× $\frac{50}{100}$	2	1,650,000			
中小法人等の定額控除限度額 ((1)と((800万円× $\frac{}{12}$)又は(別表十五付表「5」))のうち少ない金額)	3	0	損 金 不 算 入 額 (1) － (4)	5	9,350,000

支 出 交 際 費 等 の 額 の 明 細

科 目	支 出 額 6	交際費等の額から控除される費用の額 7	差引交際費等の額 8	(8) の う ち 接 待 飲 食 費 の 額 9
交 際 費	11,000,000 円	円	11,000,000 円	3,300,000 円
計	11,000,000		11,000,000	3,300,000

117

3 パターン別の税務処理と申告調整

（1）パターンⅠ（課税事業者、本則課税、全額仕入税額控除）

❶ 法人税上の処理と申告調整のポイント

（イ）　税抜方式における仮受・仮払差額と納税額・還付額との差額処理と申告調整

　税抜方式による場合において、本則課税で全額仕入税額控除となるときであっても、端数処理等の関係で、一般的には仮受消費税等と仮払消費税等との差額が納税額・還付額と完全に一致するわけでない。その差額は税務上その事業年度の益金の額又は損金の額に計上する必要がある（益金となることが多い）（新経理通達6）。差額を益金の額又は損金の額に計上していない場合には申告調整が必要となる。

　なお、上記の処理を適切に行っていれば、貸借対照表上の未払消費税等の額（申告調整した場合にはその申告調整額を加味した額）と消費税等の申告書の一番下の確定申告納付額が一致する。これが一致していないと、国税局・税務署から問い合わせがあるか、又は税務調査の際に差異理由の説明を求められることが多い（125頁 Column 参照）。

（ロ）　税込方式における納税額・還付額の損益又は益金算入時期

　税込方式による場合は、原則は、消費税等の申告書が提出された日の属する事業年度の損金（納付の場合）又は益金（還付の場合）となる。ただし、決算上未払計上するか（納付の場合）又は未収計上（還付の場合）した場合は、未払計上又は未収計上した事業年度の損金（納付の場合）又は益金（還付の場合）となる（新経理通達7）。

　しがたって、処理方法によって法人税上の有利不利が発生する。た

---

*35　それ以前に、税込方式を採用することが望ましいのかという問題もある。

第3章
消費税の法人税における取扱いと申告調整

だし、会計上は未払計上又は未収計上するのが適切と考えられる[*35]。

❷ 税抜方式による税務処理と申告調整

日常の仕訳処理は通常、会計処理と税務処理が異なることはなく、問題となるのは、決算時の仮払消費税等と仮受消費税等を清算する処理である。全額が仕入税額控除となる場合には、差額は基本的に端数処理が原因であり、次の2つの会計処理が想定される。

（イ）　端数差額を正確に計算する方法

これは、決算時に消費税等の納税額を正確に計算して決算書に反映させる方法である。

┌─【設例】────────────────────────

当社は消費税については本則課税（税抜方式）であり、×1年3月期の消費税等の確定申告納税額が2,000,000円と計算され（中間納付はないものと仮定する）、仮受消費税等と仮払消費税等との差額と納税額2,000,000円との差額は1,000円であった。1,000円は決算上雑収入に計上した。

└──────────────────────────────

【会計処理・税務処理と申告調整】

この方法の場合は次のように、会計処理と税務処理は一致しており、申告調整は発生しない。

会計処理	税務処理	申告調整
（×1年3月期決算仕訳） （借方）仮受消費税等　×× 　　（貸方）仮払消費税等　　　　×× 　　　　　未払消費税等　2,000,000 　　　　　雑収入　　　　　　1,000	（×1年3月期） 会計処理と同一	（×1年3月期） なし
（×2年3月期消費税等納税時の仕訳） （借方）未払消費税等　2,000,000 　　（貸方）預　金　　　　2,000,000	（×2年3月期納税時） 会計処理と同一	（×2年3月期納税時） なし

119

（ロ）　端数差額を無視する方法

　これは、端数差額に重要性がないと判断し、会計上は端数差額を無視して、決算上は単純に仮受消費税等と仮払消費税等を相殺して差額を未払消費税等とする方法である。

┌─**【設例】**────────────────────────────

　当社は消費税については本則課税（税抜方式）であり、端数差額に重要性がないものと判断し、決算上は仮受消費税等と仮払消費税等の差額2,001,000円を未払消費税等に振り替えた。申告時には、×1年3月期の消費税等の確定申告納税額は2,000,000円と計算された（中間納付はないものと仮定する）。

└──────────────────────────────────

【会計処理・税務処理と申告調整】

　この方法の場合は次のように、会計処理と税務処理は一致しないため、申告調整が発生する。

会計処理		税務処理	申告調整
（×1年3月期決算仕訳） （借方）仮受消費税等　×× 　　（貸方）仮払消費税等　　　　×× 　　　　　　未払消費税等　2,001,000		（×1年3月期） 未払消費税等は 2,000,000円 端数差額1,000 円は収入計上	（×1年3月期） 1,000円は 加算留保
（×2年3月期消費税等納税時の仕訳） （借方）未払消費税等　2,001,000 　　（貸方）預　　金　　　2,000,000 　　　　　　雑収入　　　　　　1,000		（×2年3月期納税時） 2,000,000円の 納税	（×2年3月期納税時） 1,000円は 減算留保

【申告書記載例】

（×1年3月期の別表4）

端数差額1,000円を加算留保処理する。

〈別表4の一部〉

区分		総額	処分	
			留保	社外流出
		①	②	③
加算	消費税差額収入計上もれ	1,000	1,000	

（×1年3月期の別表5（1））

〈別表5（1）Ⅰの一部〉

区分	期首現在利益積立金額	当期の増減		差引翌期首現在利益積立金額 ①－②＋③
		減	増	
	①	②	③	④
未払消費税等			1,000	1,000

（×2年3月期の別表4）

端数差額1,000円は納付すべき事業年度に減算留保処理する。

〈別表4の一部〉

区分		総額	処分	
			留保	社外流出
		①	②	③
減算	消費税差額収入計上もれ認容	1,000	1,000	

（×2年3月期の別表5（1））

〈別表5（1）Ⅰの一部〉

区分	期首現在利益積立金額	当期の増減		差引翌期首現在利益積立金額①－②＋③
		減	増	
	①	②	③	④
未払消費税等	1,000	1,000		0

❸ 税込方式による税務処理と申告調整

（イ）　納付の場合

（ⅰ）申告書が提出された事業年度の費用（損金）とする場合（原則）

　　これは、決算時には未払計上せず、消費税等の申告書を提出した日の属する事業年度において費用処理する方法であり、税務上はこの方法が原則的な方法となる。特例処理は決算で費用処理するという損金経理要件が課されているため、損金経理していない場合には、当初申告及び更正の請求などで減算処理することはできないことに留意が必要である。

【設例】

　　当社は消費税については本則課税（税込方式）であり、×1年3月期の消費税等の確定申告納税額が1,500,000円と計算されたが（中間納付はないものと仮定する）、×1年3月期の決算仕訳では特に処理を行わなかった。×2年3月期の×1年5月31日に消費税等の申告書を提出し、1,500,000円を納税した。

【会計処理・税務処理と申告調整】

　　この方法の場合は次のように、会計処理と税務処理は一致する

第3章
消費税の法人税における取扱いと申告調整

ため、申告調整は不要。

会計処理	税務処理	申告調整
（×1年3月期決算仕訳） 仕訳なし	（×1年3月期） 処理なし	（×1年3月期） なし^(注)
（×1年5月31日の納税時の仕訳） （借方）租税公課　1,500,000 　　　　（貸方）預　金　1,500,000	（×1年5月31日 の納税時） 会計処理と同一	（×1年5月31日 の納税時） なし

（注）損金経理要件があるため、申告上だけで減算することはできない。

（ⅱ）決算時に未払計上した場合 （特例）

　これは、決算時には未払計上する方法であり、税務上は特例的な方法となる。

┌─【設例】─────────────────────────

　当社は消費税については本則課題（税込方式）であり、×1年3月期の消費税等の確定申告納税額が1,500,000円と計算され（中間納付はないものと仮定する）、×1年3月期の決算仕訳で未払計上した。×2年3月期の×1年5月31日に消費税等の申告書を提出し、1,500,000円を納税した。

└──────────────────────────────

【会計処理・税務処理と申告調整】

　この方法の場合は次のように、会計処理と税務処理は一致するため、申告調整は不要。

会計処理	税務処理	申告調整
（×1年3月期決算仕訳） （借方）租税公課　1,500,000 　　　　（貸方）未払消費税等　1,500,000	（×1年3月期） 損金経理要件の もと損金算入	（×1年3月期） なし
（×1年5月31日の納税時の仕訳） （借方）未払消費税等　1,500,000 　　　　（貸方）預　金　　　　1,500,000	（×1年5月31日 の納税時） 会計処理と同一	（×1年5月31 日の納税時） なし

123

（ロ） 還付の場合
（ⅰ）申告書が提出された事業年度の収益（益金）とする場合（原則）

　これは、決算時には未収計上せず、消費税等の申告書を提出した日の属する事業年度において収益処理する方法であり、税務上はこの方法が原則的な方法となる。

【設例】

　当社は消費税については本則課題（税込方式）であり、×1年3月期の消費税等の確定申告還付額が800,000円と計算されたが（中間納付はないものと仮定する）、×1年3月期の決算仕訳では収益計上を行わなかった。×2年3月期の×1年5月31日に消費税等の申告書を提出し、×1年7月15日に800,000円が還付となった。

【会計処理・税務処理と申告調整】

　この方法の場合は次のように、会計処理と税務処理は一致するため、申告調整は不要。

会計処理	税務処理	申告調整
（×1年3月期決算仕訳） 仕訳なし	（×1年3月期） 処理なし	（×1年3月期） なし
（×1年7月15日の還付時の仕訳） （借方）預　金　800,000 　　（貸方）雑収入　800,000	（×1年7月15日の還付時） 会計処理と同一	（×1年7月15日の還付時） なし

（ⅱ） 決算時に未収計上した場合（特例）

　これは、決算時には還付額を未収計上する方法であり、税務上はこの方法は特例的な方法となる。

【設例】

　当社は消費税については本則課題（税込方式）であり、×1年3月期の消費税等の確定申告還付額が800,000円と計算され（中間納付はないものと仮定する）、×1年3月期の決算仕訳で収益計上

第3章
消費税の法人税における取扱いと申告調整

を行った。×2年3月期の×1年5月31日に消費税等の申告書を提出し、×1年7月15日に800,000円が還付となった。

【会計処理・税務処理と申告調整】

　この方法の場合は次のように、会計処理と税務処理は一致するため、申告調整は不要。

会計処理	税務処理	申告調整
（×1年3月期決算仕訳） （借方）未収消費税等　800,000 　　　　（貸方）雑収入　　　　　800,000	（×1年3月期） 処理なし	（×1年3月期） なし
（×1年7月15日の還付時の仕訳） （借方）預　金　800,000 　　　　（貸方）未収消費税等　800,000	（×1年7月15日 の還付時） 会計処理と同一	（×1年7月15日 の還付時） なし

（Column）**毎年恒例の国税局からの問い合わせ**

　資本金の額などにより、国税の管轄が国税局（東京国税局の場合は調査部）の場合と税務署の場合がある。東京国税局調査部においては、提出された申告書はすべて審理課などのチェックがあり、税務調査を行わない年度であっても、申告書の書面上の確認を行っているようである。よくある問い合わせ項目のひとつに、消費税申告書の確定申告納税額と決算書上の未払消費税等の額が一致しているか、一致していない場合の理由説明がある。申告書を提出して暫くしてから問い合わせがあることがあり、一致していない場合には、申告時に理由を明確にしておくと理由を調査する時間の短縮となる。なお、税務署管轄の場合には、毎年ではなく税務調査の際に差異理由を求められることが多い。

（2） パターンⅡ（課税事業者、本則課税、一部仕入税額控除対象外、個別対応方式）

❶ 法人税上の処理と申告調整のポイント

（イ） 税抜方式における仮受・仮払差額と納税額・還付額との差額
（控除対象外消費税額等及び端数差額） 処理と申告調整

　　税抜方式による場合において、本則課税で一部仕入税額控除対象外（個別対応方式）のときは、控除対象外消費税額等及び端数差額の処理が問題となる。控除対象外消費税額等の部分を除いた端数差額の部分の処理は上記（1）のパターンⅠでの扱いと同様である（新経理通達6）。ここでは、控除対象外消費税額等の扱いが問題となる。

（ロ） 税込方式における納税額・還付額の損益又は益金算入時期

　　税込方式による場合の扱いは、パターンⅠの全額仕入税額控除の場合と同様である（新経理通達7）。控除対象外消費税額等は税込方式においては処理上問題にならない。

❷ 税抜方式による税務処理と申告調整

　　パターンⅠと同様、日常の仕訳処理は通常、会計処理と税務処理が異なることはなく、問題となるのは、決算時の仮払消費税等と仮受消費税等を清算する処理である。本則課税で一部仕入税額控除対象外（個別対応方式）のときは、控除対象外消費税額等の処理が会計と税務で相違する場合があり問題となる。端数差額の処理はパターンⅠで検討したので省略する。控除対象外消費税額等のうち法人税上繰延べの対象となる場合の会計・税務処理と申告調整についても前述した。ここでは、控除対象外消費税額等が法人税上全額その事業年度の損金となる場合を前提にして、決算時における仮受・仮払の清算時の処理を検討する。控除対象外消費税額等の会計処理は実務上主に次の3つの方法が用いられている。

第3章
消費税の法人税における取扱いと申告調整

（イ）　控除対象外消費税額等を正確に計算する方法

　これは、決算時に消費税等の納税額及び控除対象外消費税額等を正確に計算して決算書に反映させる方法である。

┌─【設例】─────────────────────────
　当社は消費税については本則課税（個別対応方式）であり、×1年3月期の消費税等の確定申告納税額は1,850,000円、控除対象外消費税額等（資産に係るものはない）は15,000と計算された（中間納付はないものと仮定する）。

【会計処理・税務処理と申告調整】

　この方法の場合は次のように、会計処理と税務処理は一致しており、申告調整は発生しない。

会計処理	税務処理	申告調整
（×1年3月期決算仕訳） （借方）仮受消費税等　　　　×× 　　　租税公課　　　　15,000 　　　（貸方）仮払消費税等　　　×× 　　　　　　未払消費税等　1,850,000 　　　　　　雑収入　　　　　　××	（×1年3月期） 会計処理と同一	（×1年3月期） なし
（×2年3月期消費税等納税時の仕訳） （借方）未払消費税等　1,850,000 　　　（貸方）預　金　　　1,850,000	（×2年3月期納税時） 会計処理と同一	（×2年3月期納税時） なし

（ロ）　控除対象外消費税額等を無視する方法

　これは、控除対象外消費税額等に重要性ないと判断し、会計上は控除対象外消費税額等を無視して、決算上は単純に仮受消費税等と仮払消費税等を相殺して差額を未払消費税等とする方法である。

┌─【設例】─────────────────────────
　当社は消費税については本則課税（個別対応方式）であり、控除対象外消費税額等に重要性がないものと判断し、決算上は仮受消

127

費税等と仮払消費税等の差額2,000,000円を未払消費税等に振り替えた。申告時には、×1年3月期の消費税等の確定申告納税額は2,005,000円、控除対象外消費税額等は5,000円と計算された（中間納付はないものと仮定する）。

【会計処理・税務処理と申告調整】

　この方法の場合は次のように、会計処理と税務処理は一致しないため、申告調整が発生する。なお、実務上は、重要性がなく、かつ、減算項目であることから申告調整しないことも考えられる。

会計処理	税務処理	申告調整
（×1年3月期決算仕訳） （借方）仮受消費税等　　　×× 　　　（貸方）仮払消費税等　　　×× 　　　　　　未払消費税等　2,000,000	（×1年3月期） 未払消費税等は2,005,000円 控除対象外消費税額等5,000円は損金計上	（×1年3月期） 5,000円は 減算留保(注)
（×2年3月期消費税等納税時の仕訳） （借方）未払消費税等　2,000,000 　　　　租税公課　　　　　　5,000 　　　（貸方）預　金　　　2,005,000	（×2年3月期納税時） 2,005,000円の 納税	（×2年3月期納税時） 5,000円は 加算留保

（注）資産に係るものでない場合は、損金経理要件はない。

第3章
消費税の法人税における取扱いと申告調整

【申告書記載例】

(×1年3月期の別表4)

控除対象外消費税額等5,000円を減算留保処理する。

〈別表4の一部〉

区分		総額	処分	
			留保	社外流出
		①	②	③
減算	控除対象外消費税額等損金計上もれ	5,000	5,000	

(×1年3月期の別表5(1))

〈別表5(1) I の一部〉

区分	期首現在利益積立金額	当期の増減		差引翌期首現在利益積立金額 ①−②+③
		減	増	
	①	②	③	④
控除対象外消費税額等		5,000		△5,000

129

（×2年3月期の別表4）

控除対象外消費税額等5,000円は納付すべき事業年度に加算留保処理する。

〈別表4の一部〉

区分		総額	処分	
			留保	社外流出
		①	②	③
加算	控除対象外消費税額等 損金計上もれ認容	5,000	5,000	

（×2年3月期の別表5（1））

〈別表5（1）Ⅰの一部〉

区分	期首現在 利益積立金額	当期の増減		差引翌期首現在 利益積立金額 ①－②＋③
		減	増	
	①	②	③	④
控除対象外消費税額等	△5,000		5,000	0

（ハ）　控除対象外消費税額等を概算で計上する方法

　これは、決算早期化などに対応して、控除対象外消費税額等を概算値で計上する方法である。

┌【設例】┄┄┄┄┄┄┄┄┄┄┄┄┄┄┄┄┄┄┄┄┄┄┄┄┄┄┄┄┄┄
　当社は消費税については本則課税（個別対応方式）であり、控除
対象外消費税額等は決算早期化の要請から正確に計算する時間が

ないため概算値とし、×1年3月期の決算上は納税予想額2,010,000円を未払消費税等とし、控除対象外消費税額等予想額10,000円を租税公課とした。×1年5月31日の消費税等の申告時には、確定申告納税額は2,008,000円、控除対象外消費税額等は8,000円と計算された（中間納付はないものと仮定する）。

【会計処理・税務処理と申告調整】

この方法の場合は次のように、会計処理と税務処理は一致しないため、申告調整が発生する。

会計処理	税務処理	申告調整
（×1年3月期決算仕訳） （借方）仮受消費税等　　　×× 　　　　租税公課　　　　10,000 　　　　（貸方）仮払消費税等　　×× 　　　　　　　　未払消費税等　2,010,000	（×1年3月期） 未払消費税等は2,008,000円 控除対象外消費税額2,000円が益金計上	（×1年3月期） 2,000円は加算留保
（×1年5月31日の消費税等納税時の仕訳） （借方）未払消費税等　2,010,000 　　　　（貸方）預　金　　　2,008,000 　　　　　　　　雑収入　　　　　2,000	（×2年3月期納税時） 2,008,000円の納税	（×2年3月期納税時） 2,000円は減算留保

【申告書記載例】

（×1年3月期の別表4）

控除対象外消費税額等の概算見積計上額と実績値との差額2,000円を加算留保処理する。

〈別表4の一部〉

区分		総額	処分	
			留保	社外流出
		①	②	③
加算	控除対象外消費税額等収入計上もれ	2,000	2,000	

（×1年3月期の別表5（1））

〈別表5（1）Ⅰの一部〉

区分	期首現在利益積立金額	当期の増減		差引翌期首現在利益積立金額 ①－②＋③
		減	増	
	①	②	③	④
控除対象外消費税額等			2,000	2,000

（×2年3月期の別表4）

控除対象外消費税額等の概算見積計上額と実績値との差額2,000円は納付すべき事業年度に減算留保処理する。

〈別表4の一部〉

区分		総額	処分	
			留保	社外流出
		①	②	③
減算	控除対象外消費税額等 収入計上もれ認容	2,000	2,000	

（×2年3月期の別表5(1)）

〈別表5(1)Ⅰの一部〉

区分	期首現在 利益積立金額	当期の増減		差引翌期首現在 利益積立金額 ①－②＋③
		減	増	
	①	②	③	④
控除対象外消費税額等	2,000	2,000		0

❸ 税込方式による税務処理と申告調整

　控除対象外消費税額等がある場合は、パターンⅠと比べると消費税等の納税額が増加するか、あるいは、還付額が減少するが、その納付額あるいは還付額が損金算入あるいは益金算入されるのは同様であり、会計・税務処理はパターンⅠと同様である。

(3) パターンⅢ（課税事業者、本則課税、一部仕入税額控除対象外、一括比例配分方式）

　パターンⅢの本則課税、一部仕入税額控除対象外（一括比例配分方式）の場合は、パターンⅡの本則課税、一部仕入税額控除対象外（個別対応方式）に場合と比べて、日常の仕訳処理の段階で仕入税額を3つに区分する必要があるかないかの違いのみで、決算時における仮受・仮払の清算処理方法は同様である。

(4) パターンⅣ（課税事業者、簡易課税制度選択）

❶ 法人税上の処理と申告調整のポイント

（イ）　税抜方式における仮受・仮払差額と納税額との差額の扱い

　簡易課税制度を選択している場合で税抜方式を採用しているときは、仮受・仮払差額と納税額との差額は、その事業年度の益金又は損金とする必要がある（新経理通達6)[*36]。

（ロ）　税込方式における納税額の損益算入時期

　簡易課税制度を選択している場合で税込方式によるときの扱いは、パターンⅠ～Ⅲの税込処理で納税額が発生する場合と同様であり、損金算入の時期が問題となる（新経理通達7)。

❷ 税抜方式による税務処理と申告調整

（イ）　仮受・仮払差額よりも納税額が少ない場合

　仮受消費税等と仮払消費税等との差額（A）（実額による納税額）よりも納税額（B）が少ない場合には、その差額（A-B）は法人税上

[*36] 簡易課税制度の本来の制度趣旨は、控除仕入税額の実額を集計するのが困難な中小企業に配慮して、実額ではなくみなし仕入率で簡便的に計算することを可能とする制度である。しかし実務では、主に有利・不利の選択肢として利用されているのが実態である。したがって、実額控除よりもみなし仕入率で控除する方が有利な場合にこの制度が選択されていることが多く、その場合は税抜方式を採用していると仮受・仮払差額よりも納税額が少なくなり（いわゆる「益税」）、その差額は収入計上することとなる。逆に予想に反して結果として簡易課税制度選択が不利に働き、納税額が多くなり、差額を租税公課処理することもありうる。

第3章
消費税の法人税における取扱いと申告調整

収入に計上する必要がある。

┌─**【設例】**─────────────────────────────

　当社は消費税について簡易課税制度を選択して、税抜方式を採用している。×1年3月期の状況は次のとりであり（中間納付はないものと仮定する）、簡易課税制度適用上の業種は第5種（みなし仕入率50%）である（消費税率7.8%、地方消費税との合計で10%とする）。

　　　課税売上高　　　　　　　　　　　　　　　　　30,000,000円

　　　仮受・仮払清算前の仮受消費税等の試算表残高　3,000,000円

　　　仮受・仮払清算前の仮払消費税等の試算表残高　1,000,000円

└──────────────────────────────────────

【納税額の計算】

　・納付すべき消費税額

　　30,000,000円×7.8% − 2,340,000円×50% = 1,170,000円

　・納付すべき地方消費税額　1,170,000円×22／78 = 330,000円

　・納税額合計　1,170,000円 + 330,000円 = 1,500,000円

　・仮受消費税等と仮払消費税等との差額

　　3,000,000円 − 1,000,000円 = 2,000,000円

　・収入に計上すべき額　2,000,000円 − 1,500,000円 = 500,000円

【会計処理・税務処理と申告調整】

　この方法の場合は次のように、会計処理と税務処理は一致しており、申告調整は発生しない[37]。

───────────────────────────────────────

[37]　決算仕訳では収入計上しないで、申告調整する方法が考えられるが、一般的でなないためにこではそのような処理の説明はしないこととする。

135

	会計処理	税務処理	申告調整
（×1年3月期決算仕訳） （借方）仮受消費税等　3,000,000 　　　（貸方）仮払消費税等　1,000,000 　　　　　　未払消費税等　1,500,000 　　　　　　雑収入　　　　　500,000	（×1年3月期） 会計処理と同一	（×1年3月期） なし
（×2年3月期消費税等納税時の仕訳） （借方）未払消費税等　1,500,000 　　　（貸方）預　　金　　1,500,000	（×2年3月期納税時） 会計処理と同一	（×2年3月期納税時） なし

（ロ）　仮受・仮払差額よりも納税額が多い場合

仮受消費税等と仮払消費税等との差額（A）（実額による納税額）よりも納税額（B）が多い場合には、その差額（B-A）は法人税上損金に計上される。

【設例】

当社は消費税について簡易課税制度を選択して、税抜方式を採用している。×1年3月期の状況は次のとりであり（中間納付はないものと仮定する）、簡易課税制度適用上の業種は第5種（みなし仕入率50％）である（消費税率7.8％、地方消費税との合計で10％とする）。

課税売上高	30,000,000円
仮受・仮払清算前の仮受消費税等の試算表残高	3,000,000円
仮受・仮払清算前の仮払消費税等の試算表残高	1,800,000円

【納税額の計算】

・納付すべき消費税額

30,000,000円×7.8％ − 2,340,000円×50％ ＝ 1,170,000円

・納付すべき地方消費税額　　1,170,000円×22／78＝330,000円

・納税額合計　　1,170,000円＋330,000円＝1,500,000円

・仮受消費税等と仮払消費税等との差額

3,000,000円 − 1,800,000円 ＝ 1,200,000円

第3章
消費税の法人税における取扱いと申告調整

・損金に計上すべき額　1,500,000円－1,200,000円＝300,000円

【会計処理・税務処理と申告調整】

　この方法の場合は次のように、会計処理と税務処理は一致しており、申告調整は発生しない[*38]。

会計処理	税務処理	申告調整
（×1年3月期決算仕訳） （借方）仮受消費税等　3,000,000 　　　　租税公課　　　　300,000 　　（貸方）仮払消費税等　1,800,000 　　　　　　未払消費税等　1,500,000	（×1年3月期） 会計処理と同一	（×1年3月期） なし
（×2年3月期消費税等納税時の仕訳） （借方）未払消費税等　1,500,000 　　（貸方）預　　金　　　1,500,000	（×2年3月期納税時） 会計処理と同一	（×2年3月期納税時） なし

❸　税込方式による税務処理と申告調整

（イ）　申告書が提出された事業年度の費用（損金）とする場合（原則）

　パターンⅠ～Ⅲと同様で、これは、決算時には未払計上せず、消費税等の申告書を提出した日の属する事業年度において費用処理する方法であり、税務上はこの方法が原則的な方法となる。決算で費用処理するという損金経理要件が課されているため、損金経理していない場合には、当初申告及び更正の請求などで減算処理することはできないことに留意が必要である。

┌**【設例】**────────────────────
　当社は消費税について簡易課税制度を選択して、税込方式を採用している。×1年3月期の課税売上高は30,000,000円であり（中間納付はないものと仮定する）、簡易課税制度適用上の業種は第5種（み

───────────────────────────

[*38]　決算仕訳では費用計上しないで、申告調整する方法が考えられるが、一般的ではないためここではそのような処理の説明はしないこととする。

137

なし仕入率50％）である。×1年3月期決算仕訳では、**納税額を未払計上しない方法**による（消費税率7.8％、地方消費税との合計で10％とする）。

【納税額の計算】

・納付すべき消費税額

30,000,000円×7.8％－2,340,000円×50％＝1,170,000円

・納付すべき地方消費税額　1,170,000円×22／78＝330,000円

・納税額合計　1,170,000円＋330,000円＝1,500,000円

【会計処理・税務処理と申告調整】

この方法の場合は次のように、会計処理と税務処理は一致するため、申告調整は不要。

会計処理	税務処理	申告調整
（×1年3月期決算仕訳） 仕訳なし	（×1年3月期） 処理なし	（×1年3月期） なし^(注)
（×1年5月31日の納税時の仕訳） （借方）租税公課　1,500,000 　　　（貸方）預　金　1,500,000	（×1年5月31日の納税時） 会計処理と同一	（×1年5月31日の納税時） なし

（注）損金経理要件があるため、申告上だけで減算することはできない。

（ロ）　決算時に未払計上した場合（特例）

パターンⅠ～Ⅲと同様で、これは、決算時には未払計上する方法であり、税務上は特例的な方法となる。

【設例】

当社は消費税について簡易課税制度を選択して、税込方式を採用している。×1年3月期の課税売上高は30,000,000円であり（中間納付はないものと仮定する）、簡易課税制度適用上の業種は第5種（みなし仕入率50％）である。×1年3月期決算仕訳で**納税額を未払計上する方法**による（消費税率7.8％、地方消費税との合計で10％とする）。

138

第3章
消費税の法人税における取扱いと申告調整

【会計処理・税務処理と申告調整】

この方法の場合は次のように、会計処理と税務処理は一致するため、申告調整は不要。

会計処理	税務処理	申告調整
（×1年3月期決算仕訳） （借方）租税公課　　　1,500,000 　　（貸方）未払消費税等　1,500,000	（×1年3月期） 損金経理要件の もと損金算入	（×1年3月期） なし
（×1年5月31日の納税時の仕訳） （借方）未払消費税等　1,500,000 　　（貸方）預　　金　　　1,500,000	（×1年5月31日 の納税時） 会計処理と同一	（×1年5月31 日の納税時） なし

（5）パターンⅤ（免税事業者）

❶ 法人税上の処理と申告調整のポイント

免税事業者の場合、法人税上は税込方式のみであり、税抜方式は認められない。

しかし、誤って税抜方式を採用した場合、販売システムとの整合性の関係、親会社との会計方針の統一の関係などで、税抜方式を採用することも考えられる。

仮に会計上税抜方式を採用した場合は、法人税上は税込方式が強制されることから、税込方式を採用したのと同様の所得金額となるような申告調整が必要となる。その場合は特に固定資産を税込金額とすることが実務的には煩雑な作業を伴うことになると思われる。

139

Column 「決算期変更」という究極の裏ワザ

　消費税の課税期間は法人税上の事業年度と連動するため、法人税上の事業年度（決算期）を変更すれば、同時に消費税上の課税期間も変更となる。事業年度は会社であれば定款で規定されており、株主総会で定款における事業年度の規定を変更すれば、それが会社の事業年度となり、基本的にはそれが法人税上及び消費税上の事業年度となる。事業年度は1年間でなければならないという規定もどこにもない。つまり、消費税上の事業年度（課税期間）は株主総会の決議さえ経れば自由に変更できるわけである。

　課税事業者を選択する場合や簡易課税制度を選択する場合は、事業年度の開始の日の前日までに届出書を提出する必要があるが、何らかの理由で提出期限までに届出書が提出されていなかった場合に何か選択できる救済方法があるだろうか。そこで登場するのが究極の裏ワザ「決算期変更」である。事業年度が開始してしまった後であっても、株主総会で事業年度変更予定の決議を行って、事業年度変更後の事業年度開始の日の前日までに課税事業者選択届出書や簡易課税制度選択届出書を提出すれば、変更後の事業年度は課税事業者となり、または簡易課税制度の適用となる。

第4章

ケース・スタディ

Q&A

Q1 税込方式と税抜方式での課税所得の相違

当社は建設業を営む株式会社であり、消費税に関して当課税期間（×1年4月1日〜×2年3月31日）（×2年3月期）の仕入税額控除は本則課税（経理処理は税込方式）です。当課税期間は多額の建設機械を購入したため、消費税は5,000千円の還付となる予定です。可能な限り当期における法人税の納税額は押さえたいのですが、この還付額5,000千円は×2年3月期の決算上どのような処理が必要でしょうか。

.... **POINT!** ....

原則としては消費税等の経理処理方式の違いによって法人税上の課税所得に差異が生じることはないが、税込方式を採用している場合には差異が生じる場合がある。税込方式を採用している場合には、原則として、納付すべき消費税等の額は申告書が提出された事業年度の損金に算入され、また、還付を受ける消費税等の額は申告書が提出された事業年度の益金に算入される。ただし、決算で未払計上あるいは未収計上した場合には、その未払あるいは未収計上した事業年度の損金あるいは益金に算入される。したがって、税込方式を採用している場合で消費税が還付のときは、法人税上の扱いに限れば、その還付額は×2年3月期には未収計上せずに、翌期の×3年3月期における益金とすることが可能となる。税抜方式を採用している場合には、決算処理によって課税所得に差異が生じることはない。

142

第4章
ケース・スタディ Q&A

Answer

1 税込方式を採用している場合の消費税等の益金・損金算入時期

(1) 消費税等が還付の場合の益金算入時期

　税込方式を採用している場合で消費税等が還付のときは、消費税等の申告書が提出された日の属する事業年度の益金に算入されるのが原則である。例外として、決算で未収計上した場合には未収計上した事業年度の益金に算入される（新経理通達8）。

　設例においては、会計処理及び法人税上の扱いは次のとおりとなる（単位：千円）（会計処理と税務処理は一致）。

	原　則	例　外
×2年3月期 （決算時）	仕訳なし	（借方）未収消費税等　5,000 　　（貸方）雑収入　5,000
×3年3月期 （還付時）	（借方）預金　5,000 　　（貸方）雑収入　5,000	（借方）預金　5,000 　　（貸方）未収消費税等　5,000

　原則処理の方が、×2年3月期の法人税上の課税所得は少なくなる。

(2) 消費税等が納付の場合の損金算入時期

　税込方式を採用している場合で消費税等が納付のときは、消費税等の申告書が提出された日の属する事業年度の損金に算入されるのが原則である。例外として、決算で未払計上した場合には未払計上した事業年度の損金に算入される（新経理通達7）。設例で仮に、還付ではなく、×2年3月期における消費税等が3,000千円の納付であったとした場合、会計処理及び法人税上の扱いは次のとおりとなる（単位：千円）（会計処理と税務処理は一致）。

143

	原　則	例　外
×2年3月期	仕訳なし	（借方）租税公課　3,000 　　　（貸方）未払消費税等　3,000
×3年3月期	（借方）租税公課　3,000 　　　（貸方）預金　3,000	（借方）未払消費税等　3,000 　　　（貸方）預金　3,000

例外処理の方が、×2年3月期の法人税上の課税所得は少なくなる。

2　税抜方式を採用した場合の決算仕訳と課税所得との関係

税抜方式を採用した場合には、仮受・仮払のネット金額と納付すべき消費税額等あるいは還付を受ける消費税額等との差額は益金又は損金としなければならない（新経理通達6）。決算仕訳で会計上損益に計上した差額が実際の消費税等の申告書の納税額又は還付額を前提とした場合の金額と異なる場合には、法人税上は申告調整する必要があり、結果として、どのような決算仕訳をしても、法人税上の課税所得は同じとなる。

3　会計上の考え方

上記1のとおり、税込方式を採用した場合には、決算処理により課税所得の有利・不利が発生するが、このような課税上有利な処理を選択することは会計的にはどう考えればよいのであろうか。

そもそも、その会社にとって税込方式を選択することが適切なのかどうかという問題がある。仮に、税込方式の採用が許容されるという前提で、会計的あるいは損益管理という観点からは、決算上は納税の場合には未払計上、還付の場合には未収計上をすることが望ましいと考える。

第4章
ケース・スタディ Q&A

Q2 仕入税額控除における個別対応方式の3区分の方法

当社は工作機械の製造・販売を営む株式会社であり、消費税に関して当課税期間（×1年4月1日～×2年3月31日）（×2年3月期）の仕入税額控除は本則課税（課税売上割合90％、課税売上高は6億円、経理処理は税抜方式）です。個別対応方式を採用していることから、課税仕入れの内容を取引単位で判断して3区分しています。しかし、取引単位での判断は煩雑なことから、何か他の判断方法はあるのでしょうか。一括比例配分方式の採用も検討すべきでしょうか。

.... POINT! ....

個別対応方式における課税仕入れの3区分は、基本的には取引単位で内容を見て判断することになる。しかし、会社の内部管理上の部門別の経費集計を利用して3区分とする方法も、社内規定などの整備を条件に許容されるものと考える。一括比例配分方式の採用には「2年縛り」があることに十分留意が必要である。

Answer

1 個別対応方式における3区分と仕入控除税額の計算 (消法30②一)

個別対応方式においては、課税仕入れ等を次の3つに区分する。

①	課税資産の譲渡等にのみ要するもの
②	その他の資産の譲渡等（非課税売上）にのみ要するもの
③	①と②の両方に共通して要するもの

そして、仕入控除税額は次のように計算する。

145

| | 仕入控除税額＝①に係る仕入税額＋③に係る仕入税額×課税売上割合 |

ここで、実務的にどのように3区分をするかの問題が生ずる。

2　3区分の実務的対応

(1) 問題点

　仕入高や加工外注費のように売上原価となるものは、売上高（課税売上）に直接対応することから、上記1の①に該当することに疑問はない（消基通11-2-12参照）。また、販売用の土地取得のための仲介手数料や借上社宅の仲介手数料は、非課税売上に直接対応することから、上記1の②に該当することにも疑問はない（消基通11-2-15参照）。問題は販売費及び一般管理費に計上される経費が上記1の①に該当するのか、③に該当するのか、の判断である（②に該当するものは限定されており、あまり問題にはならない）。

(2) 対応案

　販売費及び一般管理費に計上される経費が上記1の①に該当するのか、③に該当するのかについては、原則としては、取引1件単位で内容を見て判断することにはなる。しかし、会計仕訳に部門コードを設定し部門別に経費を集計している場合には、社内規定でルールを決めて、例えば次の対応案のように、その部門別の集計を利用する方法も許容されるものと考える。

| 対応案 | ・営業部門の経費は課税売上のために直接対応するものであり、上記1の①に該当するものとする。ただし、全社に共通に発生する費用（例えば、本社ビルの電気代など）で各部門に配賦して集計しているものは上記1の③に該当するものとする。
・管理部門の経費は上記1の③に該当するものとする。 |

第4章
ケース・スタディ Q&A

3 一括比例配分方式の選択の可否

　非課税売上がほとんどなく、課税売上割合が限りなく100％に近い場合には、一括比例配分方式を採用した場合であっても、控除対象外消費税額等は僅少となることから、一括比例配分方式の採用も検討すべきである。ただし、一括比例配分方式は2年間の継続適用が必要なことに留意が必要である（消法30⑤）。一括比例配分方式に移行した事業年度の翌事業年度に土地の売却などにより課税売上割合が極端に下がった場合、その翌事業年度は個別対応方式を適用できず、仕入れなどの売上原価に係る仕入税額の一部が控除できなくなってしまう[39]。個別対応方式が煩雑であるという理由で一括比例配分方式を採用している会社があるが、一括比例配分方式の「2年縛り」には十分留意する必要がある。可能な限り、個別対応方式の採用を検討すべきと考える。

---

[39] 個別対応方式を適用している場合には、「課税売上割合に準ずる割合の適用承認申請書」を提出することにより、準ずる割合により仕入税額控除の計算ができる場合がある（消法30③）。

147

Q3 居住用賃貸建物の取得と資産に係る控除対象外消費税額等

　当社は不動産売買・仲介業を営む株式会社であり、当課税期間（×1年4月1日～×2年3月31日）の仕入税額控除については本則課税、課税売上割合は30％です（消費税等の経理処理は税抜方式）。×1年11月1日に社長の社宅用としてマンション1室を73,000千円（土地40,000千円、建物33,000千円（税込金額、うち消費税額等は3,000千円））でインボイス発行事業者から取得した。消費税上の仕入税額控除の計算及びその会計上、法人税法上の処理はどうなるでしょうか。個別対応方式の場合と一括比例配分方式でどのような相違があるのでしょうか。なお、社長個人は所得税法上適切な家賃を負担しています。

・・・・・・・・・・・・・・・・・・・・・・・・・・・・・・・・・ **POINT!** ・・・・・・・・・・・・・・・・・・・・・・・・・・・・・・・・

　社宅用のマンション1室の建物は居住用賃貸建物に該当するので、その消費税額3,000千円は仕入税額控除の対象とはならない。それは個別対応方式の場合でも一括比例配分方式の場合でも同様である。本事例の控除対象外消費税額等は資産（建物）に係るものであり、経理処理方法は税抜方式を採用しており、その金額が20万円以上であることから、法人税上は会計処理にかかわらず60ヶ月で損金算入される。

第4章
ケース・スタディ Q&A

Answer

1 仕入税額控除の計算

(1) 居住用賃貸建物の取得等に係る仕入税額控除の制限

令和2年度税制改正により、令和2年10月1日以後に行われる居住用賃貸建物の課税仕入れについては、仕入税額控除ができなくなった（消法30⑩）。この取扱いは、仕入税額控除の計算が個別対応方式であっても、一括比例配分方式であっても同様である。

(2) 居住用賃貸建物とは

居住用賃貸建物とは、住宅の貸付の用に供しないことが明らかな建物以外の建物であって、高額特定資産又は調整対象自己建設高額資産に該当するものである（消法30⑩）。

高額特定資産とは、一の取引単位につき、課税仕入れ等に係る支払対価の額（税抜き）が1,000万円以上の棚卸資産又は調整対象固定資産のことである（消法30⑩、12の4①、消令25の5）。また、調整対象自己建設高額資産とは、他の者との契約に基づき、又は事業者の棚卸資産として自ら建設等をした棚卸資産で、その建設等に要した課税仕入れに係る支払対価の額の100/110に相当する金額等の累計額が1,000万円以上となったものである（消法30⑩、12の4②、消令25の5）。

(3) 居住用賃貸建物の取得等に係る仕入控除税額の調整

上記(1)の取扱いを受けた場合で、次の①又は②のいずれかに該当する場合は、一定の方法により仕入税額控除の調整が行われる。

① 3年を経過する日の属する課税期間の末日にその居住用賃貸建物を有しており、3年間の間に課税売上となる賃貸をした場合は、3年後

149

の課税期間で一定の計算をした金額が仕入控除税額に加算される（消法35の2①、消令53の2①）。

② 3年間の間に全部又は一部を他の者に譲渡した場合は、譲渡した日の属する課税期間の仕入控除税額に一定の計算をした金額が加算される（消法35の2②、消令53の2②）。

（4）本問における仕入税額控除

本問で取得した建物は、社長の社宅用のマンション一室であることから、居住用賃貸建物に該当する。したがって、この建物に係る消費税額等3,000千円は全額仕入税額控除の対象とならない。

2　控除対象外消費税額等の法人税上の取扱い

居住用賃貸建物の取得等に係る仕入税額控除の制限の規定により仕入税額控除ができなかったものは、法人税上は資産に係る控除対象外消費税額等に該当し、繰延消費税額等として60ヶ月で損金算入される（法令139の4）。繰延消費税額等が発生した事業年度においては、いつ資産を取得したかにかかわらず、年間の金額の50％が損金算入限度額となることに留意が必要である。

〈繰延消費税額等が発生した事業年度〉
損金算入限度額 ＝ 繰延消費税額等 × 当期の月数／60 × 1／2

〈繰延消費税額等が発生した事業年度後の事業年度〉
損金算入限度額 ＝ 繰延消費税額等 × 当期の月数／60

本問における損金算入限度額の計算は次のとおりである。

〈**繰延消費税額等が発生した事業年度**〉

損金算入限度額 ＝ 3,000千円 × 12／60 × 1／2 ＝ 300千円

〈**繰延消費税額等が発生した事業年度後の事業年度**〉

損金算入限度額 ＝ 3,000千円 × 12／60 ＝ 600千円

	×2／3期	×3／3期	×4／3期	×5／3期	×6／3期	×7／3期	合　計
損金算入限度額	300千円	600千円	600千円	600千円	600千円	300千円	3,000千円

3　会計処理と申告調整

　×2年3月期と×3年3月期の会計処理、税務処理、申告調整をまとめると次のとおりである（単位：千円）。

(1) 法人税法上の損金算入限度額と同額を会計上の費用とする場合

	会計処理	税務処理	申告調整
×2年3月期	〈仮受仮払の清算〉 （借方）仮受消費税等　　×× 　　　　長期前払費用　3,000 　　　　租税公課　　　　×× （貸方）仮払消費税等　　×× 　　　　未払消費税等　　××	同左	なし
	〈繰延消費税額等の償却〉 （借方）租税公課　300 （貸方）長期前払費用　300	同左	なし
×3年3月期	〈繰延消費税額等の償却〉 （借方）租税公課　600 （貸方）長期前払費用　600	同左	なし

151

（2）法人税法上の損金算入限度額にかかわらず会計上は全額費用とする場合

	会計処理	税務処理	申告調整
×2年3月期	〈仮受仮払の清算〉 （借方）仮受消費税等　×× 　　　租税公課　　　3,000 　　　租税公課　　　×× 　（貸方）仮払消費税等　×× 　　　未払消費税等　×× 〈繰延消費税額等の償却〉 仕訳なし	（借方）仮受消費税等　×× 　　　長期前払費用　3,000 　　　租税公課　　　×× 　（貸方）仮払消費税等　×× 　　　未払消費税等　×× （借方）租税公課　　300 　（貸方）長期前払費用　300	別表4で加算留保 2,700
×3年3月期	〈繰延消費税額等の償却〉 仕訳なし	（借方）租税公課　　600 　（貸方）長期前払費用　600	別表4で減算留保 600

第4章
ケース・スタディ Q&A

Q4 固定資産及び有価証券の売却の仕訳

　当社は自動車部品の製造・販売を営む株式会社で、消費税に関して当課税期間（×1年4月1日～×2年3月31日）（×2年3月期）の仕入税額控除は本則課税（経理処理は税抜方式）です。×2年3月期に工場内にある機械設備（簿価1,000千円）を2,200千円（税込、うち消費税額等200千円）で売却し、また、保有する取引先の株式（簿価3,000千円）を5,000千円で売却しました。この売却に関して、消費税等の処理を考慮した会計仕訳はどうなりますか。

·················· POINT! ··················

　機械装置の売却の場合は、売却収入を課税売上と認識するような仕訳の工夫が必要である。また、株式の売却の場合には、売却収入が有価証券譲渡と認識するような仕訳の工夫が必要である。

Answer

1　機械装置の売却の仕訳例

　機械装置を売却した場合には、課税売上となるのは売却益ではなく、売却収入額である。

　したがって、売却収入が課税売上と認識されるような仕訳が必要となるが、次のような仕訳が考えられる（単位：千円）。2,000千円の課税売上を認識させる必要がある。

153

【仕訳例1】

（借方）預　　　金	2,200	（貸方）機械装置 （課税売上）	1,000
		機械売却益 （課税売上）	1,000
		仮受消費税等	200

（注）貸方の機械装置1,000千円と機械売却益1,000千円の合計2,000
　　　千円を課税売上と認識する。

【仕訳例2】

（借方）預　　　金	2,200	（貸方）機械売却益 （課税売上）	2,000
		仮受消費税等	200
（借方）機械売却益 （課税対象外）	1,000	（貸方）機械装置 （課税対象外）	1,000

（注）いったん2,000千円の売却益を課税売上として認識し、課税対
　　　象外のマイナス売却益1,000千円を計上する。

2　有価証券の売却の仕訳

　株式を譲渡した場合には、売却収入額の5％を課税売上割合の計算上、
分母に加算することとなる（消法30②⑥、消令48⑤）。したがって、売却収
入を有価証券譲渡と認識し、その5％分を集計する必要があるが、次の
ような仕訳が考えられる（単位：千円）。

第4章
ケース・スタディ Q&A

【仕訳例1】

（借方）預　　　　金　5,000　　（貸方）投資有価証券　　　　　3,000
　　　　　　　　　　　　　　　　　　　　（有価証券譲渡）

　　　　　　　　　　　　　　　　　　　投資有価証券売却益　2,000
　　　　　　　　　　　　　　　　　　　（有価証券譲渡）

　（注）貸方の投資有価証券3,000千円と投資有価証券売却益2,000千
　　　円の合計5,000千円を有価証券譲渡と認識する。

【仕訳例2】

（借方）預　　　　金　　　　　5,000（貸方）投資有価証券売却益 5,000
　　　　　　　　　　　　　　　　　　　　　　（有価証券譲渡）

（借方）投資有価証券売却益 2,000（貸方）投資有価証券　　　　2,000
　　　　（課税対象外）　　　　　　　　　　　（課税対象外）

　（注）いったん5,000千円の投資有価証券売却益（有価証券譲渡）を認
　　　識し、課税対象外のマイナス売却益2,000千円を計上する。

155

Q5 所有権移転外ファイナンス・リース取引に係る仕入税額控除

　当社は建設業を営む株式会社であり、当課税期間（令和5年4月1日〜令和6年3月31日（以下「令和6年3月期」）の仕入税額控除については本則課税（個別対応方式）です（経理処理は税抜方式）。当課税期間において、所有権移転外ファイナンス・リース取引により次の資産の引き渡しを受けました（契約上金利等は区分されていない）。会計処理上、①は資産計上し、②は重要性がないことから賃貸借処理とします。

①令和6年11月1日、建設機械、リース期間60ヶ月、リース料は毎月税込88,000円（税抜80,000円）、リース料総額税込5,280,000円（税抜4,800,000円）

②令和5年8月1日、コピー機（複合機）、リース期間60ヶ月、リース料は毎月税込33,000円（税抜30,000円）、リース料総額税込1,980,000円（税抜1,800,000円）

　リース取引では税務上（法人税及び消費税上）引渡し時に売買処理となることから、常に消費税上の仕入税額控除も引渡し時に全額控除しなければならないのでしょうか。また、会計処理と消費税の仕入税額控除の関係も教えてください。なお、資産計上する場合であっても重要性がないため本体と金利等を区分しないでリース料総額を資産とします。

．．．．．．．．．．．．．．．．．．．．．．．．．．．**POINT!**．．．．．．．．．．．．．．．．．．．．．．．．．．

　平成20年4月1日以後の契約から、法人税上及び消費税上、所有権移転外ファイナンス・リース取引では、リース資産の引渡し時に売買があったものとして処理する。したがって、仕入税額控除はリース資産の引渡し時に全額が控除（一括控除）されることとなる。ただし、実務上は賃貸借処理をしており、そのリース料を支払うべき課税期間に課税仕入れ等として消費税の申告をしているときは、分割控除が認められる。

156

第4章
ケース・スタディ Q&A

インボイス制度開始後は、リース資産の引渡し時にインボイスを交付することになる。分割控除している場合、リース資産の引渡し時に交付を受けたインボイスを保存することにより、仕入税額控除の適用要件を満たすこととなる（インボイス Q&A 問99）。

Answer

1　リース取引に関する平成19年の会計及び法人税制の改正前後の考え方の相違

平成20年4月1日以後締結したリース契約から会計・税務の取扱いが変更となっている。その考え方をまとめると次表のとおりである。

リースの区分		（平成19年改正前）平成20年3月31日以前契約分		（平成19年改正後）平成20年4月1日以後契約分	
		会　計	税　制	会　計	税　制
ファイナンス・リース	所有権移転	売買処理	売買処理	売買処理	売買処理
	所有権移転外　原則	売買処理	賃貸借処理	売買処理（少額・短期の場合の例外あり）	売買処理
	所有権移転外　例外	賃貸借処理（一定の注記必要）			
オペレーティング・リース（レンタル）		賃貸借処理	賃貸借処理	賃貸借処理	賃貸借処理

なお、変更となったのは、所有権移転外ファイナンス・リース取引の扱いであって、所有権移転ファイナンス・リース取引及びオペレーティング・リース取引は従前から変更はない。令和6年3月期における所有権移転外ファイナンス・リース取引では、会計上及び税務上リース資産の引渡し時に売買したとする処理をする。

157

2　原則（一括控除）

　ファイナンス・リース取引の場合は、リース資産の引渡しを受けた日に資産の譲渡があったものとして一括して仕入税額控除する（消基通11-3-2）。それは、会計処理上資産計上をしたか、賃貸借処理をしたかとは原則として、関係がない。この場合の仕訳例は次のとおりである（単位：円）。

【設例①】（資産計上の場合）

〈引渡時〉				
（借方）リース資産	4,800,000	（貸方）リース債務	5,280,000
仮払消費税等	480,000		
〈リース料支払時（1回分）〉				
（借方）リース債務	88,000	（貸方）預　　金	88,000

　引渡し時に、リース料総額（税抜）を「リース資産」とし、一括控除の対象となる仕入税額相当額を「仮払消費税等」とする。

　仮に会計上賃貸借処理をした場合であっても、仕入税額控除は一括が原則である。その場合の仕訳例は次のとおりである。

【設例①】（賃貸借処理の場合）

〈引渡時〉				
（借方）仮払消費税等	480,000	（貸方）長期未払金	480,000
〈リース料支払時（1回分）〉				
（借方）リース料（賃借料）	80,000	（貸方）預　　金	88,000
長期未払金	8,000		

　引渡し時には、一括控除の対象となる仕入税額相当額を「仮払消費税等」「長期未払金」とし、リース料の支払いの都度、長期未払金を取り崩す。

第4章
ケース・スタディ Q&A

3 特例（分割控除）

　所有権移転外ファイナンス・リース取引につき、賃借人が賃貸借処理をしている場合で、そのリース料について支払うべき日の属する課税期間における課税仕入れ等として消費税の申告をしているときは、分割控除が認められるとされている（国税庁の質疑応答事例参照）[40]。この場合の仕訳例は次のとおりである（単位：円）。

【設例②】（賃貸借処理）

〈リース料支払時（1回分）〉

| （借方）リース料（賃借料） | 30,000 | （貸方）預　　　金 | 33,000 |
| 仮払消費税等 | 3,000 | | |

〈質疑応答事例〉（国税庁ホームページより）
所有権移転外ファイナンス・リース取引について賃借人が賃貸借処理した場合の取扱い

【照会要旨】

　所有権移転外ファイナンス・リース取引（所得税法施行令第120条の2第2項第5号又は法人税法施行令第48条の2第5項第5号に規定する「リース取引」をいい、以下「移転外リース取引」といいます。）につき、賃借人が賃貸借処理（通常の賃貸借取引に係る方法に準じた会計処理をいいます。以下同じです。）をしている場合には、そのリース料について支払うべき日の属する課税期間における課税仕入れとする処理（以下「分割控除」といいます。）は認められるでしょうか。

---

[40]　「分割控除」は制度上はないが、実務界からの要請に基づき、国税庁が質疑応答事例の中で容認した処理である。

159

【回答要旨】

　移転外リース取引につき、事業者（賃借人）が賃貸借処理をしている場合で、そのリース料について支払うべき日の属する課税期間における課税仕入れ等として消費税の申告をしているときは、これによって差し支えありません。

（理由等）

　移転外リース取引については、リース資産の譲渡として取り扱われ、消費税の課税仕入れの時期は、課税仕入れを行った日の属する課税期間において控除（以下「一括控除」といいます。）するのが原則ですから、移転外リース取引によりリース資産を賃借した賃借人においては、当該リース資産の引渡しを受けた日の属する課税期間において一括控除することになります（「賃借人における所有権移転外ファイナンス・リース取引の消費税法上の取扱い」参照）。

　しかしながら、消費税の仕入税額控除については、事業者の経理実務を考慮して、その時期についてはこれまでも各種の特例を認めているところであり、これと同様の趣旨から、会計基準に基づいた経理処理を踏まえ、経理実務の簡便性という観点から、賃借人が賃貸借処理をしている場合には、分割控除を行っても差し支えないとしたものです。

（注1）　仕入税額控除の時期を変更することの可否

　　　　例えば、賃貸借処理しているリース期間が3年の移転外リース取引（リース料総額945,000円）について、リース期間の初年度にその課税期間に支払うべきリース料（315,000円）について仕入税額控除を行い、2年目にその課税期間に支払うべきリース料と残額の合計額（630,000円）について仕入税額控除を行うといった処理は認められません。

　　　　本件の取扱いは、移転外リース取引についてはリース資産の引渡しを受けた日の属する課税期間（すなわちリース期間の初年度）

160

第4章
ケース・スタディ Q&A

において一括控除することが原則であるところ、その仕入税額控除の時期において、賃貸借処理に基づいて分割控除して差し支えないとしたものであり、上記のような処理はこれに該当しません。

（注2）　簡易課税から原則課税に移行した場合等の取扱い

　　　本件の取扱いは、賃貸借処理している移転外リース取引に係る賃借人における仕入税額控除の時期について、分割控除して差し支えないとするものですから、次に掲げるような場合のリース期間の2年目以降の課税期間については、その課税期間に支払うべきリース料について仕入税額控除することができます。

　　（1）　リース期間の初年度において簡易課税制度を適用し、リース期間の2年目以降は原則課税に移行した場合

　　（2）　リース期間の初年度において免税事業者であった者が、リース期間の2年目以降は課税事業者となった場合

【関係法令通達】

　消費税法第30条第1項、所得税法第67条の2、法人税法第64条の2、所得税法施行令第120条の2第2項第5号、法人税法施行令第48条の2第5項第5号、消費税法基本通達5-1-9、11-3-2

4　インボイス制度開始前にリース資産の引渡しがあった場合の分割控除

　インボイス制度開始前にリース資産の引渡しがあったが、インボイス制度開始後に分割控除をする場合、仕入税額控除をするのにインボイスが必要となるのかという疑問が生ずる。設例の②がまさにその例である。

　これについては、インボイス開始前に行われた所有権移転外ファイナイスリース取引について、分割控除をしている場合は、インボイス制度開始後に賃貸借処理により計上する課税仕入れについては、インボイス

161

は不要で、リース資産の引渡し時に交付を受けた区分記載請求書の保存により仕入税額控除の適用を受けることができる（インボイスQ&A問99（注））。

Column 切手の購入は課税仕入れにならないの？

郵便局で切手を買って領収書を見ると、「非課税」となっている。切手の購入は課税仕入れにならないのだろうか。

そういうわけではない。

郵便局から見ると切手の譲渡は非課税なのだ。だから領収書には「非課税」と書いてある。金券類の譲渡のようなものだからだ。そうすると切手を買った側から見ると、切手の購入は非課税の仕入れになる。原則としては切手を買った時点ではまだ非課税なのだ。そして、封筒に切手を貼ってポストに投函した時点で郵便サービスという役務提供を受けたことになる。

ただし、原則的な方法は面倒なので、継続することを条件として、切手を購入した時点で課税仕入れとすることが認められる。

では、インボイスはどうなるのだろうか。ポストはインボイスを交付してくれない。でも安心してほしい。ポストへの投函による郵便サービスは、インボイスの交付義務はない。よって、切手を買った場合には、買った時点でインボイス不要で、仕入税額控除の対象となるわけだ。

第4章
ケース・スタディ Q&A

Q6 貸倒れに係る消費税額の控除

　当社は、雑貨販売を営む株式会社で、仕入税額控除は本則課税（消費税等の経理処理は税抜方式）です。×3年3月期（×2年4月1日～×3年3月31日）の決算作業中に、A社に対する売掛金540万円（×2年3月期の売上）が契約上の入金期日から約半年経過しているにもかかわらず入金になっておらず、A社には信用不安があることが判明しました（A社からは物的担保も人的担保もとっていない）。これに関する経理処理の経緯は次のとおりです。

（×2年3月期）A社に対する売上540万円（税抜500万円）計上
　（借方）売　掛　金　　　　540万円　（貸方）売　　　上　　　500万円
　　　　　　　　　　　　　　　　　　　　　　　仮受消費税等　40万円

（×3年3月期）会計上540万円全額について有税で貸倒引当金を計上
　（借方）貸倒引当金繰入額 540万円　（貸方）貸倒引当金　　　540万円

（×4年3月期）A社は債務超過に陥っており売掛金540万円の全額が回
　　　　　　　収不能であることが判明。会計上は貸倒損失を計上せ
　　　　　　　ずに、次の相殺仕訳のみを行った。
　（借方）貸倒引当金　　　　540万円　（貸方）売　掛　金　　　540万円
　A社に対する売掛金について、貸倒れに係る消費税額の控除は×4年3月期に行うことができるでしょうか。なお、×2年3月期の売上時の消費税率は8％（地方消費税含む）、×3年3月期及び×4年3月期に適用される消費税率は10％（地方消費税含む）とします。

163

·· **POINT!** ··

　売掛金などの債権について一定の事実等が生じた場合には、貸倒れに係る消費税額が控除となる。形式上の貸倒れを除けば、損金経理要件はなく、会計処理にかかわらず一定の事実等が生じた課税期間に控除となる。なお、控除に適用される税率は、売上当時の税率である。

Answer

1　貸倒れに係る消費税額が控除となる場合

　売掛金などの債権について次の①～③の場合に、貸倒れに係る消費税額が控除となる（消法39①）。

類　型		発生した事実等	経理要件
①	法律上の貸倒れ	更正計画認可決定等で法律上債権が消滅（消法39①、消令59一、二、消規18一、二）	特になし
②	事実上の貸倒れ	債務者の資産状況等から全額回収不能が明らか（消令59三）	特になし
③	形式上の貸倒れ	継続的な取引停止後1年以上経過（消令59四、消規18三）	貸倒れとして経理（消規18三）

　①と②については全額回収不能となる場合であることから、特に経理要件はないが、③については、「取引停止後1年以上」という形式基準により「貸倒れとみなす」ことから、経理要件を課しているものと解される。

164

第4章
ケース・スタディ Q&A

2　会計上の貸倒損失と貸倒れに係る消費税額控除の関係

　基本的に、会計上の貸倒損失と貸倒れに係る消費税額控除は連動しているわけではない。ただし、上記1の③の形式上の貸倒れについては、会社決算上「貸倒れとして経理したこと」が要件となる。

3　法人税上の貸倒損失と貸倒れに係る消費税額控除の関係

　法人税上の貸倒損失と貸倒れに係る消費税額控除は制度上特に連動しているわけではない。しかし、基本的に、法人税上の貸倒損失となる場合（法基通9-6-1、9-6-2、9-6-3）と消費税上の貸倒れに係る消費税額控除となる場合は一致している[41]。

4　貸倒れに係る消費税額控除において適用となる消費税率

　貸倒れに係る消費税額控除は、当初の売上計上した際に適用となった税率が適用される。貸倒れに係る消費税額控除をする課税期間の消費税率が10％であっても、売上時の消費税率が8％であれば、貸倒れに係る消費税額控除に適用される税率は8％となる（消法39①）。

5　設例の回答

　×4年3月期に、A社に対する売掛金540万円の全額が回収不能であることが判明したことから、上記1②に該当し決算上貸倒損失処理することなく、31.5万円（500万円×6.3％）が貸倒れに係る消費税額として控除される。なお、未払消費税額等を申告書の納税額と一致させるためには、

---

[41]　法人税上の貸倒損失については、多田雄司監修『事例でわかる「貸倒損失」処理の実務』（平成28年3月、日本実業出版社）参照。

165

貸倒れに係る消費税額分について、次の仕訳を行うことが考えられる。

【貸倒れに係る消費税額分についての仕訳例】

(単位：万円)

（借方）仮払消費税等 （8%、貸倒損失）	40	（貸方）雑収入（あるいは租税公課） （課税対象外）	40

仮払消費税等を売上当時の税率（8%）で「貸倒損失」と認識する。

Column インボイス制度の実施に伴うシステム修正費用の取扱いについて

令和5年10月1日からのインボイス制度に対応するため、販売管理システム、経理システムなどの修正が必要となっているが、その費用は資本的支出か修繕費か。プログラムの修正が現行の請求書等のフォーマットや、現行の税額計算の方法につき、インボイス制度の実施に伴い、システムに従来備わっていた機能の効用を維持するために必要な修正を行うものであることが、作業指示書等で明確にされている場合には修繕費となる[42]。通常の資本的支出と修繕費の区分の考え方と同様である。しかし、取引先の登録番号と国税庁のインボイス発行事業者公表サイトに公表されている情報を自動で照合し、確認する機能を新たに搭載したり、従来は請求書等を紙媒体で出力し交付していたものを、電子交付まで自動で行えるよう仕様変更するものは、資本的支出となる。

---

[42] 国税庁ホームページ、その他法令の解釈に関する情報

第4章
ケース・スタディ Q&A

Q7 リバースチャージ方式の仕訳処理

　電子書籍・音楽・広告の配信などの電気通信回線（インターネット等）を介して国外事業者が行う役務の提供に関する消費税の取扱いが、平成27年10月1日から変更となったようですが、どのような改正があったのでしょうか。また、会計処理はどのようにすればよいのでしょうか。

··· **POINT!** ·································

　国外事業者から事業者向け電気通信利用役務の提供を受けた場合には、リバースチャージ方式により、役務の提供を受けた側が消費税の申告・納税をすることとなる（平成27年度税制改正）*43。リバースチャージ方式では、消費税分を支払っていないが、課税標準と仕入税額に加える。会計上は、税抜方式を採用している場合には、払っていない消費税相当額を認識するためには、仮受消費税等と仮払消費税等の両建てで計上する方法が考えられる。

　なお、課税売上割合が95％以上である場合には経過措置によりリバースチャージ方式の適用は当分の間は不要である。

Answer

1　電気通信利用役務の提供に係る内外判定の見直し

　平成27年度の税制改正において、電気通信利用役務の提供に係る内外判定が次のように見直されている。電子書籍・音楽・広告の配信などの電気通信回線（インターネット等）を介して行われる役務の提供を「電気

---

*43　外国人タレント、スポーツ選手等が国内において行う役務の提供についても、リバースチャージ方式とする改正がなされている。

167

通信利用役務の提供」と位置付け、その役務の提供が消費税の課税対象
となる国内取引に該当するかどうかの判定基準（内外判定基準）が、「役
務の提供を行う者の役務の提供に係る事務所等の所在地」から「役務の
提供を受ける者の住所等」に改正された（消法4③三）。この改正は平成27
年10月1日から適用になっている（以下の改正も同様）。

2　課税方式の見直し

　電気通信利用役務の提供について、その役務提供を行った者が国外事
業者である場合の消費税の課税は次の区分に応じて行われる。

区　分	課税方式
事業者向け電気通信利用役務の提供	〈リバースチャージ方式〉 　役務の適用を受けた国内事業者が申告・納税
消費者向け電気通信利用役務の提供（上記以外のもの）	〈国外事業者申告納税方式〉 　国外事業者が申告・納税

　ここでの「事業者向け電気通信利用役務の提供」とは、国外事業者が
行う電気通信利用役務の提供のうち、役務の性質又はその役務の提供に
係る取引条件等からその役務の提供を受ける者が通常事業者に限られる
ものをいう（消法2①八の四、消基通5-8-4）。

3　リバースチャージ方式による申告と経過措置

(1) リバースチャージ方式による申告

　国内において国外事業者から受けた「事業者向け電気通信利用役務の
提供」を「特定課税仕入れ」といい、この「特定課税仕入れ」がリバー
スチャージ方式による申告の対象となる。次のように、事業者向け電気

168

第4章
ケース・スタディ Q&A

通信利用役務の提供を受けた国内事業者は消費税相当分の支払いはないものの、「特定課税仕入れ」を課税標準に加え、仕入税額控除にも加える方法になる。

① 課税標準額（消法28①②）

$$
\text{課税標準額} = \text{課税資産の譲渡等の対価の額} + \text{特定課税仕入れに係る支払対価の額}
$$

② 仕入税額控除（消法30①）

$$
\text{仕入税額控除の対象となる消費税額} = \text{他の課税仕入れに係る支払対価の額} \times 7.8/110 \\ + \text{特定課税仕入れに係る支払対価の額} \times 7.8/110
$$

(2) リバースチャージ方式の経過措置

リバースチャージ方式は経過措置により、当分の間は、課税売上割合が95％未満である事業者のみに適用となる（H27年改正法附則42）。

4　リバースチャージ方式に関する仕訳処理

次の設例での仕訳例を示すと次のとおりである（単位：千円）。

【設例】「事業者向け電気通信利用役務の提供」を受け、1,000千円を支払った（その事業年度に適用される消費税等の率は10％とする）。

169

(1) 課税売上割合が95%未満であることが確実である場合

〈支払時〉

（借方）システム関連費　1,000　　（貸方）預　　　　　金　1,000
　　　　（特定仕入）

　　　　仮払消費税等　　　100　　　　　　仮受消費税等　　　100
　　　　（特定仕入）　　　　　　　　　　　（特定仕入）

〈仮受・仮払清算時〉

（借方）仮受消費税等　　　100　　（貸方）仮払消費税等　　　100
　　　　（特定仕入）　　　　　　　　　　　（特定仕入）

　支払い時に1,000千円を「特定仕入」として認識し、仮受消費税等と仮払消費税等を両建計上する。仮受・仮払清算時は他の仮受、仮払に含めて清算する。

(2) 課税売上割合が95%以上となるか未定であったが結果的には95% 以上であった場合

〈支払時〉

（借方）システム関連費　1,000　　（貸方）預　　　　　金　1,000
　　　　（特定仕入）

　　　　仮　払　金　　　　100　　　　　　仮　受　金　　　　100

〈仮受・仮払清算時〉

（借方）システム関連費　1,000　　（貸方）システム関連費　1,000
　　　　（課税対象外）　　　　　　　　　　（特定仕入）

（借方）仮　受　金　　　　100　　（貸方）仮　払　金　　　　100

第4章
ケース・スタディ Q&A

　支払い時はいったん1,000千円を「特定仕入」として認識する（消費税相当額を仮払金、仮受金としておく）。仮受・仮払清算時、1,000千円の「特定仕入」の取り消しをして、仮払金、仮受金も相殺して消去する。

(3) 課税売上割合が95％以上であることが確実な場合

〈支払時〉
（借方）システム関連費　　1,000　　　（貸方）預　　　金　1,000
　　　　（課税対象外）

〈仮受・仮払清算時〉
　仕訳なし

　課税売上割合が95％以上であることが確実で、経過措置によりリバースチャージの適用がない場合は、通常の課税対象外取引と同様とする。

171

Q8 公益法人等の仕入税額控除の調整計算

　当法人は一般社団法人であり、消費税に関して当課税期間（×1年4月1日～×2年3月31日）（×2年3月期）の仕入税額控除は本則課税（課税売上高5億円以下かつ課税売上割合95％以上、経理処理は税込方式）です（当課税期間の収入と支出に関する資料は下記のとおり）。私は株式会社において長年経理を担当しておりましたが、最近、当一般社団法人に出向して経理を担当しています。課税売上高5億円以下かつ課税売上割合95％以上であっても、当法人のような場合には仕入税額が全額控除されないようですが、それはどういうことでしょうか。当課税期間の仕入税額控除額の計算はどうなるでしょうか（通算調整割合による調整は不要とする）。また、会計処理上どのような留意が必要でしょうか。

　〈収入の内訳〉

　課税売上高　　　　　　81,950,000円（税込）（税抜74,500,000円）

　非課税売上高　　　　　　500,000円

　会費収入（特定収入）　50,000,000円（使途は特定されていない）

　〈支出のうちの課税仕入れ分〉

　課税仕入れ　　　　　66,000,000円（税込）（税抜60,000,000円）

································ **POINT!** ································

　貴法人のように消費税法別表第三に掲げる法人では、特定収入割合が5％超の場合には、仕入税額控除の調整計算が必要になる。通常の仕入税額控除分から控除できない部分が生じるもので、株式会社などにはない調整である。調整計算が必要な法人では、会計仕訳上、課税対象外の収入を会費などの特定収入とそれ以外の収入に区分する必要が生じる。

第4章
ケース・スタディ Q&A

Answer

1　国等における仕入税額控除についての特例

（1）基本的考え方

　公益法人などにおいては、消費税に関する仕入税額控除について株式会社などとは異なる特別な調整が必要となる場合がある。税金、補助金、会費、寄附金などの対価性のない収入を恒常的な財源にして課税仕入れが賄われている場合には、その課税仕入れは次の取引段階に転嫁するものではなく、最終消費的な性格を持つものといえる。そこで一定の法人などでは、そのような課税仕入れに係る税額を仕入税額控除から除外する調整がなされる。

（2）適用になる法人等

　この仕入税額控除の調整が必要なのは次の法人などである（消法60④）。

・国及び地方公共団体の特別会計
・消費税法別表第三に掲げる法人
・人格のない社団等

　このうち、消費税法別表第三に掲げる法人の主なものは次のとおりである。

一般社団・財団法人、学校法人、公益社団・財団法人、国立大学法人、社会福祉法人、宗教法人、労働組合（法人であるものに限る）、NPO法人

（3）特定収入

　国等における仕入税額控除についての特例では、「特定収入」という

173

概念がポイントになる。特定収入とは、資産の譲渡等の対価に該当しない収入のうち、出資金、預貯金等収入等の非特定収入（消令75①）以外の収入である（消令75①、消基通16-2-1）。

特定収入になるものは次のようなものである（例示）。

> 補助金、交付金、寄附金、出資に対する配当金、保険金、会費等（対価性のないものに限る）

また、特定収入は大きく次の2つに分類される。

特定収入	課税仕入れ等に係る特定収入
	課税仕入れ等に係る特定収入以外の特定収入（使途不特定の特定収入）

（4）調整が不要な場合

次の場合には調整は不要である。

①	簡易課税制度を適用する場合
②	特定収入割合が5％以下である場合

ここで、「特定収入割合」とは次の割合をいう。

$$\text{特定収入割合} = \frac{\text{特定収入の合計額}}{\text{資産の譲渡等の対価の額の合計額 ＋ 特定収入の合計額}}$$

本書の第2章での分類でのパターンⅠ、Ⅱ、Ⅲで、上記 **（2）** の法人などで調整計算が必要な場合があるが、調整必要・不要の判断の流れは次のとおりとなる。貴法人はパターンⅠに該当するが、その場合でも特定収入割合が5％超の場合には調整計算が必要となる。

第4章
ケース・スタディ Q&A

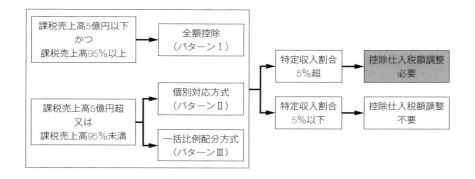

(5) 調整計算の概要

仕入税額控除の調整がある場合の仕入控除税額は次のようになる[*44]。

$$仕入控除税額 = 調整前の仕入控除税額 - 特定収入に係る課税仕入れ等の税額$$

ここで、「特定収入に係る課税仕入れ等の税額」は次のように計算する（消費税率は7.8%のみとする）（消令75④）。

第2章での分類	計算方法
パターンⅠ	課税仕入れ等に係る特定収入の合計額 × 7.8/110（＝A）＋（調整前の課税仕入税額 － A）× 調整割合
パターンⅡ	特定収入のうち課税売上にのみ要する課税仕入れにのみ使用する金額 × 7.8/110（＝A）＋ 特定収入のうち課税・非課税に共通に要する課税仕入れにのみ使用する金額 × 7.8/110 × 課税売上割合（＝B）＋（調整前の課税仕入税額 － A － B）× 調整割合
パターンⅢ	課税仕入れ等に係る特定収入の合計額 × 7.8/110 × 課税売上割合（＝A）＋（調整前の課税仕入税額 － A）× 調整割合

[*44] 調整計算の詳細については、国税庁パンフレット「国、地方公共団体や公共・公益法人等と消費税」（令和5年6月）11頁〜14頁（計算例について24頁〜60頁）。国税庁のホームページに計算表が掲載されているので、これに記入しながら計算するとよい。この計算表を申告書にも添付するのがわかりやすい。

ここで「調整割合」とは次の割合である。

$$
調整割合 = \frac{使途不特定の特定収入の合計額}{資産の譲渡等の対価の額の合計額 + 使途不特定の特定収入の合計額}
$$

なお、その課税期間における調整割合とその課税期間を含む3年間通算の調整割合との差額が20％以上である場合にはさらに調整がなされる（消令75⑤⑥）。

調整計算はやや複雑であるが、要するに、特定収入から賄われることが直接紐付くものをまず控除しないこととし、次に、残りの部分に調整割合（いわば、使途不特定の特定収入割合）を乗じて、その他の控除できない金額を算出しているわけである。

（6）設例における調整計算

① 課税売上割合

$$
課税売上割合 = \frac{74,500,000円}{74,500,000円 + 500,000円}
$$

$$
= \frac{74,500,000円}{75,000,000円}
$$

$$
= 99.3\% \geqq 95\%
$$

② 特定収入割合

$$
特定収入割合 = \frac{50,000,000円}{74,500,000円 + 500,000円 + 50,000,000円}
$$

$$
= \frac{50,000,000円}{125,000,000円}
$$

$$
= 40\% > 5\%
$$

調整計算必要

③ 調整割合 $= \dfrac{50,000,000円}{74,500,000円 + 500,000円 + 50,000,000円}$

$$= \frac{50{,}000{,}000円}{125{,}000{,}000円}$$

$$= \quad 40\%$$

特定収入が使途不特定のものだけの場合は、特定収入と調整割合は一致する。

④ 調整前仕入税額（7.8%分）

60,000,000円 × 7.8% ＝ 4,680,000円（全額控除）

⑤ 調整額

4,680,000円 × 40% ＝ 1,872,000円

⑥ 仕入控除税額

4,680,000円 － 1,872,000円 ＝ 2,808,000円

調整前と比べ、1,872,000円が控除できないこととなる。

(7) 課税対象外収入の区分の必要性と仕訳例

❶ 課税対象外収入の区分

貴法人のように仕入税額控除の調整計算が行われる場合には、課税対象外収入を次のように（A）〜（D）に区分する必要がある。

課税対象外収入			
	（A）非特定収入		
	特定収入	課税仕入れ等に係る（賄われる）特定収入	（B）課税資産の譲渡等にのみ要する
			（C）課税資産の譲渡等と非課税資産の譲渡等に共通して要する
		（D）使途不特定の特定収入	

❷ 特定収入に係る仕訳例（単位：円）

次のように、特定収入として、課税対象外取引を区分して認識する必要がある。

（借方）預　　金　50,000,000	（貸方）会費収入　50,000,000
	（特定収入・使途不特定）

177

Q9 収益認識会計基準における本人と代理人の区分と消費税の取扱い

　当社（資本金10億円、会計監査人設置会社、3月末決算）は百貨店を経営しています。平成30年3月に公表された収益に関する会計基準及びその適用指針によると、本人と代理人との区分において代理人と判定された場合には、手数料のみを収益計上することになっています。当社のような百貨店で仕入先といわゆる消化仕入契約をしている場合は、当社は代理人と判定され、商品の販売価額と仕入価額の差額のみを手数料として収益計上することになるようですが、消費税上も差額の手数料を課税売上とすればよいのでしょうか。

POINT!

　消費税上は、会計処理にかかわらず、商品の販売金額を課税売上とし、商品の仕入金額を課税仕入れとして取り扱うこととなる。貴社は会計監査人設置会社であるため、収益認識会計基準が2021（令和3）年4月1日以後開始事業年度から強制適用となったが、新会計基準適用後、手数料のみを収益計上した場合、消費税上も手数料のみを課税売上とする、というような関係にはない。消費税の取扱いは、消費税法の考え方により取引を単位として課税売上、課税仕入れを判断することとなる。

第4章
ケース・スタディ Q&A

Answer

1　収益認識会計基準の概要

(1) 5つのステップによる収益認識

❶ 5つのステップの基本的考え方

　平成30年3月30日、企業会計基準第29号収益認識に関する会計基準（以下「収益認識会計基準」）及び企業会計基準適用指針30号収益認識に関する会計基準の適用指針（以下「収益認識適用指針」）が公表された[*45]。

　国際財務報告基準（IFRS）においては第15号「顧客との契約から生じる収益」が2018（平成30）年1月1日以後開始事業年度より強制適用されていた。しかし、わが国では、企業会計原則に「売上高は、実現主義の原則に従い、商品等の販売又は役務の給付によって実現したものに限る。」（企業会計原則第二損益計算書原則三 B）とされているものの、収益認識に関する包括的な会計基準はこれまで開発されていなかった。

　収益認識会計基準は、IFRS 第15号とは異なる代替的な取扱いを一部認めてはいるものの、IFRS 第15号を基本的にそのまま取り入れている(そのため、敢えて直訳しているようであるが、従来の日本の会計基準と比べて表現の仕方が抽象的で違和感を感ずる部分が多い)。

　収益認識会計基準の最も基本となるのは次の5つのステップである。契約単位ではなく、契約における履行義務を識別し、その履行義務の充足により収益を認識するところに特徴がある。また、収益計上金額は変動対価（顧客と約束した対価のうち変動する可能性のある部分であり、値引き、リベート、貸倒れなど）等を考慮した金額であることにも特徴がある。

[*45]　本書では、収益認識会計基準の詳細と法人税との関係についての説明は省略する。

179

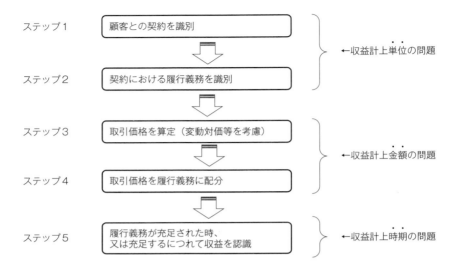

❷ 5つのステップの具体例[*46]

- 当期首に、A社はB社（顧客）と、標準的な商品Xの販売と2年間の保守サービスを提供する1つの契約を締結した。
- A社は、当期首に商品XをB社に引渡し、当期首から期末まで保守サービスを行う。
- 契約書に記載された対価の額は12,000千円である。

---

*46　収益認識適用指針、[設例1]

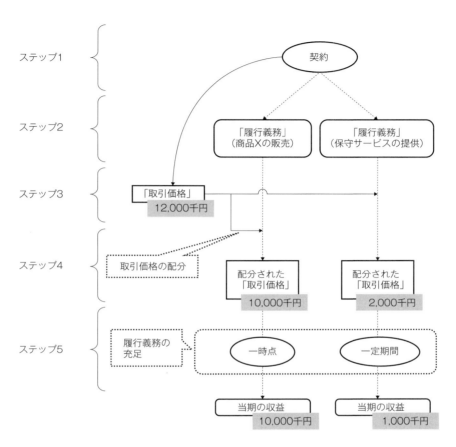

(2) 適用対象企業

「中小企業の会計に関する指針」及び「中小企業の会計に関する基本要領」において、収益認識についての規定の変更はないため、中小企業については収益認識会計基準の適用はない。ただし、中小企業が収益認識会計基準を適用することは可能であり、収益認識基準の一部のみを適用すること（例えば、自社ポイント付与の処理のみを適用）も可能と考えられる。

2 本人と代理人の区分

(1) 問題の所在

業務フローとして、①ある商品を仕入れてその商品を販売する、②ある機械を賃借してその機械を賃貸する、③ある工事を請け負いその工事を外注先に依頼する、というように、自社と顧客以外に他の者が関与している取引は世の中多数存在する。このような場合、従来は、①商品仕入＋商品売上、②賃借料＋賃貸収入、③外注費＋工事売上、といったように業務フロー（資金フロー）に従い、いわゆる両建て（収益は総額表示）の会計処理がなされることが多かったものと思われる。

ところが、収益認識会計基準においては、そうは単純な話ではなくなった。自社の顧客への財又はサービスの提供に他の当事者が関与している場合には、その他の当事者の関与の仕方によって、収益計上額が変わることとなった。

(2) 本人と判断される場合と代理人と判断される場合の相違

	履行義務の内容	収益の認識金額
本人	顧客との約束が財又はサービスを自ら提供する履行義務	総額で認識
代理人	顧客との約束が財又はサービスを他の当事者によって提供されるように手配する履行義務	差額の手数料

収益の認識は、本人に該当した場合は総額で認識し、代理人に該当した場合は差額の手数料のみで認識することとなる。会社の業務内容によっては、衝撃的に売上高が減少する場合が想定される。

182

第4章
ケース・スタディ Q&A

3　消費税上の取扱い

（1）制度上の取扱い

　消費税においては、事業者が国内において行う課税資産の譲渡が課税取引となる（消法2⑧⑨、4①）。そこには会計処理がどのようになっているかは関係がない。会計上の売上がそのまま消費税上の課税売上となり、会計上の仕入がそのまま消費税上の課税仕入れとなる場合が多いというだけのことである。

　したがって、収益認識会計基準において本人に該当する場合であっても、代理人に該当する場合であっても、消費税上の課税取引が売上取引と仕入取引であれば、消費税上は総額で課税売上と課税仕入れという認識をすることとなる。

（2）設例

　例えば、設例を用いると次のとおりとなる[47]。

（事例）百貨店Aは、B社と消化仕入契約を締結している。百貨店Aは顧客に1個20,000円の商品（卸値19,000円）を1個販売した。百貨店Aは、自らをこの消化仕入れに係る取引における代理人に該当すると判断している。なお、消費税率は10％とする。百貨店Aの仕訳は次のとおりである。

（単位：円）

会計			消費税の取扱い	
（借方）売掛金	22,000		課税売上げの対価	20,000
仮払消費税	1,900		課税売上に係る消費税額	2,000
（貸方）手数料収入		1,000	B社からの商品仕入れ	
買掛金		20,900	課税仕入れの対価	19,000
仮受消費税		2,000	課税仕入れに係る消費税額	1,900

---

[47]　収益認識基準による場合の取扱いの例（国税庁、平成30年5月）ケース6（消費税率は10％に筆者が修正）

183

上記事例では、会計上の手数料収入は1,000円であるが、消費税上の課税売上は20,000、課税仕入れは19,000円となる。

（3）会計処理と消費税処理の違いの影響

消費税上、両建てで課税売上げ、課税仕入れとするのと差額のみを課税売上げとするのとで影響がない場合（課税売上5億円以下かつ課税売上割合95%以上）もあるが、基本的には課税売上割合に影響するため、**納税額に影響がある**。

また、基準期間等の課税売上金額によって、免税事業者となるかどうか、または、簡易課税制度が適用できるかの判定を行うこととなるが、比較的小規模な企業においては、課税売上げの集計金額はこの判定に大きな影響を及ぼす。

（4）システム対応

実務的には、消費税の集計は会計処理から連動させることが多い。また、比較的規模の大きな会社では会計上の収益は販売システムなどから自動接続で計上されることが多い。そのような場合は、販売システムなどから消費税が自動的に集計されることとなる。

販売システムなどから自動的に消費税の集計をする場合には、代理人と判定される取引については、収益は差額の手数料のみを計上し、消費税上は課税売上げと課税仕入れを両建て計上するようなシステム改修が必要となる。

第4章
ケース・スタディ Q&A

Q10 税抜処理・税込処理の選択と損益管理

　当社（株式会社、資本金3,000万円、3月末決算、当事業年度の課税売上高3億円・課税売上割合99％）は飲食店を経営しています。前事業年度（X年）までは消費税については免税事業者であり、会計処理は税込方式でした。当事業年度（X＋1年）は課税事業者となりましたが、X年以前との連続性及び比較可能性の観点などから、会計処理は税込方式を継続しています。X＋1年の決算時において、当初見込んでいなかった消費税の費用計上額を租税公課として未払計上したため、X＋1年の当期利益が当初見込みよりも大幅に下振れしてしまいました。損益管理を改善する方法は何かあるでしょうか。

·· **POINT!** ··

　貴社のX＋1年のように、課税事業者で仕入れ税額が全額控除となる場合は、消費税の会計処理としては税抜方式が望ましい。したがって、免税事業者から課税事業者となった場合には、会計処理を税抜処理に変更することが望ましい。ただし、諸事情により税込方式を継続する場合には、貴社の損益管理状況にもよるが、期首に年間の消費税負担額を見積もり、例えば3ヶ月ごとに年間負担見込額の1/4を租税公課として未払計上することにより損益管理をすることなどが考えられる。

Answer

1　望ましい会計処理

　貴社（株式会社）のX＋1年（課税事業者）のように、課税売上高が5億円

185

以下かつ課税売上割合が95％以上のため、仕入れ税額の全額が控除となる場合は、消費税の会計処理は税抜方式が望ましい[48]。したがって、貴社のようにＸ年は免税事業者であったが、Ｘ＋1年から課税事業者となった場合には、Ｘ＋1年については消費税の会計処理は税抜処理に変更することが望ましい。

2　税込方式を継続することの損益管理上の不都合

　貴社のＸ＋1年のように本来、会計処理について税抜方式を採用すべきところ、何らかの事情で税込方式を継続することも考えられる。その場合には損益管理上の不都合が生じることがある。

　次の設例で考えてみる。

【設例】（単位：万円）

・消費税の会計処理は税込方式

・決算での消費税の費用計上前の段階での四半期ごとの当期利益（3月末決算法人）は次のとおり（法人税関係の処理は無視する）

Ｘ＋1年	4月～6月	7月～9月	10月～12月	1月～3月	年度合計
消費税計上前当期利益	200	270	250	280	1,000

・Ｘ＋1年の消費税申告納税額（中間納付はないものとする）は200とする。

【決算時の消費税の仕訳】

（借方）租税公課　200	（貸方）未払消費税等　200

---

[48]　本書第2章、2（3）参照

第4章
ケース・スタディ Q&A

【消費税の費用計上後の損益】

X+1年	4月～6月	7月～9月	10月～12月	1月～3月	決算	年度合計
消費税計上前当期利益	200	270	250	280		1,000
租税公課（消費税）					△200	△200
消費税計上後当期利益	200	270	250	280	△200	800

　決算時にいきなり200の費用が発生することとなり、年度損益がいきなりその分減少することとなる[49]。

3　税込方式を継続した場合の損益管理の改善策

　上記2のように、決算時にいきなり消費税分の費用計上が発生しないように、期首で年度の消費税額を見積り（その後見積り額との乖離が予想されれば見直す）、例えば3ヶ月に1度[50]、年額見積額の4分の1の費用（租税公課）を未払計上することが考えられる。

┌─【設例】（単位：百万円）──────────────────────
│・上記2の設例で、期首において年額消費税額を180と見積り、その4
│　分の1の45を3ヶ月ごとに未払計上
└──

【3ヶ月ごとの消費税の仕訳】

（借方）租税公課　　45　　　（貸方）未払消費税等　　45

　（注）期首の見積額は見直さず、3ヶ月ごとに45を計上したとする。

---

[49] 法人税上は消費税の費用計上は翌期のX+2年の消費税を納付した事業年度に計上するのが原則であるが、法人税額を減少させるために、通常はX+1年決算で未払計上することとなる。

[50] 本設例では3月ごとの計上としたが、毎月未払計上を行うことでより損益管理に資することになる。

187

【決算時の消費税の仕訳】

（借方）租税公課　　20　　（貸方）未払消費税等　　20

　決算時に3ヶ月ごとの見積額の合計（45×4＝180）と年間の確定申告額200との差20を未払い計上する。

【四半期ごとの消費税費用計上後の損益】

X+1年	4月～6月	7月～9月	10月～12月	1月～3月	決算	年度合計
消費税計上前当期利益	200	270	250	280		1,000
租税公課（消費税）	△45	△45	△45	△45	△20	△200
消費税計上後当期利益	155	225	205	235	△20	800

　3ヶ月ごとに45の租税公課を計上することにより、決算時は期首の見積額と実績値との差額の20のみが費用計上されることになり、損益管理に資することとなる。

収益認識会計基準における消費税の会計処理

平成30年3月に公表された収益認識会計基準及びその適用指針は、収益認識に関する包括的な会計基準とのことですが、収益の額の算定に関して消費税の会計処理については何か規定されたことはあるのでしょうか。

---------- **POINT!** ----------

収益認識会計基準においては、取引価格のうち、履行義務に配分した額について収益を認識するが、その場合の「取引価格」には消費税等は含まないこととされている。したがって、収益認識会計基準においては、消費税等の会計処理は税抜方式が強制されることとなる。

Answer

1　収益認識会計基準における収益の額の算定

収益認識会計基準においては、5つのステップ（Q9参照）を踏むが、そのうちのステップ3で取引価格を算定する。この「取引価格」とは、財又はサービスの顧客への移転と交換に企業が権利を得ると見込む対価（ただし、第三者のために回収する額を除く）をいう（収益認識会計基準8項）。ここで注目すべきは括弧内の「第三者のために回収する額を除く」の部分である。

2 「第三者のために回収する額を除く」の意味

「第三者のために回収する額」とは、例えば当社をA社とすると、本来X社がY社に支払うべきものを、Y社のためにA社が代わって、X社から支払いを受け、A社がY社に支払うような場合のことであると考えられる。そのようなY社のために回収する金額はX社の収益の額の算定上は取引価額から「除く」こととなる。

3 消費税等の会計処理

売上に係る消費税等は、第三者である国に納付するため、第三者に支払うために顧客から回収する金額に該当することから、取引価格に含まれない（収益認識適用指針、[設例27]）。したがって、収益認識会計基準においては、消費税等の会計処理は税抜方式が強制されることとなる。

第4章
ケース・スタディ Q&A

Q12 消費税の修正申告と会計処理

　当社（3月末決算、消費税は原則課税、消費税の会計処理は税抜方式）は建設業を営んでいます。X 年3月期について税務調査があり、売上の計上もれ2,200,000円（消費税込、消費税率10％）（原価は計上済）を指摘され、X 年11月25日に法人税及び消費税の修正申告・納付をしました。X＋1年3月期において、消費税について修正申告で納付した200,000円はどのように会計処理をしたらよいでしょうか。

················· **POINT!** ·················

　X 年11月25日の消費税の修正申告額200,000円の納付時は、「仮払税金」（資産）あるいは「租税公課」（費用）とする方法が考えられる。一方、売上2,000,000円及び仮受消費税200,000円の会計上の仕訳は X＋1年3月期に計上されるが、消費税としては X 年3月期の修正申告で納付済のため、X＋1年3月期の決算時に仮受消費税200,000円は「仮払税金」あるいは「租税公課」と相殺するか、「雑収入」に計上する方法が考えられる。

Answer

【X＋1年3月期の会計仕訳例】

1 売上計上時

　税務調査で売上計上もれが指摘された取引については、会計処理としては例えば X 年4月30日に次のような会計仕訳がなされる。

191

（借方）売掛金　2,200,000	（貸方）売上　　　　2,000,000
	仮受消費税　　200,000

2　消費税の修正申告納付時

　X年11月25日の消費税の修正申告納付時の会計処理としては次の2つの方法が考えられる。

(1)「仮払税金」（資産科目）とする方法

（借方）仮払税金　200,000	（貸方）預金　　　　　200,000

(2)「租税公課」（費用科目）とする方法

（借方）租税公課　200,000	（貸方）預金　　　　　200,000

3　X＋1年3月期決算時

　X年4月30日に計上した仮受消費税200,000円については、既にX年3月期分としてX年11月25日に修正申告納付済であるため、仮受消費税を消去する必要がある。その方法としては、次の3つの方法が考えられる。

(1) 上記2では修正申告納付額を (1)「仮払税金」とした場合

　仮受消費税と仮払税金を相殺する。これにより、損益に何も影響しない。

（借方）仮受消費税　200,000	（貸方）仮払税金　　　200,000

第4章
ケース・スタディ Q&A

（2）上記2では修正申告納付額を（1）「租税公課」とした場合

① 仮受消費税と租税公課を相殺する方法

これにより、損益に何も影響しない。

（借方）仮受消費税　200,000　　（貸方）租税公課　　200,000

② 仮受消費税を雑収入に振り替える。

これにより、損益への影響はないが、租税公課と雑収入が両建てとなる。

（借方）仮受消費税　200,000　　（貸方）雑収入　　　200,000

4　望ましいと考えられる会計処理

　税抜方式を採用している場合には、売上計上もれについての消費税の修正申告額は損益へ影響を与えないのが望ましい。したがって、上記2及び3の会計処理のうち、2については（1）の「仮払税金」として、3については（1）の仮受消費税と仮払税金を相殺する方法が望ましいと考えられる。最終的には結論は同様という意味では、2については（2）の「租税公課」として、3については（2）①の仮受消費税と租税公課と相殺することも考えられる。

193

Q13 短期前払費用とインボイス

当社は自動車部品の製造を営む株式会社（3月末決算、消費税申告は本則課税、経理処理は税抜方式）です。製品等を保管する倉庫をインボイス発行事業者であるX社から賃借しており、従来から毎年7月1日から翌年6月30日分の1年分の賃借料6,600,000円（内消費税額等600,000円）を毎年6月30日に支払っています。次のそれぞれの経理処理をした場合に、どのようなインボイスが必要となるでしょうか。

〈ケース1〉短期前払費用として処理（インボイス開始前の支払い）

・令和5年6月30日支払時

（借方）地代家賃　　　6,000,000円　　（貸方）現金預金　　6,600,000円
　　　　仮払消費税等　　600,000円

〈ケース2〉短期前払費用として処理（インボイス開始以後の支払い）

・令和6年6月30日支払時

（借方）地代家賃　　　6,000,000円　　（貸方）現金預金　　6,600,000円
　　　　仮払消費税等　　600,000円

〈ケース3〉期間対応で損金処理（インボイス開始前の支払い）

・令和5年6月30日支払時

（借方）前払費用　　　6,600,000円　　（貸方）現金預金　　6,600,000円

・令和5年7月31日以降の毎月末

（借方）地代家賃　　　　500,000円　　（貸方）前払費用　　　550,000円
　　　　仮払消費税等　　 50,000円

〈ケース4〉期間対応で損金処理（インボイス開始以後の支払い）

・令和6年6月30日支払時

（借方）前払費用　　　6,600,000円　　（貸方）現金預金　　6,600,000円

・令和6年7月31日以降の毎月末

| （借方）地代家賃 | 500,000円 | （貸方）前払費用 | 550,000円 |
| 仮払消費税等 | 50,000円 | | |

·· **POINT!** ··

　短期前払費用の処理をした場合には、支払時がインボイス制度開始前であればインボイスは不要で、支払時がインボイス制度開始以後であればインボイスの保存が必要となる。

　期間対応処理をした場合には、支払時点にかかわらず、インボイス制度開始以後の期間に係る部分についてはインボイスの保存が必要となると思われる。

Answer

1　短期前払費用の処理をした場合

（1）法人税上の処理

　法人税上は、一定の契約に基づき継続的に役務の提供を受けるために支出した費用のうち支出した事業年度終了の時においてまだ役務提供を受けていない役務に対応するもの（前払費用）の額でその支払った日から1年以内に提供を受ける役務に係るものを支払った場合、その支払った額に相当する金額を継続してその支払った日の属する事業年度の損金に算入しているときは、その前払費用を損金の額に算入することが認められる（法通達2-2-14）。この処理は一般的に短期前払費用の処理と呼ばれる。

　倉庫の賃借料は、通常、短期前払費用の処理が認められており、設例の〈ケース1〉及び〈ケース2〉の場合、支払った6,000,000円は、支払時の損金として認められる。

なお、役務提供等の内容等により前払をしたものがすべて短期前払費用の処理が認められるわけではないことに留意が必要である（顧問料、広告料等）。

(2) 消費税上の処理とインボイス

　法人税上短期前払費用の処理が認められる場合には、消費税上も、その支出した日の属する課税期間において仕入税額控除の対象となる（消基通11–3–8）。この場合、インボイス制度開始以後においては、その前払費用に係るインボイスの保存が必要となる（インボイスQ＆A、問98）。設例の〈ケース2〉においては、令和6年6月30日に1年分のインボイスを入手することができなかったとしても、その後に事後的に交付されるインボイスを保存することを条件に、前払費用として支出した額を基礎として仕入税額控除の適用を受けることができることとされている（インボイスQ＆A、問98）。

(3) インボイス制度開始前に支出した短期前払費用

　〈ケース1〉のように、インボイス制度開始前に支出した短期前払費用については、インボイス開始前であることから、支出した時点での区分記載請求書等の保存により、仕入税額控除が可能となると思われる。

2　期間対応で損金処理した場合

(1) 法人税上の処理

　法人税上は、原則は期間対応（発生主義）で処理するため、倉庫の賃借料を1年分前払したとしても、毎月の発生額を損金に計上するのが原則である。

第4章
ケース・スタディ Q&A

（2）消費税上の処理とインボイス

　消費税上も、原則は期間対応で処理するため、毎月の発生額に対応して仕入税額控除することとなるが、インボイス制度開始後は、毎月の倉庫の賃借料に対応するインボイスの保存が必要となる。したがって、〈ケース4〉においては、令和6年7月以降の毎月の倉庫の賃借料に係るインボイスの保存が必要となる。

（3）インボイス開始前に支出したが対応期間にインボイス開始以後の期間が含まれる場合の消費税の処理とインボイス

　期間対応で処理する場合は、インボイス制度開始後の期間はインボイスの保存が必要となることから、インボイス開始前に支出したが対応期間にインボイス開始以後の期間が含まれる場合には、インボイス開始以後の期間についてはインボイスの保存は必要になると思われる。

197

Q14 免税事業者への支払いの経過措置

当社は不動産賃貸業を営む株式会社（3月末決算、消費税申告は本則課税、経理処理は税抜方式）です。インボイス制度開始後に役務提供を受ける外注業者等の中に免税事業者があります。令和6年3月期においては、当社の会計システムの関係上、免税事業者からの課税仕入れについては、期中の個々の取引発生時は仮払消費税については10％で計上し、決算仕訳で経過措置による仕入税額控除割合である8％に調整することとなっています。令和6年3月期決算において、事務作業の効率化等の観点から、決算時に仕入税額控除の対象とならない2％相当額の合計額について、次の仕訳処理をすることを検討していますが、この処理で問題ないでしょうか。なお、免税事業者との取引には軽減税率が適用されるものはないものとします。

（借方）雑損失　×××　　　　（貸方）仮払消費税等　×××

⋯⋯⋯⋯⋯⋯⋯⋯⋯⋯ POINT! ⋯⋯⋯⋯⋯⋯⋯⋯⋯⋯

免税事業者からの課税仕入れに係る仕入税額控除の経過措置を適用した場合に、仕入税額控除できない金額は、原則として、本来の支出内容の科目に含めて処理するのが望ましいと思われる。仮に、仕入税額控除できない金額を「雑損失」等の費用（損金）処理した場合には、固定資産の取得の取引の場合には申告調整が必要となる。

Answer

1　免税事業者からの課税仕入れに係る仕入税額控除の経過措置

第1章（38頁）で説明したように、免税事業者からの課税仕入れに係る

第4章
ケース・スタディ Q&A

仕入税額控除については、原則として仕入税額控除の対象とならないが、次の期間については次の割合が仕入税額控除の対象となるという経過措置がある。

期　　間	税額控除割合
令和5年10月1日から令和8年9月30日まで	仕入税額相当額の80%
令和8年10月1日から令和11年9月30日まで	仕入税額相当額の50%

したがって、令和6年3月期における令和5年10月1日から令和6年3月31日までの免税事業者からの課税仕入れについては、控除割合は仕入税額相当額の80%となる。

2　免税事業者からの課税仕入れに係る会計処理

免税事業者からの課税仕入れについては、以下の処理が適切と思われる。

─【設例】─
・費用処理が可能なものとしては、免税事業者へ110,000円（消費税相当額10,000円を含む）支払ってパソコンを購入したものとする。
・固定資産取得の取引としては、免税事業者へ550,000円（消費税相当額50,000円を含む）支払ってソフトウェアを購入したものとする。

(1) 令和5年10月1日から令和8年9月30日までの課税仕入れ

①　費用（損金）処理が可能な取引

（借方）消耗品費　　　　102,000円[注1]　　（貸方）現金預金　　　110,000円
　　　　仮払消費税等　　8,000円[注2]

（注1）仕入税額控除の対象とならない2,000円は本来の科目である「消耗品費」に含める。

199

(注2)仕入税額控除の対象となる8,000円（10,000円×80％）は「仮払消費税等」とする。

② 固定資産の取得取引

（借方）ソフトウェア 510,000円(注1) （貸方）現金預金 550,000円
　　　　仮払消費税等 40,000円(注2)

(注1)仕入税額控除の対象とならない10,000円は本来の科目である「ソフトウェア」に含める。

(注2)仕入税額控除の対象となる40,000円（50,000円×80％）は「仮払消費税等」とする。

(2) 令和8年10月1日から令和11年9月30日までの課税仕入れ

① 費用（損金）処理が可能な取引

（借方）消耗品費 105,000円(注1) （貸方）現金預金 110,000円
　　　　仮払消費税等 5,000円(注2)

(注1)仕入税額控除の対象とならない5,000円は本来の科目である「消耗品費」に含める。

(注2)仕入税額控除の対象となる5,000円（10,000円×50％）は「仮払消費税等」とする。

② 固定資産の取得取引

（借方）ソフトウェア 525,000円(注1) （貸方）現金預金 550,000円
　　　　仮払消費税等 25,000円(注2)

(注1)仕入税額控除の対象とならない25,000円は本来の科目である「ソフトウェア」に含める。

(注2)仕入税額控除の対象となる25,000円（50,000円×50％）は「仮払消費税等」とする。

第4章
ケース・スタディ Q&A

(3) 令和11年10月1日以降の課税仕入れ

① 費用（損金）処理が可能な取引
（借方）消耗品費　　110,000円[注]　　　（貸方）現金預金　　110,000円
（注）仕入税額相当額の全額が仕入税額控除の対象とならないため、支出
　　金額全額が「消耗品費」となる。
② 固定資産の取得取引
（借方）ソフトウェア　550,000円[注]　（貸方）現金預金　　550,000円
（注）仕入税額相当額の全額が仕入税額控除の対象とならないため、支出
　　金額全額が「ソフトウェア」となる。

3　質問の令和6年3月期の会計処理の検討

(1) 考え方

　免税事業者からの課税仕入れに係る仕入税額相当額のうち経過措置の適用により仕入税額控除の対象とならない金額は、支出の本来の科目（消耗品、ソフトウェア等）の一部であることから、支出の本来の科目に含めることが望ましいと思われる。

　ただし、金額的重要性がない場合には、ご質問のように支出の本来の科目に含めずに、合計金額を「雑損失」等で処理する場合も考えられる。

(2)「雑損失」等で処理した場合の申告調整

　支出の本来の科目に含めずに、合計金額を「雑損失」等で処理する場合は、費用（損金）処理が可能な取引については、法人税額の計算上所得金額には影響しないが、固定資産の取得取引については、償却限度額を超えて損金（雑損失）が計上されるため、申告調整が必要となる。

201

Q15 売手負担振込手数料と返還インボイス

当社は土木工事業を営む株式会社（3月末決算、消費税申告は本則課税、経理処理は税抜方式）です。得意先から工事代金が入金される際に、振込手数料相当額が差し引かれて振込入金となることがあります。この当社負担の振込手数料相当額については、従来から支払手数料として処理しています。インボイス制度開始以後は、当社負担の振込手数料相当額については売上に係る対価の返還等として処理をすれば、その金額が1万円未満であれば返還インボイスは不要となるとのことですが、この場合、会計処理は売上値引きとしなければならないのでしょうか。

.... **POINT!** ....

インボイス制度開始以後は、売手が負担する振込手数料相当額の消費税上の取扱いは、通常は、売上げに係る対価の返還等となる。令和5年度税制改正において、その返還の金額が税込1万円未満の場合には、返還インボイスの交付義務が免除されたため、返還インボイスは不要となる。

また、売手が負担する振込手数料相当額についての会計処理は、消費税処理が売上げに係る対価の返還等として処理されるのであれば、「支払手数料」のままで問題はない。

Answer

1 売手が負担する振込手数料相当額の消費税上の取扱い

（例）工事代金880,000円を買手が売手に支払う際に、振込手数料相当額

第4章
ケース・スタディ Q&A

440円を差し引いて、879,560円（＝880,000円−440円）を振り込む

この例のように、売上代金を買手が売手に支払う際に、振込手数料を差し引いて（売手が負担）振り込む場合がある。この場合、売手は消費税上、振込手数料相当額について売上値引きとして、売上げに係る対価の返還等を行っているものとして扱うことになる[51]。

2 売上げに係る対価の返還等に係る返還インボイス

インボイス発行事業者には、課税事業者に返品や値引き等の売上げに係る対価の返還等を行う場合は、原則として適格返還請求書（返還インボイス）の交付義務がある（消法57の4③）。ただし、令和5年度税制改正において、主に上記1の売手負担の振込手数料相当額の返還インボイス対応への事務負担等を考慮して、その返還の金額が税込1万円未満の場合には、返還インボイスの交付義務が免除された（消法57の4③、消令70の9③二）。

したがって、上記1の（例）の振込手数料相当額が440円の場合には、売手は返還インボイスを交付する義務はない。

3 売手が負担する振込手数料相当額に係る会計処理

上記1の（例）場合、貴社は従来から次のような会計処理をしていたとのことである。

（借方）現金預金 　　879,560円 　　（貸方）工事未収入金 　　880,000円
　　　　支払手数料 　　　　400円
　　　　仮払消費税等 　　　40円

---

[51] インボイスＱ＆Ａ問29では、この対応の他に、①振込手数料相当額について、売手が買手から「代金決済上の役務提供（支払方法の指定に係る便宜）」を受けた対価とする場合、及び②買手が売手のために金融機関に対して振込手数料を立替払したものとする場合の対応が説明されているが、通常は売上値引きとする対応をすると考えられる。

203

インボイス制度開始以後は、この売手が負担する振込手数料相当額440円は売上げに係る対価の返還として対応する場合には、「売上値引き」として会計処理しなければならないのか、という疑問が生ずる。この点については、第1章（57頁）で説明したように、会計処理と消費税処理が連動することはないと考えられる。したがって、会計処理は支払手数料であっても、消費税上の処理が売上げに係る対価の返還と処理されていれば問題はない（インボイスＱ＆Ａ問30参照）。実務的には勘定科目は支払手数料であるが、売上げに係る対価の返還の消費税コードを設定すれば対応可能である*52。この場合の会計処理は次のようになる。

（借方）現金預金　　　879,560円　　　　（貸方）工事未収入金　　　880,000円
　　　　支払手数料　　　　400円
　　　　仮受消費税等　　　 40円

（Column）補助金と仕入税額控除

　国、地方公共団体から補助金の交付を受けた場合において、その補助金を財源に課税仕入れの支出をしたときは、控除した課税仕入れ分を国等に返金することが交付要綱等で定められている場合がある（補助金の交付を受ける段階で消費税等分の交付を受けない方法もある）。仕入税額控除をした分をそのままにしておくと、二重に補助金を受けたのと同様になってしまうからだ。消費税法別表第三に掲げる法人などの場合には、この補助金の返金分を計算するためには、仕入税額控除の調整計算の仕組みがわからないと、役所への提出資料などの作成ができないこととなってしまう。

---

*52　会計システムによっては、対応できない場合も想定される。

第 5 章

設例に基づく
会計処理と
消費税・法人税
申告書への記載

本章では、いくつかの設例に基づき、決算仕訳、法人税別表の申告調整、消費税申告書の記載の具体例を示す（本設例における消費税の課税・免税のパターンについては、第2章参照）。なお、以下の設例においては、課税仕入れについての仕入税額控除の要件はすべて満たしているものとする。

〈設例1〉

パターンⅡ（税抜方式）で、控除対象外消費税額等を決算で正確に見積り、租税公課として計上した場合
・経理処理は税抜方式
・仕入税額控除は個別対応方式
・控除対象外消費税額等（資産に係るものはない）は、決算時に消費税等の納税額を正確に予想して費用処理

【問題】

　株式会社 ABC コーポレーション（3月末決算法人）の次の資料をもとに、令和6年3月期に関する消費税等についての決算仕訳（仮受・仮払清算仕訳）を行い、消費税等の申告書を作成し、法人税の申告調整（当期及び翌期）を行いなさい。

　消費税等の経理処理は税抜方式とし、仕入税額控除は個別対応方式によることとし、控除対象外消費税額等は租税公課（費用）とする。

　消費税等の納税額は決算時に正確に見積り、決算に反映させる方法による。

　また、免税事業者からの仕入れについて、経過措置により仕入税額控除される金額は「仮払消費税等」とし、仕入税額控除されない金額は、その内容の科目として処理するものとする（以下の設例においても同じ）。

206

第5章
設例に基づく会計処理と消費税・法人税申告書への記載

【資料】

（仮受・仮払清算前の貸借対照表の一部）

貸借対照表　　　　　　　　　　　　（単位：円）

仮払税金	28,845,900	仮受消費税等（7.8%）	60,000,000
仮払消費税等（6.3%）	48,000		
仮払消費税等（6.24%）	24,000		
仮払消費税等（7.8%）	20,400,000		
仮払消費税等（7.8%）(注1)	8,000		

（注1）免税事業者からの仕入れで、経過措置により控除されるもの

　　　（消費税相当額10,000（＝100,000×10%）を含む110,000円が請求されたものとする）

　　　　100,000×10%×80/100＝8,000

　　　（以下の税抜方式の設例においても同様とする）

（仮受・仮払清算前の損益計算書の一部）

　・便宜上、単純化して取引はこれらのみとする。

損益計算書　　　　　　　　　　　　（単位：円）

商品仕入（課税売上対応仕入7.8%）	189,000,000	売上高（課税売上7.8%）	600,000,000
賃借料（共通仕入6.3%）	600,000	受取利息（非課税）	1,000,000
消耗品費（共通仕入7.8%）	13,500,000		
消耗品費（共通仕入7.8%）(注2)	102,000		
福利厚生費（共通仕入6.24%）	300,000		
福利厚生費（共通仕入7.8%）	1,500,000		

（注2）免税事業者からの仕入れ

　　　100,000＋100,000×10%×20/100（控除不可分）＝102,000

　　　（以下の税抜方式の設例においても同様とする）

【消費税等の中間納付の状況】

次のとおり、3回中間納付をしている。（単位：円）

	消費税	地方消費税	合計
第1回	7,500,000	2,115,300	9,615,300
第2回	7,500,000	2,115,300	9,615,300
第3回	7,500,000	2,115,300	9,615,300
合計	22,500,000	6,345,900	28,845,900

207

【消費税等の計算】 ※計算過程は申告書を参照

（課税売上割合）

$$\frac{課税資産の譲渡（600,000,000円）}{（課税資産の譲渡等600,000,000円＋非課税売上1,000,000円）}=\frac{600,000,000}{601,000,000}$$

（消費税額）

課税標準額600,000,000×7.8％＝46,800,000円

（控除仕入税額）

課税売上対応仕入：189,000,000×7.8％＝14,742,000円

共通仕入：600,000円×6.3％＋300,000円×6.24％

$\qquad\qquad$ ＋13,500,000円×7.8％＋1,500,000円×7.8％

$\qquad\qquad$ ＋100,000×7.8％×80/100＝1,232,760円

控除仕入税額：14,742,000円＋1,232,760円×課税売上割合＝15,972,707円

（控除対象外消費税額）

14,742,000円＋1,232,760円－15,972,707円＝2,053円

（差引税額）

46,800,000円－15,972,707円＝30,827,200円 （百円未満切捨て）

（地方消費税額）（計算過程は申告書付表1-1、1-2参照）

△37,737円×17/63＋△18,688円×22/78＋30,883,718円×22/78

＝8,695,300円 （百円未満切捨て）

（確定申告納付額）

消費税：30,827,200円－中間納付額22,500,000円＝8,327,200円

地方消費税：8,695,300円－中間納付額6,345,900円＝2,349,400円

消費税及び地方消費税の合計税額：8,327,200円＋2,349,400円＝10,676,600円

第5章
設例に基づく会計処理と消費税・法人税申告書への記載

【決算仕訳（仮受・仮払清算仕訳）】

（単位：円）

借方	金額	貸方	金額
仮受消費税等	60,000,000	仮払消費税等	20,480,000
租税公課(注)	2,500	仮払税金	28,845,900
		未払消費税等	10,676,600

（注）控除対象外消費税額等と端数差額の合計額を租税公課とした。

（仮受・仮払清算後の貸借対照表の一部）

貸借対照表 　　　　　　　　　　　　　　（単位：円）

		未払消費税等	10,676,600

（仮受・仮払清算後の損益計算書の一部）

損益計算書 　　　　　　　　　　　　　　（単位：円）

商品仕入	189,000,000	売上高	600,000,000
消耗品費	13,602,000	受取利息	1,000,000
賃借料	600,000		
福利厚生費	1,800,000		
租税公課	2,500		

【翌期の消費税の確定申告分の納付時の仕訳】

（単位：円）

借方	金額	貸方	金額
未払消費税等	10,676,600	預金	10,676,600

【法人税の申告調整】

・消費税等の確定申告書の数値をすべて決算仕訳に反映しており、申告調整はなし。

209

【消費税等の申告書】

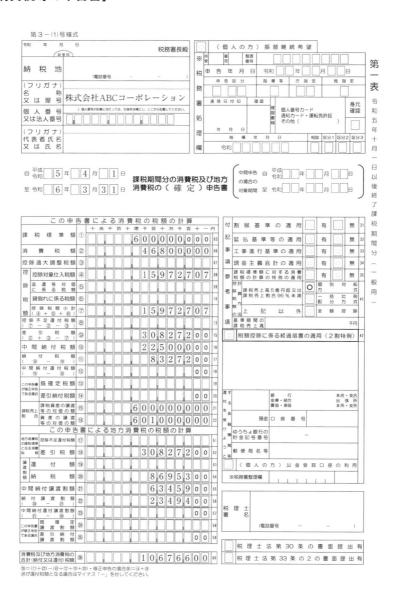

第5章
設例に基づく会計処理と消費税・法人税申告書への記載

第3-(2)号様式

課税標準額等の内訳書

整理番号 ☐☐☐☐☐☐☐☐

納　税　地	
	（電話番号　　－　　－　　）
（フリガナ） 名　　　称 又 は 屋 号	株式会社ABCコーポレーション
（フリガナ） 代表者氏名 又 は 氏 名	

改正法附則による税額の特例計算　第二表

| 軽 減 売 上 割 合 （ 10 営 業 日 ） | ☐ | 附則38① | 51 |
| 小 売 等 軽 減 仕 入 割 合 | ☐ | 附則38② | 52 |

自 令和 ⑤ 年 ④ 月 ① 日
至 令和 ⑥ 年 ③ 月 ③① 日

課税期間分の消費税及び地方
消費税の（ 確 定 ）申告書

中間申告
の場合の
対象期間
自 令和 ☐☐ 年 ☐☐ 月 ☐☐ 日
至 令和 ☐☐ 年 ☐☐ 月 ☐☐ 日

令和四年四月一日以後終了課税期間分

課　税　標　準　額 ※申告書（第一表）の①欄へ	①	十兆千百十億千百十万千百十一円 　　　　　6 0 0 0 0 0 0 0 0	01

課税資産の 譲渡等の 対価の額 の合計額	3 ％ 適 用 分	②		02
	4 ％ 適 用 分	③		03
	6.3 ％ 適 用 分	④		04
	6.24 ％ 適 用 分	⑤		05
	7.8 ％ 適 用 分	⑥	6 0 0 0 0 0 0 0 0	06
		⑦	6 0 0 0 0 0 0 0 0	07
特定課税仕入れ に係る支払対価 の額の合計額 (注1)	6.3 ％ 適 用 分	⑧		11
	7.8 ％ 適 用 分	⑨		12
		⑩		13

消　費　税　額 ※申告書（第一表）の②欄へ		⑪	4 6 8 0 0 0 0 0	21
⑪ の 内 訳	3 ％ 適 用 分	⑫		22
	4 ％ 適 用 分	⑬		23
	6.3 ％ 適 用 分	⑭		24
	6.24 ％ 適 用 分	⑮		25
	7.8 ％ 適 用 分	⑯	4 6 8 0 0 0 0 0	26

返 還 等 対 価 に 係 る 税 額 ※申告書（第一表）の⑤欄へ		⑰		31
⑰の内訳	売上げの返還等対価に係る税額	⑱		32
	特定課税仕入れの返還等対価に係る税額 (注1)	⑲		33

地方消費税の 課税標準となる 消 費 税 額 (注2)		⑳	3 0 8 2 7 2 9 3	41
	4 ％ 適 用 分	㉑		42
	6.3 ％ 適 用 分	㉒	△ 3 7 7 3 7	43
	6.24％及び7.8% 適 用 分	㉓	3 0 8 6 5 0 3 0	44

（注1）　⑧～⑩及び⑲欄は、一般課税により申告する場合で、課税売上割合が95％未満、かつ、特定課税仕入れがある事業者のみ記載します。
（注2）　⑳～㉓欄が還付税額となる場合はマイナス「－」を付してください。

211

第4-(1)号様式

付表1－1　税率別消費税額計算表　兼　地方消費税の課税標準となる消費税額計算表
〔経過措置対象課税資産の譲渡等を含む課税期間用〕

一般

課税期間	5・4・1～6・3・31	氏名又は名称	株式会社ABCコーポレーション

区　分	旧税率分小計 X	税率6.24％適用分 D	税率7.8％適用分 E	合　計 F (X+D+E)
課税標準額 ①	(付表1-2の①X欄の金額)　円 000	円 000	円 600,000,000	※第二表の①欄へ　円 600,000,000
①の内訳　課税資産の譲渡等の対価の額 ①-1	(付表1-2の①-1X欄の金額)	※第二表の⑤欄へ	※第二表の⑥欄へ 600,000,000	※第二表の⑦欄へ 600,000,000
特定課税仕入れに係る支払対価の額 ①-2	(付表1-2の①-2X欄の金額)	※①・2欄は、課税売上割合が95％未満、かつ、特定課税仕入れがある事業者のみ記載する。 ※第二表の⑧欄へ		※第二表の⑨欄へ
消費税額 ②	(付表1-2の②X欄の金額)	※第二表の⑪欄へ	※第二表の⑯欄へ 46,800,000	※第一表の②欄へ 46,800,000
控除過大調整税額 ③	(付表1-2の③X欄の金額)	(付表2-1の②・③D欄の合計金額)	(付表2-1の②・③E欄の合計金額)	※第一表の③欄へ
控除税額　控除対象仕入税額 ④	(付表1-2の④X欄の金額) 37,737	(付表2-1の⑤D欄の金額) 18,688	(付表2-1の⑤E欄の金額) 15,916,282	※第一表の④欄へ 15,972,707
返還等対価に係る税額 ⑤	(付表1-2の⑤X欄の金額)			※第二表の⑰欄へ
⑤の内訳　売上げの返還等の対価に係る税額 ⑤-1	(付表1-2の⑤-1X欄の金額)			※第二表の⑱欄へ
特定課税仕入れの返還等の対価に係る税額 ⑤-2	(付表1-2の⑤-2X欄の金額)	※⑤・2欄は、課税売上割合が95％未満、かつ、特定課税仕入れがある事業者のみ記載する。		※第二表の⑲欄へ
貸倒れに係る税額 ⑥	(付表1-2の⑥X欄の金額)			※第一表の⑥欄へ
控除税額小計 (④+⑤+⑥) ⑦	(付表1-2の⑦X欄の金額) 37,737	18,688	15,916,282	※第一表の⑦欄へ 15,972,707
控除不足還付税額 (⑦-②-③) ⑧	(付表1-2の⑧X欄の金額) 37,737	※⑪E欄へ 18,688	※⑪E欄へ	56,425
差引税額 (②+③-⑦) ⑨	(付表1-2の⑨X欄の金額)	※⑫E欄へ	※⑫E欄へ 30,883,718	30,883,718
合計差引税額 (⑨-⑧) ⑩				※マイナスの場合は第一表の⑧欄へ ※プラスの場合は第一表の⑨欄へ 30,827,293
地方消費税の課税標準となる消費税額　控除不足還付税額 ⑪	(付表1-2の⑪X欄の金額) 37,737	(⑧D欄と⑧E欄の合計金額) 18,688		56,425
差引税額 ⑫	(付表1-2の⑫X欄の金額)	(⑨D欄と⑨E欄の合計金額) 30,883,718		30,883,718
合計差引地方消費税の課税標準となる消費税額 (⑫-⑪) ⑬	(付表1-2の⑬X欄の金額) △37,737	※第二表の㉑欄へ	30,865,030	※マイナスの場合は第一表の⑩欄へ ※プラスの場合は第一表の⑱欄へ ※第二表の㉖欄へ 30,827,293
譲渡割額　還付額 ⑭	(付表1-2の⑭X欄の金額) 10,183	(⑬E欄×22/78) 5,270		15,453
納税額 ⑮	(付表1-2の⑮X欄の金額)	(⑬E欄×22/78) 8,710,792		8,710,792
合計差引譲渡割額 (⑮-⑭) ⑯				※マイナスの場合は第一表の㉑欄へ ※プラスの場合は第一表の㉒欄へ 8,695,339

注意　1　金額の計算においては、1円未満の端数を切り捨てる。
　　　2　旧税率が適用された取引がある場合は、付表1-2を作成してから当該付表を作成する。

(R5.10.1以後終了課税期間用)

第5章
設例に基づく会計処理と消費税・法人税申告書への記載

第4-(5)号様式

付表1－2　税率別消費税額計算表　兼　地方消費税の課税標準となる消費税額計算表
〔経過措置対象課税資産の譲渡等を含む課税期間用〕

一般

課　税　期　間	5・4・1 ～ 6・3・31	氏名又は名称	株式会社ABCコーポレーション

区　　　　　　分		税率3％適用分 A	税率4％適用分 B	税率6.3％適用分 C	旧税率分小計 X (A＋B＋C)
課　税　標　準　額	①	円 000	円 000	円 000	円 000
①の内訳 課税資産の譲渡等の対価の額	①-1	※第二表の②欄へ	※第二表の③欄へ	※第二表の④欄へ	※付表1-1の①-1X欄へ
特定課税仕入れに係る支払対価の額	①-2	※①-2欄は、課税売上割合が95％未満、かつ、特定課税仕入れがある事業者のみ記載する。		※第二表の⑤欄へ	※付表1-1の①-2X欄へ
消　　費　　税　　額	②	※第二表の⑫欄へ	※第二表の⑬欄へ	※第二表の⑭欄へ	※付表1-1の②X欄へ
控　除　過　大　調　整　税　額	③	(付表2-2の㉒・㉓A欄の合計金額)	(付表2-2の㉒・㉓B欄の合計金額)	(付表2-2の㉒・㉓C欄の合計金額)	※付表1-1の③X欄へ
控除税額 控除対象仕入税額	④	(付表2-2の㉓A欄の金額)	(付表2-2の㉓B欄の金額)	(付表2-2の㉓C欄の金額) 37,737	※付表1-1の④X欄へ 37,737
返還等対価に係る税額	⑤				※付表1-1の⑤X欄へ
⑤の内訳 売上げの返還等の対価に係る税額	⑤-1				※付表1-1の⑤-1X欄へ
特定課税仕入れの返還等対価に係る税額	⑤-2	※⑤-2欄は、課税売上割合が95％未満、かつ、特定課税仕入れがある事業者のみ記載する。			※付表1-1の⑤-2X欄へ
貸倒れに係る税額	⑥				※付表1-1の⑥X欄へ
控除税額小計 (④＋⑤＋⑥)	⑦			37,737	※付表1-1の⑦X欄へ 37,737
控除不足還付税額 (⑦-②-③)	⑧		※⑪B欄へ	※⑪C欄へ 37,737	※付表1-1の⑧X欄へ 37,737
差　引　税　額 (②＋③-⑦)	⑨		※⑫B欄へ	※⑫C欄へ	※付表1-1の⑨X欄へ
合　計　差　引　税　額 (⑨-⑧)	⑩				
地方消費税の課税標準となる消費税額 控除不足還付税額	⑪		(⑧B欄の金額)	(⑧C欄の金額) 37,737	※付表1-1の⑪X欄へ 37,737
差　引　税　額	⑫		(⑨B欄の金額)	(⑨C欄の金額)	※付表1-1の⑫X欄へ
合計差引地方消費税の課税標準となる消費税額 (⑫-⑪)	⑬		※第二表の㉑欄へ	※第二表の㉒欄へ △37,737	※付表1-1の⑬X欄へ △37,737
譲渡割額 還　付　額	⑭		(⑪B欄×25/100)	(⑪C欄×17/63) 10,183	※付表1-1の⑭X欄へ 10,183
納　税　額	⑮		(⑫B欄×25/100)	(⑫C欄×17/63)	※付表1-1の⑮X欄へ
合　計　差　引　譲　渡　割　額 (⑮-⑭)	⑯				

注意　1　金額の計算においては、1円未満の端数を切り捨てる。
　　　2　旧税率が適用された取引がある場合は、当該付表を作成してから付表1-1を作成する。

(R5.10.1以後終了課税期間用)

213

第4-(2)号様式

付表2-1　課税売上割合・控除対象仕入税額等の計算表　[経過措置対象課税資産の譲渡等を含む課税期間用]

一般

| 課税期間 | 5・4・1 ～ 6・3・31 | 氏名又は名称 | 株式会社ABCコーポレーション |

項目	旧税率分小計 X	税率6.24%適用分 D	税率7.8%適用分 E	合計 F (X+D+E)
課税売上額（税抜き）①			600,000,000	600,000,000
免税売上額 ②				
非課税資産の輸出等の金額、海外支店等へ移送した資産の価額 ③				
課税資産の譲渡等の対価の額（①＋②＋③）④				600,000,000
課税資産の譲渡等の対価の額（④の金額）⑤				600,000,000
非課税売上額 ⑥				1,000,000
資産の譲渡等の対価の額（⑤＋⑥）⑦				601,000,000
課税売上割合（④／⑦）⑧				[99%]
課税仕入れに係る支払対価の額（税込み）⑨	648,000	324,000	224,400,000	225,372,000
課税仕入れに係る消費税額 ⑩	37,800	18,720	15,912,000	15,968,520
適格請求書発行事業者以外の者から行った課税仕入れに係る経過措置の適用を受ける課税仕入れに係る支払対価の額（税込み）⑪			110,000	110,000
適格請求書発行事業者以外の者から行った課税仕入れに係る経過措置により課税仕入れに係る消費税額とみなされる額 ⑫			6,240	6,240
特定課税仕入れに係る支払対価の額 ⑬				
特定課税仕入れに係る消費税額 ⑭				
課税貨物に係る消費税額 ⑮				
納税義務の免除を受けないこととなった場合における消費税額の調整（加算又は減算）額 ⑯				
課税仕入れ等の税額の合計額（⑩＋⑫＋⑭＋⑮±⑯）⑰	37,800	18,720	15,918,240	15,974,760
課税売上高が5億円以下、かつ、課税売上割合が95%以上の場合（⑰の金額）⑱				
⑰のうち、課税売上げにのみ要するもの ⑲			14,742,000	14,742,000
⑰のうち、課税売上げと非課税売上げに共通して要するもの ⑳	37,800	18,720	1,176,240	1,232,760
個別対応方式により控除する課税仕入れ等の税額〔⑲＋（⑳×④／⑦）〕㉑	37,737	18,688	15,916,282	15,972,707
一括比例配分方式により控除する課税仕入れ等の税額（⑰×④／⑦）㉒				
課税売上割合変動時の調整対象固定資産に係る消費税額の調整（加算又は減算）額 ㉓				
調整対象固定資産を課税業務用（非課税業務用）に転用した場合の調整（加算又は減算）額 ㉔				
居住用賃貸建物を課税賃貸用に供した（譲渡した）場合の加算額 ㉕				
控除対象仕入税額〔（⑱、㉑又は㉒の金額）±㉓±㉔＋㉕〕がプラスの時 ㉖	37,737	18,688	15,916,282	15,972,707
控除過大調整税額〔（⑱、㉑又は㉒の金額）±㉓±㉔＋㉕〕がマイナスの時 ㉗				
貸倒回収に係る消費税額 ㉘				

注意
1　金額の計算においては、1円未満の端数を切り捨てる。
2　旧税率が適用された取引がある場合は、付表2-1を作成してから当該付表を作成する。
3　⑨⑪及び⑬欄には、値引き、割戻し、割引きなど仕入対価の返還等の金額（仕入れに係る対価の返還等の金額に係る消費税額を除く。）には、その金額を控除した後の金額を記載する。
4　⑨及び⑪欄の経過措置とは、所得税法等の一部を改正する法律（平成28年法律第15号）附則第52条又は第53条の適用がある場合をいう。

(R5.10.1以後終了課税期間用)

第5章
設例に基づく会計処理と消費税・法人税申告書への記載

第4-(6)号様式

付表2-2　課税売上割合・控除対象仕入税額等の計算表
〔経過措置対象課税資産の譲渡等を含む課税期間用〕　　　　　　　　　　　　　　　一　般

課　税　期　間	5・4・1～6・3・31	氏名又は名称	株式会社ABCコーポレーション

項　　　目		税率3％適用分 A	税率4％適用分 B	税率6.3％適用分 C	旧税率分小計X (A+B+C)
課　税　売　上　額（税　抜　き）	①	円	円	円	※付表2-1の①X欄へ 円
免　　税　　売　　上　　額	②				
非課税資産の輸出等の金額、海外支店等へ移送した資産の価額	③				
課税資産の譲渡等の対価の額（①＋②＋③）	④				（付表2-1の④F欄の金額） 600,000,000
課税資産の譲渡等の対価の額（④の金額）	⑤				
非　　課　　税　　売　　上　　額	⑥				
資産の譲渡等の対価の額（⑤＋⑥）	⑦				（付表2-1の⑦F欄の金額） 601,000,000
課　税　売　上　割　合（④／⑦）	⑧				※付表2-1の⑧F欄の割合 ［ 99 ％］ ※端数切捨て
課税仕入れに係る支払対価の額（税込み）	⑨			648,000	648,000
課税仕入れに係る消費税額	⑩			37,800	37,800
適格請求書発行事業者以外の者から行った課税仕入れに係る経過措置の適用を受ける課税仕入れに係る支払対価の額（税込み）	⑪				※付表2-1の⑪X欄へ
適格請求書発行事業者以外の者から行った課税仕入れに係る経過措置により課税仕入れに係る消費税額とみなされる額	⑫			※⑪及び⑫欄は、課税売上割合が95％未満、かつ、特定課税仕入れがある事業者のみ記載する。	※付表2-1の⑫X欄へ
特定課税仕入れに係る支払対価の額	⑬				※付表2-1の⑬X欄へ
特定課税仕入れに係る消費税額	⑭			（⑬C欄×6.3/100）	※付表2-1の⑭X欄へ
課税貨物に係る消費税額	⑮				※付表2-1の⑮X欄へ
納税義務の免除を受けない（受ける）こととなった場合における消費税額の調整（加算又は減算）額	⑯				※付表2-1の⑯X欄へ
課税仕入れ等の税額の合計額（⑩＋⑫＋⑭±⑮±⑯）	⑰			37,800	37,800
課税売上高が5億円以下、かつ、課税売上割合が95％以上の場合（⑰の金額）	⑱				※付表2-1の⑱X欄へ
課税売上高が5億円超又は課税売上割合が95％未満の場合 個別対応方式 ⑰のうち、課税売上げにのみ要するもの	⑲				※付表2-1の⑲X欄へ
	⑰のうち、課税売上げと非課税売上げに共通して要するもの	⑳			37,800	37,800
	個別対応方式により控除する課税仕入れ等の税額〔⑲＋（⑳×④／⑦）〕	㉑			37,737	37,737
	一括比例配分方式により控除する課税仕入れ等の税額（⑰×④／⑦）	㉒				※付表2-1の㉒X欄へ
控除税額の調整額 課税売上割合変動時の調整対象固定資産に係る消費税額の調整（加算又は減算）額	㉓				※付表2-1の㉓X欄へ
調整対象固定資産を課税業務用（非課税業務用）に転用した場合の調整（加算又は減算）額	㉔				※付表2-1の㉔X欄へ
居住用賃貸建物を課税賃貸用に供した（譲渡した）場合の加算額	㉕				※付表2-1の㉕X欄へ
差引 控除対象仕入税額〔（⑱、㉑又は㉒の金額）±㉓±㉔＋㉕〕がプラスの時	㉖	※付表1-2の④A欄へ	※付表1-2の④B欄へ	※付表1-2の④C欄へ 37,737	※付表2-1の㉖X欄へ 37,737
控除過大調整税額〔（⑱、㉑又は㉒の金額）±㉓±㉔＋㉕〕がマイナスの時	㉗	※付表1-2の③A欄へ	※付表1-2の③B欄へ	※付表1-2の③C欄へ	※付表2-1の㉗X欄へ
貸倒回収に係る消費税額	㉘	※付表1-2の③A欄へ	※付表1-2の③B欄へ	※付表1-2の③C欄へ	※付表2-1の㉘X欄へ

注意　1　金額の計算においては、1円未満の端数を切り捨てる。
　　　2　旧税率が適用された取引がある場合は、当該付表を作成してから付表2-1を作成する。
　　　3　⑪及び⑫欄については、付表2-1の⑪欄を参照しした上に記載する。
　　　4　⑨、⑪及び⑬欄には、値引き、割戻し、割戻等に係る課税仕入れ等の返還等の金額がある場合（仕入対価の返還等の金額から直接減額している場合を除く。）には、その金額を控除した後の金額を記載する。
　　　5　⑪及び⑫欄の「経過措置期間」とは、所得税法等の一部を改正する法律（平成28年法律第15号）附則第52条又は第53条の適用がある場合をいう。

（R3.10.1以後終了課税期間用）

215

〈設例2〉

パターンⅡ（税抜方式）で、控除対象外消費税額等について重要性がないため決算上無視した場合
・経理処理は税抜方式
・仕入税額控除は個別対応方式
・控除対象外消費税額等（資産に係るものはない）は、重要性がないため無視

【問題】

株式会社 ABC コーポレーション (3月末決算法人) の次の資料をもとに、令和6年3月期に関する消費税等についての決算仕訳（仮受・仮払清算仕訳）を行い、消費税等の申告書を作成し、法人税の申告調整（当期及び翌期）を行いなさい。

消費税等の経理処理は税抜方式とし、仕入税額控除は個別対応方式によることとし、決算上、控除対象外消費税額等は重要性がないため無視する。

【資料】

(仮受・仮払清算前の貸借対照表の一部)

貸借対照表　　　　　　　　　　　　　（単位：円）

仮払税金	28,845,900	仮受消費税等（7.8%）	60,000,000
仮払消費税等（6.3%）	48,000		
仮払消費税等（6.24%）	24,000		
仮払消費税等（7.8%）	20,400,000		
仮払消費税等（7.8%）	8,000		

216

第5章
設例に基づく会計処理と消費税・法人税申告書への記載

（仮受・仮払清算前の損益計算書の一部）
　・便宜上、単純化して取引はこれらのみとする。

損益計算書　　　　　　　　　　　（単位：円）

商品仕入（課税売上対応仕入7.8%）	189,000,000	売上高（課税売上7.8%）	600,000,000
賃借料（共通仕入6.3%）	600,000	受取利息（非課税）	1,000,000
消耗品費（共通仕入7.8%）	13,500,000		
消耗品費（共通仕入7.8%）	102,000		
福利厚生費（共通仕入6.24%）	300,000		
福利厚生費（共通仕入7.8%）	1,500,000		

【消費税等の中間納付の状況】
〈設例1〉と同様

【消費税等の計算及び消費税等の申告書】
〈設例1〉と同様

【決算仕訳（仮受・仮払清算仕訳）】
（単位：円）

借方	金額	貸方	金額
仮受消費税等	60,000,000	仮払消費税等	20,480,000
		仮払税金	28,845,900
		未払消費税等	10,674,100

（注）この事例では、前年度までの経験値等から控除対象外消費税額
　　　等と端数差額は決算上は重要性がなく、決算早期化の要請も踏
　　　まえ、単に仮受、仮払、中間の納付の差額を未払消費税等とした。

217

（仮受・仮払清算後の貸借対照表の一部）

貸借対照表 （単位：円）

未払消費税等	10,674,100

（仮受・仮払清算後の損益計算書の一部）

損益計算書 （単位：円）

商品仕入	189,000,000	売上高	600,000,000
消耗品費	13,602,000	受取利息	1,000,000
賃借料	600,000		
福利厚生費	1,800,000		

【翌期の消費税の確定申告分の納付時の仕訳】

（単位：円）

借方	金額	貸方	金額
未払消費税等	10,674,100	預金	10,676,600
租税公課	2,500		

【法人税の申告調整】

（令和6年3月期の法人税別表4と5(1)の記載例）

（別表4の一部）

区分		総額	処分	
			留保	社外流出
		①	②	③
減算	控除対象外消費税額等減算	2,500	2,500	

第5章
設例に基づく会計処理と消費税・法人税申告書への記載

（別表5(1) I の一部）

区分	期首現在 利益積立金額	当期の増減		差引翌期首現在 利益積立金額 ①－②＋③
		減	増	
	①	②	③	④
未払消費税等		2,500		△2,500

（注）この設例の場合には、実務的には、金額に重要性がなく減算要因でもあることから、
　　申告調整をしないことも考えられる。

（翌期（令和7年3月期）の法人税別表4と5(1)の記載例）

（別表4の一部）

区分		総額	処分	
			留保	社外流出
		①	②	③
加算	控除対象外消費税額等加算	2,500	2,500	

（別表5(1) I の一部）

区分	期首現在 利益積立金額	当期の増減		差引翌期首現在 利益積立金額 ①－②＋③
		減	増	
	①	②	③	④
未払消費税等	△2,500		2,500	0

219

〈設例3〉

パターンⅡ（税抜方式）で、控除対象外消費税額等について決算上概算で租税公課として計上した場合
・経理処理は税抜方式
・仕入税額控除は個別対応方式
・控除対象外消費税額等（資産に係るものはない）は、決算時に控除対象外消費税額等を概算計算して費用処理

【問題】

　株式会社 ABC コーポレーション（3月末決算法人）の次の資料をもとに、令和6年3月期に関する消費税等についての決算仕訳（仮受・仮払清算仕訳）を行い、消費税等の申告書を作成し、法人税の申告調整（当期及び翌期）を行いなさい。

　消費税等の経理処理は税抜方式とし、仕入税額控除は個別対応方式によることとし、決算上、控除対象外消費税額等は概算計上し、租税公課（費用）とする。

【資料】

（仮受・仮払清算前の貸借対照表の一部）

　　　　　　　　　　　　　　　貸借対照表　　　　　　　　　（単位：円）

仮払税金	28,845,900	仮受消費税等（7.8%）	60,000,000
仮払消費税等（6.3%）	48,000		
仮払消費税等（6.24%）	24,000		
仮払消費税等（7.8%）	20,400,000		
仮払消費税等（7.8%）	8,000		

第5章
設例に基づく会計処理と消費税・法人税申告書への記載

（仮受・仮払清算前の損益計算書の一部）
　・便宜上、単純化して取引はこれらのみとする。

損益計算書　　　　　　　　　　　　　　　（単位：円）

商品仕入（課税売上対応仕入7.8%）	189,000,000	売上高　（課税売上7.8%）	600,000,000
賃借料（共通仕入6.3%）	600,000	受取利息（非課税）	1,000,000
消耗品費（共通仕入7.8%）	13,500,000		
消耗品費（共通仕入7.8%）	102,000		
福利厚生費（共通仕入6.24%）	300,000		
福利厚生費（共通仕入7.8%）	1,500,000		

【消費税等の中間納付の状況】

〈設例1〉と同様

【消費税等の計算及び消費税等の申告書】

〈設例1〉と同様

【決算仕訳（仮受・仮払清算仕訳）】

（単位：円）

借方	金額	貸方	金額
仮受消費税等	60,000,000	仮払消費税等	20,480,000
租税公課	10,000	仮払金	28,845,900
		未払消費税等	10,684,100

（注）この事例では、前年度までの経験値等から控除対象外消費税額
　　　等を決算上は概算（10,000円）計上した。

221

（仮受・仮払清算後の貸借対照表の一部）

貸借対照表 （単位：円）

	未払消費税等	10,684,100

（仮受・仮払清算後の損益計算書の一部）

損益計算書 （単位：円）

商品仕入	189,000,000	売上高	600,000,000
消耗品費	13,602,000	受取利息	1,000,000
賃借料	600,000		
福利厚生費	1,800,000		
租税公課	10,000		

【翌期の消費税の確定申告分の納付時の仕訳】 （単位：円）

借方	金額	貸方	金額
未払消費税等	10,684,100	預金	10,676,600
		雑収入	7,500

【法人税の申告調整】

（令和6年3月期の法人税別表4と5(1)の記載例）

（別表4の一部）

区分		総額	処分	
			留保	社外流出
		①	②	③
加算	控除対象外消費税額等収入計上もれ	7,500	7,500	

222

第5章
設例に基づく会計処理と消費税・法人税申告書への記載

（別表5(1) I の一部）

区分	期首現在利益積立金額	当期の増減		差引翌期首現在利益積立金額 ①－②＋③
		減	増	
	①	②	③	④
未払消費税等			7,500	7,500

（翌期（令和7年3月期）の法人税別表4と5(1)の記載例）

（別表4の一部）

区分		総額	処分	
			留保	社外流出
		①	②	③
減算	控除対象外消費税額等収入計上もれ認容	7,500	7,500	

（別表5(1) I の一部）

区分	期首現在利益積立金額	当期の増減		差引翌期首現在利益積立金額 ①－②＋③
		減	増	
	①	②	③	④
未払消費税等	7,500	7,500		0

223

〈設例4〉

パターンⅡ（税込方式）で、決算時に納税額を正確に見積り、租税公課として未払計上した場合
・経理処理は税込方式
・仕入税額控除は個別対応方式
・納税額を決算時に正確に見積り、租税公課（費用）として未払計上する方法による。

【問題】

　株式会社 ABC コーポレーション（3月末決算法人）の次の資料をもとに、令和6年3月期に関する消費税等についての決算仕訳を行い、消費税等の申告書を作成し、法人税の申告調整（当期及び翌期）を行いなさい。

　消費税等の経理処理は税込方式とし、仕入税額控除は個別対応方式によることとする。

　消費税等の納税額は決算時に正確に見積り、租税公課（費用）として未払計上する。中間納付額は、期中は仮払税金（資産）とし、決算時に租税公課（費用）に振替える。

【資料】

（決算仕訳前の貸借対照表の一部）

貸借対照表　　　　　　　　　　　　（単位：円）

仮払税金	28,845,900	

第5章
設例に基づく会計処理と消費税・法人税申告書への記載

（決算仕訳前の損益計算書の一部）
・便宜上、単純化して取引はこれらのみとする。

損益計算書　　　　　　　　　　　（単位：円）

商品仕入（課税売上対応仕入7.8%）	207,900,000	売上高（課税売上7.8%）	660,000,000
賃借料（共通仕入6.3%）	648,000	受取利息（非課税）	1,000,000
消耗品費（共通仕入7.8%）	14,850,000		
消耗品費（共通仕入7.8%）^(注)	110,000		
福利厚生費（共通仕入6.24%）	324,000		
福利厚生費（共通仕入7.8%）	1,650,000		

（注）免税事業者からの仕入で、経過措置により控除されるもの
　　　（消費税相当額10,000（＝100,000×10%）を含む110,000円が請求されたものとする）
　　　100,000＋100,000×10%＝110,000
　　　（以下の税込方式の設例においても同様とする）

【消費税等の中間納付の状況】
〈設例1〉と同様

【消費税等の計算及び消費税等の申告書】
〈設例1〉と同様

【決算仕訳（消費税計上仕訳）】

（単位：円）

借方	金額	貸方	金額
租税公課	39,522,500	未払消費税等	10,676,600
		仮払税金	28,845,900

（決算仕訳後の貸借対照表の一部）

貸借対照表　　　　　　　　　　（単位：円）

	未払消費税等	10,676,600

225

（決算仕訳後の損益計算書の一部）

損益計算書　　　　　　（単位：円）

商品仕入	207,900,000	売上高	660,000,000
消耗品費	14,960,000	受取利息	1,000,000
賃借料	648,000		
福利厚生費	1,974,000		
租税公課	39,522,500		

【翌期の消費税の確定申告分の納付時の仕訳】 （単位：円）

借方	金額	貸方	金額
未払消費税等	10,676,600	預金	10,676,600

【法人税の申告調整】

・申告調整はなし。

第5章
設例に基づく会計処理と消費税・法人税申告書への記載

〈設例5〉

パターンⅡ（税込方式）で、納税時に納税額を租税公課として計上した場合
・経理処理は税込方式
・仕入税額控除は個別対応方式
・納税額を決算時に未払計上せず、納税時に租税公課（費用）に計上する方法による。

【問題】

　株式会社ABCコーポレーション（3月末決算法人）の次の資料をもとに、令和6年3月期に関する消費税等についての決算仕訳を行い、消費税等の申告書を作成し、法人税の申告調整（当期及び翌期）を行いなさい。

　消費税等の経理処理は税込方式とし、仕入税額控除は個別対応方式によることとする。

　消費税等の納税額は納税時に租税公課（費用）に計上する。

　中間納付額は支払時に租税公課（費用）に計上し、前期の確定申告分の納税額は無視する。

【資料】

（決算仕訳前の貸借対照表の一部）

貸借対照表　　　　　　　　　　　　　　（単位：円）

227

（決算仕訳前の損益計算書の一部）
　　・便宜上、単純化して取引はこれのみとする。

損益計算書

（単位：円）

商品仕入(課税売上対応仕入7.8%)	207,900,000	売上高（課税売上7.8%）	660,000,000
賃借料（共通仕入6.3%）	648,000	受取利息（非課税）	1,000,000
消耗品費（共通仕入7.8%）	14,850,000		
消耗品費（共通仕入7.8%）(注2)	110,000		
福利厚生費（共通仕入6.24%）	324,000		
福利厚生費（共通仕入7.8%）	1,650,000		
租税公課	28,845,900		

【消費税等の中間納付の状況】

〈設例1〉 と同様

【消費税等の計算及び消費税等の申告書】

〈設例1〉 と同様

【決算仕訳（消費税計上仕訳）】

借方	金額	貸方	金額
なし		なし	

（決算仕訳後の貸借対照表の一部）

貸借対照表　　　　　　　　　　　　（単位：円）

（決算仕訳後の損益計算書の一部）

損益計算書　　　　　　　　　　　　（単位：円）

商品仕入	207,900,000	売上高	660,000,000
消耗品費	14,960,000	受取利息	1,000,000
賃借料	648,000		
福利厚生費	1,974,000		
租税公課	28,845,900		

【翌期の消費税の確定申告分の納付時の仕訳】　（単位：円）

借方	金額	貸方	金額
租税公課	10,676,600	預金	10,676,600

【法人税の申告調整】

・申告調整はなし。

・損金経理（未払計上）しなければ、令和6年3月期の損金計上はできない（申告減算は不可）。

229

〈設例6〉

パターンⅢ（税抜方式）で、控除対象外消費税額等を決算で正確に見
積り、租税公課として計上した場合
・経理処理は税抜方式
・仕入税額控除は一括比例配分方式
・控除対象外消費税額等（資産に係るものはない）は、決算時に消費税
　等の納税額を正確に予想して費用処理

【問題】

　株式会社 ABC コーポレーション（3月末決算法人）の次の資料をもとに、
令和6年3月期に関する消費税等についての決算仕訳（仮受・仮払清算仕訳）
を行い、消費税等の申告書を作成し、法人税の申告調整（当期及び翌期）
を行いなさい。

　消費税等の経理処理は税抜方式とし、仕入税額控除は一括比例配分方
式により、控除対象外消費税額等は租税公課（費用）とする。

　消費税等の納税額は決算時に正確に見積り、決算に反映させる方法に
よる。

【資料】

（仮受・仮払清算前の貸借対照表の一部）

貸借対照表　　　　　　　　　　　　　　　（単位：円）

仮払税金	28,845,900	仮受消費税等（7.8%）	60,000,000
仮払消費税等（6.3%）	48,000		
仮払消費税等（6.24%）	24,000		
仮払消費税等（7.8%）	20,400,000		
仮払消費税等（7.8%）	8,000		

第5章
設例に基づく会計処理と消費税・法人税申告書への記載

（仮受・仮払清算前の損益計算書の一部）
　・便宜上、単純化して取引はこれのみとする。

損益計算書　　　　　　　　　　　　　　　　（単位：円）

商品仕入（課税仕入7.8%）	189,000,000	売上高（課税売上7.8%）	600,000,000
賃借料（課税仕入6.3%）	600,000	受取利息（非課税）	1,000,000
消耗品費（課税仕入7.8%）	13,500,000		
消耗品費（課税仕入7.8%）	102,000		
福利厚生費（課税仕入6.24%）	300,000		
福利厚生費（課税仕入7.8%）	1,500,000		

【消費税等の中間納付の状況】

〈設例1〉 と同様

【消費税等の計算】※計算過程は申告書を参照

（課税売上割合）

$$\frac{課税資産の譲渡（600,000,000円）}{（課税資産の譲渡等600,000,000円＋非課税売上1,000,000円）}＝\frac{600,000,000}{601,000,000}$$

（消費税額）

　課税標準額600,000,000円×7.8％＝46,800,000円

（控除仕入税額）

　課税仕入：600,000円×6.3％＋300,000円×6.24％＋

　　　　　　（189,000,000円＋13,500,000円＋1,500,000円）×7.8％

　　　　　　＋100,000×7.8％×80/100＝15,974,760円

　控除仕入税額：15,974,760円×課税売上割合＝15,948,178円

（控除対象外消費税額）

　15,974,760円－15,948,178円＝26,582円

（差引税額）

　46,800,000円－15,948,178円＝30,851,800円（百円未満切捨て）

（地方消費税額）※計算過程は申告書付表1-1、1-2参照

231

$\triangle 37,737$円$\times 17/63 + \triangle 18,688$円$\times 22/78 + 30,908,247$円$\times 22/78$

$= 8,702,200$円（百円未満切捨て）

（確定申告納付額）

消費税：30,851,800円 － 中間納付額22,500,000円 ＝ 8,351,800円

地方消費税：8,702,200円 － 中間納付額6,345,900円 ＝ 2,356,300円

消費税及び地方消費税の合計税額：8,351,800円 ＋ 2,356,300円 ＝ 10,708,100円

【決算仕訳（仮受・仮払清算仕訳）】

（単位：円）

借方	金額	貸方	金額
仮受消費税等	60,000,000	仮払消費税等	20,480,000
租税公課(注)	34,000	仮払税金	28,845,900
		未払消費税等	10,708,100

（注）控除対象外消費税等と端数差額の合計額を租税公課とした。

（仮受・仮払清算後の貸借対照表の一部）

貸借対照表 　　　　　　　　　　　（単位：円）

未払消費税等	10,708,100

（仮受・仮払清算後の損益計算書の一部）

損益計算書 　　　　　　　　　　　（単位：円）

商品仕入	189,000,000	売上高	600,000,000
消耗品費	13,602,000	受取利息	1,000,000
賃借料	600,000		
福利厚生費	1,800,000		
租税公課	34,000		

【翌期の消費税の確定申告分の納付時の仕訳】

（単位：円）

借方	金額	貸方	金額
未払消費税等	10,708,100	預金	10,708,100

第5章
設例に基づく会計処理と消費税・法人税申告書への記載

【法人税の申告調整】

・消費税等の確定申告書の数値をすべて決算仕訳に反映しており、申告調整はなし。

Column　会社を設立するなら資本金は1,000万円未満？

　会社を設立する際に決定しなければならない事項のひとつに「資本金の額」があり、登記事項でもある（会社法911③五）。払込金額の50％以上は「資本金の額」としなければならない（会社法445②）。

　消費税の創設からしばらくは基準期間がない場合には事業規模にかかわらず、免税事業者となる仕組みであった。それが、平成6年度税制改正で新設法人の特例が新設された（平成9年4月1日から施行）。そのため、会社設立当初を免税事業者として益税を享受するために、設立時の資本金の額を1,000万円未満とする実務が定着していた。しかし、平成24年の税制抜本改革法で特定新規設立法人の特例が新設され（平成26年4月1日から施行）、一定規模以上の法人の子会社を設立した場合には、設立時の資本金の額が1,000万円未満であっても免税事業者とはならないこととなった。

　平成23年6月の消費税改正で規定された「特定期間」による判定（平成25年1月1日以後開始事業年度から適用）とも相まって、免税事業者となるチャンスは相当縮小されてきた。しかしながら、会社設立当初資本金が1,000万円未満であれば免税事業者となる法人は存在する。「会社を設立するなら資本金は1,000万円未満」という「言い伝え」はまだ生きている。ただしインボイス制度開始後は、取引先との関係上、免税事業者となることが可能であったとしても、適格請求書発行事業者の登録をして課税事業者となることを選択することも想定される。

【消費税等の申告書】

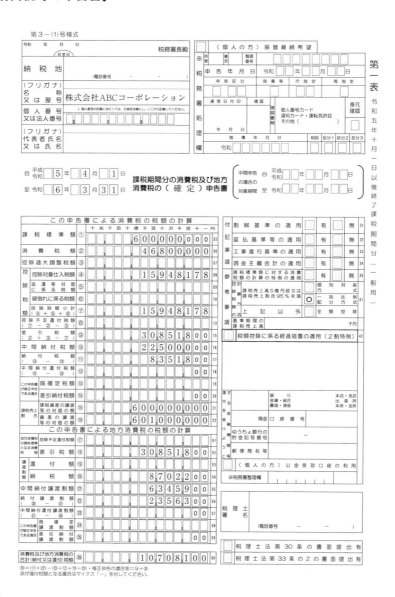

第5章
設例に基づく会計処理と消費税・法人税申告書への記載

第3－(2)号様式

課税標準額等の内訳書

| 整理番号 | ☐☐☐☐☐☐☐☐ |

納　税　地	
	（電話番号　　　　－　　　　－　　　　）
（フリガナ） 名　　　称 又 は 屋 号	株式会社ABCコーポレーション
（フリガナ） 代 表 者 氏 名 又 は 氏 名	

改 正 法 附 則 に よ る 税 額 の 特 例 計 算		
軽 減 売 上 割 合 （ 10 営 業 日 ）	☐	附則38① 51
小 売 等 軽 減 仕 入 割 合	☐	附則38② 52

第二表

令和四年四月一日以後終了課税期間分

自 令和 ☐5☐ 年 ☐4☐ 月 ☐1☐ 日
至 令和 ☐6☐ 年 ☐3☐ 月 ☐31☐ 日

課税期間分の消費税及び地方
消費税の（ 確 定 ）申告書

中間申告
の場合の
対象期間
自 令和 ☐☐ 年 ☐☐ 月 ☐☐ 日
至 令和 ☐☐ 年 ☐☐ 月 ☐☐ 日

課　税　標　準　額 ※申告書（第一表）の①欄へ	①	十兆千百十億千百十万千百十一円 ☐☐☐☐☐6000000000	01

課税資産の 譲 渡 等 の 対 価 の 額 の 合 計 額	3　％　適 用 分	②		02
	4　％　適 用 分	③		03
	6.3　％　適 用 分	④		04
	6.24　％　適 用 分	⑤		05
	7.8　％　適 用 分	⑥	6000000000	06
		⑦	6000000000	07
特定課税仕入れ に係る支払対価 の 額 の 合 計 額 (注1)	6.3　％　適 用 分	⑧		11
	7.8　％　適 用 分	⑨		12
		⑩		13

消　費　税　額 ※申告書（第一表）の②欄へ		⑪	468000000	21
⑪ の 内 訳	3　％　適 用 分	⑫		22
	4　％　適 用 分	⑬		23
	6.3　％　適 用 分	⑭		24
	6.24　％　適 用 分	⑮		25
	7.8　％　適 用 分	⑯	468000000	26

返 還 等 対 価 に 係 る 税 額 ※申告書（第一表）の⑤欄へ		⑰		31
⑰の内訳	売 上 げ の 返 還 等 対 価 に 係 る 税 額	⑱		32
	特 定 課 税 仕 入 れ の 返 還 等 対 価 に 係 る 税 額 (注1)	⑲		33

地 方 消 費 税 の 課 税 標 準 と な る 消 費 税 額 (注2)		⑳	30851822	41
	4　％　適 用 分	㉑		42
	6.3　％　適 用 分	㉒	△37737	43
	6.24%及び7.8%　適 用 分	㉓	30889559	44

(注1)　⑧〜⑩及び⑲欄は、一般課税により申告する場合で、課税売上割合が95％未満、かつ、特定課税仕入れがある事業者のみ記載します。

(注2)　⑳〜㉓欄が還付税額となる場合はマイナス「－」を付してください。

235

第4-(1)号様式

付表1－1　税率別消費税額計算表　兼　地方消費税の課税標準となる消費税額計算表
〔経過措置対象課税資産の譲渡等を含む課税期間用〕

一般

課税期間	5・4・1 ～ 6・3・31	氏名又は名称	株式会社ABCコーポレーション

区　　分		旧税率分小計 X	税率6.24％適用分 D	税率7.8％適用分 E	合　計　F (X＋D＋E)
課　税　標　準　額 ①		(付表1-2の①X欄の金額)　　　円 000	円 000	円 600,000 000	※第二表の①欄へ 円 600,000 000
① の 内 訳	課税資産の譲渡等 の 対 価 の 額 ①-1	(付表1-2の①-1X欄の金額)	※第二表の⑤欄へ	※第二表の⑥欄へ 600,000,000	※第二表の⑦欄へ 600,000,000
	特定課税仕入れに 係る支払対価の額 ①-2	(付表1-2の①-2X欄の金額)	※①-2欄は、課税売上割合が95%未満、かつ、特定課税仕入れがある事業者のみ記載する。	※第二表の⑨欄へ	※第二表の⑩欄へ
消　費　税　額 ②		(付表1-2の②X欄の金額)	※第二表の⑯欄へ	※第二表の⑯欄へ 46,800,000	※第二表の⑪欄へ 46,800,000
控除過大調整税額 ③		(付表1-2の③X欄の金額) 37,737	(付表2-1の②・⑳D欄の合計金額) 18,688	(付表2-1の②・⑳E欄の合計金額) 15,891,753	※第一表の③欄へ 15,948,178
控 除 税 額	控除対象仕入税額 ④	(付表1-2の④X欄の金額)	(付表2-1の⑱D欄の金額)	(付表2-1の⑱E欄の金額)	※第一表の④欄へ
	返還等対価 に 係 る 税 額 ⑤	(付表1-2の⑤X欄の金額)			※第二表の⑰欄へ
	⑤ の 内 訳	売上げの返還等 の対価に係る税額 ⑤-1	(付表1-2の⑤-1X欄の金額)			※第二表の⑱欄へ
		特定課税仕入れ の返還等対価 に 係 る 税 額 ⑤-2	(付表1-2の⑤-2X欄の金額)	※⑤-2欄は、課税売上割合が95%未満、かつ、特定課税仕入れがある事業者のみ記載する。		※第二表の⑲欄へ
	貸倒れに係る税額 ⑥	(付表1-2の⑥X欄の金額)			※第一表の⑥欄へ
	控 除 税 額 小 計 （④＋⑤＋⑥） ⑦	(付表1-2の⑦X欄の金額) 37,737	8,688	15,891,753	※第一表の⑦欄へ 15,948,178
控除不足還付税額 （⑦－②－③） ⑧		(付表1-2の⑧X欄の金額) 37,737	※⑪D欄へ 8,688	※⑪E欄へ	※⑪F欄へ 56,425
差　引　税　額 （②＋③－⑦） ⑨		(付表1-2の⑨X欄の金額)	※⑫D欄へ	※⑫E欄へ 30,908,247	※⑫F欄へ 30,908,247
合 計 差 引 税 額 （⑨－⑧） ⑩					※マイナスの場合は第一表の⑧欄へ ※プラスの場合は第一表の⑨欄へ
地方消費税の課税標準となる消費税額	控除不足還付税額 ⑪	(付表1-2の⑪X欄の金額) 37,737	(⑧D欄と⑧E欄の合計金額) 18,688		56,425
	差　引　税　額 ⑫	(付表1-2の⑫X欄の金額)	(⑨D欄と⑨E欄の合計金額) 30,908,247		30,908,247
合計差引地方消費税の 課税標準となる消費税額 （⑫－⑪） ⑬		(付表1-2の⑬X欄の金額) △37,737	※第二表の㉒欄へ	30,889,559	※マイナスの場合は第一表の⑰欄へ ※プラスの場合は第一表の⑱欄へ ※第二表の㉑欄へ 30,851,822
譲渡割額	還　付　額 ⑭	(付表1-2の⑭X欄の金額) 10,183	(⑪E欄 ×22/78) 5,270		15,453
	納　税　額 ⑮	(付表1-2の⑮X欄の金額)	(⑫E欄 ×22/78) 8,717,710		8,717,710
合 計 差 引 譲 渡 割 額 （⑮－⑭） ⑯					※マイナスの場合は第一表の㉑欄へ ※プラスの場合は第一表の㉒欄へ 8,702,257

注意　1　金額の計算においては、1円未満の端数を切り捨てる。
　　　2　旧税率が適用された取引がある場合は、付表1-2を作成してから当該付表を作成する。

(R5.10.1以後終了課税期間用)

236

第5章
設例に基づく会計処理と消費税・法人税申告書への記載

第4-(5)号様式

付表1-2 税率別消費税額計算表 兼 地方消費税の課税標準となる消費税額計算表
〔経過措置対象課税資産の譲渡等を含む課税期間用〕

一 般

課 税 期 間	5・4・1 ～ 6・3・31	氏 名 又 は 名 称	株式会社ABCコーポレーション

区　　　分		税率3%適用分 A	税率4%適用分 B	税率6.3%適用分 C	旧税率分小計 X (A+B+C)
課 税 標 準 額	①	円 000	円 000	円 000	※付表1-1の①X欄へ 円 000
①の内訳 課税資産の譲渡等の対価の額	①-1	※第二表の②欄へ	※第二表の⑤欄へ	※第二表の⑥欄へ	※付表1-1の①-1X欄へ
①の内訳 特定課税仕入れに係る支払対価の額	①-2	※①-2欄は、課税売上割合が95%未満、かつ、特定課税仕入れがある事業者のみ記載する。	※第二表の⑧欄へ	※第二表の⑨欄へ	※付表1-1の①-2X欄へ
消 費 税 額	②	※第二表の⑫欄へ	※第二表の⑬欄へ	※第二表の⑭欄へ	※付表1-1の②X欄へ
控 除 過 大 調 整 税 額	③	(付表2-2の㉓・㉕A欄の合計金額)	(付表2-2の㉓・㉕B欄の合計金額)	(付表2-2の㉓・㉕C欄の合計金額)	※付表1-1の③X欄へ
控除税額 控除対象仕入税額	④	(付表2-2の㉔A欄の金額)	(付表2-2の㉔B欄の金額)	(付表2-2の㉔C欄の金額) 37,737	※付表1-1の④X欄へ 37,737
控除税額 返還等対価に係る税額	⑤				※付表1-1の⑤X欄へ
控除税額 ⑤の内訳 売上げの返還等対価に係る税額	⑤-1				※付表1-1の⑤-1X欄へ
控除税額 ⑤の内訳 特定課税仕入れの返還等対価に係る税額	⑤-2	※⑤-2欄は、課税売上割合が95%未満、かつ、特定課税仕入れがある事業者のみ記載する。			※付表1-1の⑤-2X欄へ
控除税額 貸倒れに係る税額	⑥				※付表1-1の⑥X欄へ
控除税額 控除税額小計 (④+⑤+⑥)	⑦			37,737	※付表1-1の⑦X欄へ 37,737
控除不足還付税額 (⑦-②-③)	⑧		※⑪B欄へ	※⑪C欄へ 37,737	※付表1-1の⑧X欄へ 37,737
差 引 税 額 (②+③-⑦)	⑨		※⑫B欄へ	※⑫C欄へ	
合 計 差 引 税 額 (⑨-⑧)	⑩				
地方消費税の課税標準となる消費税額 控除不足還付税額	⑪		(⑧B欄の金額)	(⑧C欄の金額) 37,737	※付表1-1の⑪X欄へ 37,737
地方消費税の課税標準となる消費税額 差 引 税 額	⑫		(⑨B欄の金額)	(⑨C欄の金額)	※付表1-1の⑫X欄へ
合計差引地方消費税の課税標準となる消費税額 (⑫-⑪)	⑬		※第二表の㉑欄へ	※第二表の㉒欄へ △37,737	※付表1-1の⑬X欄へ △37,737
譲渡割額 還 付 額	⑭		(⑪B欄×25/100)	(⑪C欄×17/63) 10,183	※付表1-1の⑭X欄へ 10,183
譲渡割額 納 税 額	⑮		(⑫B欄×25/100)	(⑫C欄×17/63)	※付表1-1の⑮X欄へ
合 計 差 引 譲 渡 割 額 (⑮-⑭)	⑯				

注意　1　金額の計算においては、1円未満の端数を切り捨てる。
　　　2　旧税率が適用された取引がある場合は、当該付表を作成してから付表1-1を作成する。

(R5.10.1以後終了課税期間用)

第4-(2)号様式

付表2-1　課税売上割合・控除対象仕入税額等の計算表
〔経過措置対象課税資産の譲渡等を含む課税期間用〕

一般

課税期間	5・4・1 ～ 6・3・31	氏名又は名称	株式会社ABCコーポレーション

項　目	旧税率分小計 X (付表2-2のX欄の金額)	税率6.24%適用分 D	税率7.8%適用分 E	合計 F (X+D+E)
課 税 売 上 額 （ 税 抜 き ） ①			600,000,000	600,000,000
免 税 売 上 額 ②				
非 課 税 資 産 の 輸 出 等 の 金 額 、海 外 支 店 等 へ 移 送 し た 資 産 の 価 額 ③				
課税資産の譲渡等の対価の額（①＋②＋③）④				付表2-2の※X欄へ 600,000,000
課 税 資 産 の 譲 渡 等 の 対 価 の 額 （ ④ の 金 額 ）⑤				600,000,000
非 課 税 売 上 額 ⑥				1,000,000
資 産 の 譲 渡 等 の 対 価 の 額 （ ⑤ ＋ ⑥ ）⑦				付表2-2の※X欄へ 601,000,000
課 税 売 上 割 合 （ ④ ／ ⑦ ）⑧				〔 99 % 〕※端数切捨て
課 税 仕 入 れ に 係 る 支 払 対 価 の 額 （ 税 込 み ）⑨ (付表2-2の⑨X欄の金額) 648,000	324,000	224,400,000	225,372,000
課 税 仕 入 れ に 係 る 消 費 税 額 ⑩ (付表2-2の⑩X欄の金額) 37,800	18,720	15,912,000	15,968,520
適格請求書発行事業者以外の者から行った課税仕入れに係る経過措置の適用を受ける課税仕入れに係る支払対価の額(税込み)⑪		110,000	110,000
適格請求書発行事業者以外の者から行った課税仕入れに係る経過措置により課税仕入れに係る消費税額とみなされる額⑫		6,240	6,240
特 定 課 税 仕 入 れ に 係 る 支 払 対 価 の 額 ⑬ (付表2-2の⑬X欄の金額)	※⑬及び⑭欄は、課税売上割合が95%未満、かつ、特定課税仕入れがある事業者のみ記載する。		
特 定 課 税 仕 入 れ に 係 る 消 費 税 額 ⑭ (付表2-2の⑭X欄の金額)	(⑬E欄×7.8/100)		
課 税 貨 物 に 係 る 消 費 税 額 ⑮ (付表2-2の⑮X欄の金額) 37,800	18,720	15,918,240	15,974,760
納税義務の免除を受けない（受ける）こととなった場合における消費税額の調整（加算又は減算）額⑯ (付表2-2の⑯X欄の金額)			
課 税 仕 入 れ 等 の 税 額 の 合 計 額 （⑩＋⑫＋⑭＋⑮±⑯）⑰ (付表2-2の⑰X欄の金額)			
課税売上高が5億円以下、かつ、課税売上割合が95%以上の場合（⑰の金額）⑱ (付表2-2の⑱X欄の金額)			
課税売上高が5億円超又は課税売上割合が95%未満の場合 個別対応方式 ⑰のうち、課税売上げにのみ要するもの⑲ (付表2-2の⑲X欄の金額)			
⑰のうち、課税売上げと非課税売上げに共通して要するもの⑳ (付表2-2の⑳X欄の金額)			
個別対応方式により控除する課税仕入れ等の税額（⑲＋（⑳×④／⑦））㉑ (付表2-2の㉑X欄の金額)			
一括比例配分方式により控除する課税仕入れ等の税額（⑰×④／⑦）㉒ (付表2-2の㉒X欄の金額) 37,737	18,688	15,891,753	15,948,178
課税売上割合変動時の調整対象固定資産に係る消費税額の調整（加算又は減算）額㉓ (付表2-2の㉓X欄の金額)			
調整対象固定資産を課税業務用（非課税業務用）に転用した場合の調整（加算又は減算）額㉔ (付表2-2の㉔X欄の金額)			
居住用賃貸建物を課税賃貸用に供した（譲渡した）場合の加算額㉕ (付表2-2の㉕X欄の金額)			
控 除 対 象 仕 入 税 額 〔（⑱、㉑又は㉒の金額）±㉓±㉔＋㉕〕がプラスの時㉖ (付表2-2の㉖X欄の金額) 37,737	18,688 付表1-1の①D欄へ	15,891,753 付表1-1の①E欄へ	15,948,178
控 除 過 大 調 整 税 額 〔（⑱、㉑又は㉒の金額）±㉓±㉔＋㉕〕がマイナスの時㉗ (付表2-2の㉗X欄の金額) 付表1-1の③D欄へ	付表1-1の③E欄へ		
貸 倒 回 収 に 係 る 消 費 税 額 ㉘ (付表2-2の㉘X欄の金額) 付表1-1の③D欄へ	付表1-1の③E欄へ		

注意　1　金額の計算においては、1円未満の端数を切り捨てる。
　　　2　旧税率が適用された取引がある場合は、付表2-2を作成してから当付表を作成する。
　　　3　⑨、⑬欄には、例えば、割引料、割戻し、割引などで仕入対価の返還等の金額がある場合(仕入対価の返還等の金額から直接減額している場合を除く。)には、その金額を控除した後の金額を記載する。
　　　4　⑪及び⑫欄の経過措置とは、所得税法等の一部を改正する法律(平成28年法律第15号)附則第52条又は第53条の適用がある場合をいう。

(R5.10.1以降終了課税期間用)

第5章
設例に基づく会計処理と消費税・法人税申告書への記載

第4-(6)号様式

付表2-2　課税売上割合・控除対象仕入税額等の計算表
〔経過措置対象課税資産の譲渡等を含む課税期間用〕　　　　　　一般

課税期間	5・4・1～6・3・31	氏名又は名称	株式会社ABCコーポレーション

項目		税率3％適用分 A	税率4％適用分 B	税率6.3％適用分 C	旧税率分小計 X (A+B+C)
課税売上額（税抜き）	①				※付表1-3のⅠX欄へ
免税売上額	②				
非課税資産の輸出等の金額、海外支店等へ移送した資産の価額	③				
課税資産の譲渡等の対価の額（①＋②＋③）	④				〔付表2-1の④X欄の金額〕 600,000,000
課税資産の譲渡等の対価の額（④の金額）	⑤				
非課税売上額	⑥				
資産の譲渡等の対価の額（⑤＋⑥）	⑦				〔付表2-1の⑦X欄の金額〕 601,000,000
課税売上割合（④／⑦）	⑧				〔付表2-1の⑧X欄の金額〕 [99 ％] ※端数切捨て
課税仕入れに係る支払対価の額（税込み）	⑨			648,000	※付表2-1の⑨X欄へ 648,000
課税仕入れに係る消費税額	⑩			37,800	※付表2-1の⑩X欄へ 37,800
適格請求書発行事業者以外の者から行った課税仕入れに係る経過措置の適用を受ける課税仕入れに係る支払対価の額（税込み）	⑪				※付表2-1の⑪X欄へ
適格請求書発行事業者以外の者から行った課税仕入れに係る経過措置により課税仕入れに係る消費税額とみなされる額	⑫				※付表2-1の⑫X欄へ
特定課税仕入れに係る支払対価の額	⑬	※⑬及び⑭欄は、課税売上割合が95％未満、かつ、特定課税仕入れがある事業者のみ記載する。			※付表2-1の⑬X欄へ
特定課税仕入れに係る消費税額	⑭			〔⑬C欄×6.3/100〕	※付表2-1の⑭X欄へ
課税貨物に係る消費税額	⑮			37,800	※付表2-1の⑮X欄へ 37,800
納税義務の免除を受けない（受ける）ことととなった場合における消費税額の調整（加算又は減算）額	⑯				※付表2-1の⑯X欄へ
課税仕入れ等の税額の合計額（⑩＋⑫＋⑭＋⑮±⑯）	⑰				※付表2-1の⑰X欄へ
課税売上高が5億円以下、かつ、課税売上割合が95％以上の場合（⑰の金額）	⑱				※付表2-1の⑱X欄へ
課税売上高が5億円超又は課税売上割合が95％未満の場合 個別対応方式 ⑰のうち、課税売上げにのみ要するもの	⑲				※付表2-1の⑲X欄へ
⑰のうち、課税売上げと非課税売上げに共通して要するもの	⑳				※付表2-1の⑳X欄へ
個別対応方式により控除する課税仕入れ等の税額〔⑲＋（⑳×④／⑦）〕	㉑				※付表2-1の㉑X欄へ
一括比例配分方式により控除する課税仕入れ等の税額（⑰×④／⑦）	㉒			37,737	※付表2-1の㉒X欄へ 37,737
課税売上割合変動時の調整対象固定資産に係る消費税額の調整（加算又は減算）額	㉓				※付表2-1の㉓X欄へ
調整対象固定資産を課税業務用（非課税業務用）に転用した場合の調整（加算又は減算）額	㉔				※付表2-1の㉔X欄へ
居住用賃貸建物を課税賃貸用に供した（譲渡した）場合の加算額	㉕				※付表2-1の㉕X欄へ
控除対象仕入税額差引〔（⑱、㉑又は㉒の金額）±㉓±㉔＋㉕〕がプラスの時	㉖	※付表1-2の④A欄へ	※付表1-2の④B欄へ	※付表1-2の④C欄へ 37,737	※付表2-1の㉖X欄へ 37,737
控除過大調整税額〔（⑱、㉑又は㉒の金額）±㉓±㉔＋㉕〕がマイナスの時	㉗	※付表1-2の③A欄へ	※付表1-2の③B欄へ	※付表1-2の③C欄へ	※付表2-1の㉗X欄へ
貸倒回収に係る消費税額	㉘	※付表1-2の③A欄へ	※付表1-2の③B欄へ	※付表1-2の③C欄へ	※付表2-1の㉘X欄へ

注意
1　金額の計算においては、1円未満の端数を切り捨てる。
2　旧税率が適用された取引がある場合は、当該行目を作成してからこの付表2-2を作成する。
3　④、⑦及び⑧欄には、付表2-1の⑰X欄を記載する。
4　⑨、⑪及び⑫欄には、値引き、割戻し、割引き等仕入対価の返還等の金額がある場合（仕入対価の返還等の金額から控除して記載する。）には、その金額を控除した後の金額を記載する。
5　⑬及び⑭欄の経過措置とは、所得税法等の一部を改正する法律（平成28年法律第15号）附則第53条又は第53条の2の適用がある場合をいう。

(R5.10.1以降分〔課税期間用〕)

239

〈設例7〉

パターンⅢ（税込方式）で、決算時に納税額を正確に見積り、租税公課として未払計上した場合
・経理処理は税込方式
・仕入税額控除は一括比例配分方式
・納税額を決算時に正確に見積り、租税公課（費用）として未払計上する方法による。

【問題】

　株式会社 ABC コーポレーション（3月末決算法人）の次の資料をもとに、令和6年3月期に関する消費税等についての決算仕訳を行い、消費税等の申告書を作成し、法人税の申告調整（当期及び翌期）を行いなさい。

　消費税等の経理処理は税込方式とし、仕入税額控除は一括比例配分方式によることとする。

　消費税等の納税額は決算時に正確に見積り、租税公課として未払計上する。中間納付額は、期中は仮払税金（資産）とし、決算時に租税公課（費用）に振替える。

【資料】

（決算仕訳前の貸借対照表の一部）

貸借対照表　　　　　　　　　　　　　　　（単位：円）

仮払税金	28,845,900	

240

第5章
設例に基づく会計処理と消費税・法人税申告書への記載

（決算仕訳前の損益計算書の一部）
・便宜上、単純化して取引はこれのみとする。

損益計算書 （単位：円）

商品仕入（課税仕入7.8%）	207,900,000	売上高（課税売上7.8%）	660,000,000
賃借料（課税仕入6.3%）	648,000	受取利息（非課税）	1,000,000
消耗品費（課税仕入7.8%）	14,850,000		
消耗品費（課税仕入7.8%）	110,000		
福利厚生費（課税仕入6.24%）	324,000		
福利厚生費（課税仕入7.8%）	1,650,000		

【消費税等の中間納付の状況】

〈設例1〉 と同様

【消費税等の計算及び消費税等の申告書】

〈設例6〉 と同様

【決算仕訳】
（単位：円）

借方	金額	貸方	金額
租税公課	39,554,000	未払消費税等	10,708,100
		仮払税金	28,845,900

（決算仕訳後の貸借対照表の一部）

貸借対照表 （単位：円）

	未払消費税等	10,708,100

241

（決算仕訳後の損益計算書の一部）

損益計算書　　　　　　　　　　　　（単位：円）

商品仕入	207,900,000	売上高	660,000,000
消耗品費	14,960,000	受取利息	1,000,000
賃借料	648,000		
福利厚生費	1,974,000		
租税公課	39,554,000		

【翌期の消費税の確定申告分の納付時の仕訳】
（単位：円）

借方	金額	貸方	金額
未払消費税等	10,708,100	預金	10,708,100

【法人税の申告調整】

・申告調整はなし。

242

第5章
設例に基づく会計処理と消費税・法人税申告書への記載

〈設例8〉

パターンⅣ（税抜方式）で、決算時に仮受・仮払差額と納税額との差額を損益に計上した場合
・経理処理は税抜方式
・決算時に仮受仮払差額と納税額との差額を損益に計上する方法による。

【問題】

　株式会社ABCコーポレーション（3月末決算法人、基準期間の課税売上高は30,000千円であり、簡易課税制度選択）の次の資料をもとに、令和6年3月期に関する消費税等についての決算仕訳を行い、消費税等の申告書を作成し、法人税の申告調整（当期及び翌期）を行いなさい。売上高の事業区分は第5種とする。

　消費税等の経理処理は税抜方式とし、決算時に仮受仮払差額と納税額との差額を損益に計上する方法による。

【資料】
（仮受・仮払清算前の貸借対照表の一部）

貸借対照表　　　　　　　　　　　　　　　　（単位：円）

仮払税金	28,845,900	仮受消費税等（7.8%）	60,000,000
仮払消費税等（6.3%）	48,000		
仮払消費税等（6.24%）	24,000		
仮払消費税等（7.8%）	20,400,000		
仮払消費税等（7.8%）(注1)	10,000		

(注1) 免税事業者からの仕入れ
　　　（消費税相当額10,000円（＝100,000円×10%）を含む110,000円が請求されたものとする）
　　　消費税相当額10,000円を仮払消費税として処理をした（別の会計処理も考えられる）。
　　　（以下の簡易課税の税抜方式の設例において同じ）

243

（仮受・仮払清算前の損益計算書の一部）

・便宜上、単純化して消費税等に係る取引はこれのみとする。

損益計算書　　　　　　　　（単位：円）

商品仕入（課税仕入7.8%）	189,000,000	売上高(課税売上・第5種7.8%)	600,000,000
賃借料（課税仕入6.3%）	600,000	受取利息（非課税）	1,000,000
消耗品費（課税仕入7.8%）	13,500,000		
消耗品費（課税仕入7.8%）(注2)	100,000		
福利厚生費（課税仕入6.24%）	300,000		
福利厚生費（課税仕入7.8%）	1,500,000		

（注2）免税事業者からの仕入れ

消費税相当額10,000円を除いた100,000円を消耗品費とした（別の会計処理も考えられる）。

（以下の簡易課税の税抜方式の設例において同じ）

【消費税等の中間納付の状況】

〈設例1〉 と同様

【消費税の計算（簡易課税）】 ※計算過程は申告書を参照

（消費税額）

課税標準額600,000,000円×7.8%＝46,800,000円

（控除仕入税税額：第5種）

46,800,000円×50%＝23,400,000円

（差引税額）

46,800,000円－23,400,000円＝23,400,000円（百円未満切捨て）

（地方消費税額）※計算過程は申告書付表4-3参照

23,400,000円×22/78＝6,600,000円（百円未満切捨て）

（確定申告納付額）

消費税：23,400,000円－中間納付額22,500,000円＝900,000円

地方消費税：6,600,000円－中間納付額6,345,900円＝254,100円

消費税及び地方消費税の合計税額：900,000円＋254,100円＝1,154,100円

第5章
設例に基づく会計処理と消費税・法人税申告書への記載

【決算仕訳（仮受・仮払清算仕訳）】

（単位：円）

借方	金額	貸方	金額
仮受消費税等	60,000,000	仮払消費税等	20,482,000
		仮払税金	28,845,900
		未払消費税等	1,154,100
		雑収入	9,518,000

（仮受・仮払清算後の貸借対照表の一部）

貸借対照表　　　　　　　　　　　（単位：円）

未払消費税等	1,154,100

（仮受・仮払清算後の損益計算書の一部）

損益計算書　　　　　　　　　　　（単位：円）

商品仕入	189,000,000	売上高	600,000,000
消耗品費	13,600,000	受取利息	1,000,000
賃借料	600,000	雑収入	9,518,000
福利厚生費	1,800,000		

【翌期の消費税の確定申告分の納付時の仕訳】

（単位：円）

借方	金額	貸方	金額
未払消費税等	1,154,100	預金	1,154,100

【法人税の申告調整】

・消費税等の確定申告書の数値を決算仕訳に反映しており、申告調整
　はなし。

245

【消費税等の申告書】

第5章
設例に基づく会計処理と消費税・法人税申告書への記載

第3-(2)号様式

課税標準額等の内訳書

整理番号 [ ][ ][ ][ ][ ][ ][ ][ ]

納税地		
	（電話番号　　-　　-　　）	
（フリガナ） 名称 又は屋号	株式会社ABCコーポレーション	
（フリガナ） 代表者氏名 又は氏名		

改正法附則による税額の特例計算

軽減売上割合（10営業日）	[ ]	附則38①	51
小売等軽減仕入割合	[ ]	附則38②	52

第二表

令和四年四月一日以後終了課税期間分

自令和 [5] 年 [4] 月 [1] 日
至令和 [6] 年 [3] 月 [31] 日

課税期間分の消費税及び地方消費税の（確定）申告書

中間申告の場合の対象期間　自令和 [ ] 年 [ ] 月 [ ] 日　至令和 [ ] 年 [ ] 月 [ ] 日

課税標準額 ※申告書（第一表）の①欄へ	①	6 0 0 0 0 0 0 0 0	01

課税資産の 譲渡等の 対価の額 の合計額	3 % 適用分	②		02
	4 % 適用分	③		03
	6.3 % 適用分	④		04
	6.24 % 適用分	⑤		05
	7.8 % 適用分	⑥	6 0 0 0 0 0 0 0 0	06
		⑦	6 0 0 0 0 0 0 0 0	07
特定課税仕入れ に係る支払対価 の額の合計額 (注1)	6.3 % 適用分	⑧		11
	7.8 % 適用分	⑨		12
		⑩		13

消費税額 ※申告書（第一表）の②欄へ	⑪	4 6 8 0 0 0 0 0	21
⑪の内訳	3 % 適用分	⑫		22
	4 % 適用分	⑬		23
	6.3 % 適用分	⑭		24
	6.24 % 適用分	⑮		25
	7.8 % 適用分	⑯	4 6 8 0 0 0 0 0	26

返還等対価に係る税額 ※申告書（第一表）の⑤欄へ	⑰		31
⑰の内訳	売上げの返還等対価に係る税額	⑱		32
	特定課税仕入れの返還等対価に係る税額（注1）	⑲		33

地方消費税の 課税標準となる 消費税額 (注2)		⑳	2 3 4 0 0 0 0 0	41
	4 % 適用分	㉑		42
	6.3 % 適用分	㉒		43
	6.24%及び7.8% 適用分	㉓	2 3 4 0 0 0 0 0	44

(注1) ⑧～⑩及び⑲欄は、一般課税により申告する場合で、課税売上割合が95%未満、かつ、特定課税仕入れがある事業者のみ記載します。

(注2) ⑳～㉓欄が還付税額となる場合はマイナス「－」を付してください。

247

第4-(11)号様式

付表4-3　税率別消費税額計算表　兼　地方消費税の課税標準となる消費税額計算表

簡 易

課 税 期 間	5・4・1 ～ 6・3・31	氏 名 又 は 名 称	株式会社ABCコーポレーション

区　　　　　　分		税 率 6.24 ％ 適 用 分 A	税 率 7.8 ％ 適 用 分 B	合　　　計　　C (A＋B)
課 税 標 準 額	①	円 000	600,000 000	※第二表の①欄へ 600,000 000
課 税 資 産 の 譲 渡 等 の 対 価 の 額	①-1	※第二表の⑤欄へ	※第二表の⑥欄へ 600,000,000	※第二表の⑦欄へ 600,000,000
消 費 税 額	②	※付表5-3の①A欄へ ※第二表の⑮欄へ	※付表5-3の①B欄へ ※第二表の⑯欄へ 46,800,000	※付表5-3の①C欄へ ※第二表の⑪欄へ 46,800,000
貸倒回収に係る消費税額	③	※付表5-3の②A欄へ	※付表5-3の②B欄へ	※付表5-3の②C欄へ ※第一表の③欄へ
控 除 税 額　控除対象仕入税額	④	(付表5-3の⑤A欄又は②A欄の金額)	(付表5-3の⑤B欄又は②B欄の金額) 23,400,000	(付表5-3の⑤C欄又は②C欄の金額) ※第一表の④欄へ 23,400,000
返 還 等 対 価 に 係 る 税 額	⑤	※付表5-3の③A欄へ	※付表5-3の③B欄へ	※付表5-3の③C欄へ ※第二表の⑰欄へ
貸 倒 れ に 係 る 税 額	⑥			※第一表の⑥欄へ
控 除 税 額 小 計 (④＋⑤＋⑥)	⑦		23,400,000	※第一表の⑦欄へ 23,400,000
控 除 不 足 還 付 税 額 (⑦－②－③)	⑧			※第一表の⑧欄へ
差 引 税 額 (②＋③－⑦)	⑨			※第一表の⑨欄へ 23,400,0 00
控 除 不 足 還 付 税 額 (⑧)	⑩			※第一表の⑰欄へ ※マイナス「－」を付して第二表の㉑及び㉓欄へ
差 引 税 額 (⑨)	⑪			※第一表の⑱欄へ ※第二表の㉒及び㉓欄へ 23,400,0 00
還 付 額	⑫			(⑩C欄×22/78) ※第一表の⑲欄へ
納 税 額	⑬			(⑪C欄×22/78) ※第一表の⑳欄へ 6,600,0 00

注意　金額の計算においては、1円未満の端数を切り捨てる。

(R1.10.1以後終了課税期間用)

第5章
設例に基づく会計処理と消費税・法人税申告書への記載

第4-(12)号様式

付表5-3　控除対象仕入税額等の計算表

簡　易

課 税 期 間	5・4・1～6・3・31	氏名又は名称	株式会社ABCコーポレーション

I　控除対象仕入税額の計算の基礎となる消費税額

項　　　目		税率6.24%適用分 A	税率7.8%適用分 B	合計 C (A+B)
課 税 標 準 額 に 対 す る 消 費 税 額	①	(付表4-3の②A欄の金額) 円	(付表4-3の②B欄の金額) 46,800,000	(付表4-3の②C欄の金額) 46,800,000
貸 倒 回 収 に 係 る 消 費 税 額	②	(付表4-3の③A欄の金額)	(付表4-3の③B欄の金額)	(付表4-3の③C欄の金額)
売 上 対 価 の 返 還 等 に 係 る 消 費 税 額	③	(付表4-3の⑤A欄の金額)	(付表4-3の⑤B欄の金額)	(付表4-3の⑤C欄の金額)
控除対象仕入税額の計算 の 基 礎 と な る 消 費 税 額 (① + ② - ③)	④		46,800,000	46,800,000

II　1種類の事業の専業者の場合の控除対象仕入税額

項　　　目		税率6.24%適用分 A	税率7.8%適用分 B	合計 C (A+B)
④ × みなし仕入率 (90%・80%・70%・60%・50%・40%)	⑤	※付表4-3の①A欄へ 円	※付表4-3の①B欄へ 23,400,000	※付表4-3の①C欄へ 23,400,000

III　2種類以上の事業を営む事業者の場合の控除対象仕入税額

(1) 事業区分別の課税売上高(税抜き)の明細

項　　　目		税率6.24%適用分 A	税率7.8%適用分 B	合計 C (A+B)	
事 業 区 分 別 の 合 計 額	⑥	円	円	円	売上割合
第 一 種 事 業 (卸 売 業)	⑦			※第一表「事業区分」欄へ	%
第 二 種 事 業 (小 売 業 等)	⑧			※ 〃	〃
第 三 種 事 業 (製 造 業 等)	⑨			※ 〃	〃
第 四 種 事 業 (そ の 他)	⑩			※ 〃	〃
第 五 種 事 業 (サ ー ビ ス 業 等)	⑪			※ 〃	〃
第 六 種 事 業 (不 動 産 業)	⑫			※ 〃	〃

(2) (1)の事業区分別の課税売上高に係る消費税額の明細

項　　　目		税率6.24%適用分 A	税率7.8%適用分 B	合計 C (A+B)
事 業 区 分 別 の 合 計 額	⑬	円	円	円
第 一 種 事 業 (卸 売 業)	⑭			
第 二 種 事 業 (小 売 業 等)	⑮			
第 三 種 事 業 (製 造 業 等)	⑯			
第 四 種 事 業 (そ の 他)	⑰			
第 五 種 事 業 (サ ー ビ ス 業 等)	⑱			
第 六 種 事 業 (不 動 産 業)	⑲			

注意　1　金額の計算においては、1円未満の端数を切り捨てる。
　　　2　課税売上げにつき返品を受け又は値引き・割戻しをした金額(売上対価の返還等の金額)があり、売上(収入)金額から減算しない方法で経理して経費に含めている場合には、⑥から⑲欄には売上対価の返還等の金額(税抜き)を控除した後の金額を記載する。

(1/2)

(R1.10.1以後終了課税期間用)

(3) 控除対象仕入税額の計算式区分の明細

イ 原則計算を適用する場合

控 除 対 象 仕 入 税 額 の 計 算 式 区 分		税率6.24%適用分 A	税率7.8%適用分 B	合 計 C (A＋B)
④ × みなし仕入率 ⑭×90%＋⑮×80%＋⑯×70%＋⑰×60%＋⑱×50%＋⑲×40% ───────────────────────────────── ⑬	⑳	円	円	円

ロ 特例計算を適用する場合

(イ) 1種類の事業で75%以上

控 除 対 象 仕 入 税 額 の 計 算 式 区 分		税率6.24%適用分 A	税率7.8%適用分 B	合 計 C (A＋B)
(⑦C／⑥C・⑧C／⑥C・⑨C／⑥C・⑩C／⑥C・⑪C／⑥C・⑫C／⑥C) ≧ 75% ④×みなし仕入率(90%・80%・70%・60%・50%・40%)	㉑	円	円	円

(ロ) 2種類の事業で75%以上

控 除 対 象 仕 入 税 額 の 計 算 式 区 分		税率6.24%適用分 A	税率7.8%適用分 B	合 計 C (A＋B)
第一種事業及び第二種事業 (⑦C＋⑧C)／⑥C ≧ 75%	④× ⑭×90%＋(⑬－⑭)×80% ─────────────── ⑬	㉒	円	円	円
第一種事業及び第三種事業 (⑦C＋⑨C)／⑥C ≧ 75%	④× ⑭×90%＋(⑬－⑭)×70% ─────────────── ⑬	㉓			
第一種事業及び第四種事業 (⑦C＋⑩C)／⑥C ≧ 75%	④× ⑭×90%＋(⑬－⑭)×60% ─────────────── ⑬	㉔			
第一種事業及び第五種事業 (⑦C＋⑪C)／⑥C ≧ 75%	④× ⑭×90%＋(⑬－⑭)×50% ─────────────── ⑬	㉕			
第一種事業及び第六種事業 (⑦C＋⑫C)／⑥C ≧ 75%	④× ⑭×90%＋(⑬－⑭)×40% ─────────────── ⑬	㉖			
第二種事業及び第三種事業 (⑧C＋⑨C)／⑥C ≧ 75%	④× ⑮×80%＋(⑬－⑮)×70% ─────────────── ⑬	㉗			
第二種事業及び第四種事業 (⑧C＋⑩C)／⑥C ≧ 75%	④× ⑮×80%＋(⑬－⑮)×60% ─────────────── ⑬	㉘			
第二種事業及び第五種事業 (⑧C＋⑪C)／⑥C ≧ 75%	④× ⑮×80%＋(⑬－⑮)×50% ─────────────── ⑬	㉙			
第二種事業及び第六種事業 (⑧C＋⑫C)／⑥C ≧ 75%	④× ⑮×80%＋(⑬－⑮)×40% ─────────────── ⑬	㉚			
第三種事業及び第四種事業 (⑨C＋⑩C)／⑥C ≧ 75%	④× ⑯×70%＋(⑬－⑯)×60% ─────────────── ⑬	㉛			
第三種事業及び第五種事業 (⑨C＋⑪C)／⑥C ≧ 75%	④× ⑯×70%＋(⑬－⑯)×50% ─────────────── ⑬	㉜			
第三種事業及び第六種事業 (⑨C＋⑫C)／⑥C ≧ 75%	④× ⑯×70%＋(⑬－⑯)×40% ─────────────── ⑬	㉝			
第四種事業及び第五種事業 (⑩C＋⑪C)／⑥C ≧ 75%	④× ⑰×60%＋(⑬－⑰)×50% ─────────────── ⑬	㉞			
第四種事業及び第六種事業 (⑩C＋⑫C)／⑥C ≧ 75%	④× ⑰×60%＋(⑬－⑰)×40% ─────────────── ⑬	㉟			
第五種事業及び第六種事業 (⑪C＋⑫C)／⑥C ≧ 75%	④× ⑱×50%＋(⑬－⑱)×40% ─────────────── ⑬	㊱			

ハ 上記の計算式区分から選択した控除対象仕入税額

項 目		税率6.24%適用分 A	税率7.8%適用分 B	合 計 C (A＋B)
選 択 可 能 な 計 算 式 区 分 (⑳ ～ ㊱) の 内 か ら 選 択 し た 金 額	㊲	※付表4-3の④A欄へ　　　　円	※付表4-3の④B欄へ　　　　円	※付表4-3の④C欄へ　　　　円

注意　金額の計算においては、1円未満の端数を切り捨てる。

(2／2)

(R1.10.1以後終了課税期間用)

第5章
設例に基づく会計処理と消費税・法人税申告書への記載

〈設例9〉

> パターンⅣ（税抜方式）で、決算時に単に仮受・仮払差額を未払消費
> 税等とした場合
> ・経理処理は税抜方式
> ・決算時に単に仮受仮払差額を未払消費税に計上する方法による。

【問題】

　株式会社ABCコーポレーション（3月末決算法人、基準期間の課税売上高
は30,000千円であり、簡易課税制度選択）の次の資料をもとに、令和6年3月期
に関する消費税等についての決算仕訳を行い、消費税等の申告書を作成
し、法人税の申告調整（当期及び翌期）を行いなさい。売上高の事業区分
は第5種とする。

　消費税等の経理処理は税抜方式とし、決算時に単に仮受仮払差額を未
払消費税等（負債）に計上する方法による。

【資料】

（仮受・仮払清算前の貸借対照表の一部）

貸借対照表　　　　　　　　　　　　　　　　（単位：円）

仮払税金	28,845,900	仮受消費税等（7.8%）	60,000,000
仮払消費税等（6.3%）	48,000		
仮払消費税等（6.24%）	24,000		
仮払消費税等（7.8%）	20,400,000		
仮払消費税等（7.8%）	10,000		

251

（仮受・仮払清算前の損益計算書の一部）
・便宜上、単純化して取引はこれらのみとする。

損益計算書　　　　　　　　　　　　（単位：円）

商品仕入（課税仕入7.8%）	189,000,000	売上高（課税売上・第5種7.8%）	600,000,000
賃借料（課税仕入6.3%）	600,000	受取利息（非課税）	1,000,000
消耗品費（課税仕入7.8%）	13,500,000		
消耗品費（課税仕入7.8%）	100,000		
福利厚生費（課税仕入6.24%）	300,000		
福利厚生費（課税仕入7.8%）	1,500,000		

【消費税等の中間納付の状況】

〈設例1〉 と同様

【消費税の計算（簡易課税）】

〈設例8〉 と同様

【決算仕訳（仮受・仮払清算仕訳）】

（単位：円）

借方	金額	貸方	金額
仮受消費税等	60,000,000	仮払消費税等	20,482,000
		仮払税金	28,845,900
		未払消費税等	10,672,100

（仮受・仮払清算後の貸借対照表の一部）

貸借対照表　　　　　　　　　　　　（単位：円）

		未払消費税等	10,672,100

（仮受・仮払清算後の損益計算書の一部）

損益計算書　　　　　　　　　　　　（単位：円）

商品仕入	189,000,000	売上高	600,000,000
消耗品費	13,600,000	受取利息	1,000,000
賃借料	600,000		
福利厚生費	1,800,000		

第5章
設例に基づく会計処理と消費税・法人税申告書への記載

【翌期の消費税の確定申告分の納付時の仕訳】

（単位：円）

借方	金額	貸方	金額
未払消費税等	10,672,100	預金 雑収入	1,154,100 9,518,000

【法人税の申告調整】

（令和6年3月期の法人税別表4と5(1)の記載例）

（別表4の一部）

区分		総額	処分	
			留保	社外流出
		①	②	③
加算	消費税等差額収入計上もれ	9,518,000	9,518,000	

（別表5(1) I の一部）

区分	期首現在 利益積立金額	当期の増減		差引翌期首現在 利益積立金額 ①−②+③
		減	増	
	①	②	③	④
未払消費税等			9,518,000	9,518,000

253

（令和7年3月期の法人税別表4と5(1)の記載例）

（別表4の一部）

区分		総額	処分	
			留保	社外流出
		①	②	③
減算	消費税等差額収入計上もれ認容	9,518,000	9,518,000	

（別表5(1) I の一部）

区分	期首現在 利益積立金額	当期の増減		差引翌期首現在 利益積立金額 ①－②＋③
		減	増	
	①	②	③	④
未払消費税等	9,518,000	9,518,000		0

第5章
設例に基づく会計処理と消費税・法人税申告書への記載

〈設例10〉

パターンⅣ（税込方式）で、決算時に納税額を正確に見積り、租税公課（費用）として未払計上した場合
・経理処理は税込方式
・決算時に納税額を正確に見積り、租税公課（費用）として未払計上する方法による。

【問題】

　株式会社ABCコーポレーション（3月末決算法人、基準期間の課税売上高は30,000千円であり、簡易課税制度選択）の次の資料をもとに、令和6年3月期に関する消費税等についての決算仕訳を行い、消費税等の申告書を作成し、法人税の申告調整（当期及び翌期）を行いなさい。売上高の事業区分は第5種とする。

　消費税等の経理処理は税込方式とし、決算時に納税額を正確に見積り、租税公課として未払計上する方法による。

【資料】

（決算仕訳前の貸借対照表の一部）

貸借対照表　　　　　　　　　　　　　　　　　　（単位：円）

仮払税金	28,845,900	

（決算仕訳前の損益計算書の一部）
　・便宜上、単純化して取引はこれらのみとする。

損益計算書　　　　　　　　　　　　　　　　　　（単位：円）

商品仕入	207,900,000	売上高（課税売上・第5種7.8%）	660,000,000
賃借料	648,000	受取利息（非課税）	1,000,000
消耗品費	14,960,000		
福利厚生費	1,974,000		

255

【消費税等の中間納付の状況】

〈設例1〉と同様

【消費税の計算（簡易課税）】

〈設例8〉と同様

【決算仕訳】
（単位：円）

借方	金額	貸方	金額
租税公課	30,000,000	仮払税金 未払消費税等	28,845,900 1,154,100

（決算仕訳後の貸借対照表の一部）

貸借対照表　　　　　　　　　　　　　（単位：円）

		未払消費税等	1,154,100

（決算仕訳後の損益計算書の一部）

損益計算書　　　　　　　　　　　　　（単位：円）

商品仕入	207,900,000	売上高	660,000,000
賃借料	648,000	受取利息	1,000,000
消耗品費	14,960,000		
福利厚生費	1,974,000		
租税公課	30,000,000		

【翌期の消費税の確定申告分の納付時の仕訳】
（単位：円）

借方	金額	貸方	金額
未払消費税等	1,154,100	預金	1,154,100

【法人税の申告調整】

・消費税等の確定申告書の数値を決算仕訳に反映しており、申告調整はなし。

【消費税等の申告書】

〈設例8〉と同様

〈設例11〉

パターンⅣ（税込方式）で、納税時に納税額を租税公課（費用）として
計上した場合
・経理処理は税込方式
・納税時に租税公課（費用）として計上する方法による。

【問題】

　株式会社ABCコーポレーション（3月末決算法人、基準期間の課税売上高
は30,000千円であり、簡易課税制度選択）の次の資料をもとに、令和6年3月期
に関する消費税等についての決算仕訳を行い、消費税等の申告書を作成
し、法人税の申告調整（当期及び翌期）を行いなさい。売上高の事業区分
は第5種とする。

　消費税等の経理処理は税込方式とし、消費税等の納税時に租税公課（費
用）に計上する方法による。中間納付額は納付時に租税公課（費用）に
計上する。前事業年度分の納付額は無視する。

【資料】

（決算仕訳前の貸借対照表の一部）

貸借対照表	（単位：円）

（決算仕訳前の損益計算書の一部）
　・便宜上、単純化して消費税等に係る取引はこれのみとする。

損益計算書　　　　　　　　　　　　　　（単位：円）

商品仕入	207,900,000	売上高（課税売上・第5種7.8%）	660,000,000
賃借料	648,000	受取利息（非課税）	1,000,000
消耗品費	14,960,000		
福利厚生費	1,974,000		
租税公課	28,845,900		

258

第5章
設例に基づく会計処理と消費税・法人税申告書への記載

【消費税等の中間納付の状況】

〈設例1〉と同様

【消費税の計算（簡易課税）】

〈設例8〉と同様

【決算仕訳】

借方	金額	貸方	金額
なし		なし	

（決算仕訳後の貸借対照表の一部）

貸借対照表　　　　　　　　　　　（単位：円）

（決算仕訳後の損益計算書の一部）

損益計算書　　　　　　　　　　　（単位：円）

商品仕入	207,900,000	売上高	660,000,000
賃借料	648,000	受取利息	1,000,000
消耗品費	14,960,000		
福利厚生費	1,974,000		
租税公課	28,845,900		

【翌期の消費税の確定申告分の納付時の仕訳】 （単位：円）

借方	金額	貸方	金額
租税公課	1,154,100	預金	1,154,100

【法人税の申告調整】

・申告調整はなし（損金経理要件があるため、未払計上しない場合は損金計上できない）。

【消費税等の申告書】

〈設例8〉と同様

259

〈設例12〉

〈設例1〉で修正申告があった場合
・経理処理は税抜方式
・修正申告税額は納付時に仮払税金とし、決算時に未払消費税等と相
　殺する。

【問題】
　〈設例1〉における株式会社 ABC コーポレーションにおいて、令和6年
10月に税務調査があり、売上計上もれ税込11,000,000円（税抜10,000,000円）
が判明し（売上原価は計上済）、令和6年12月10日に法人税及び消費税等の
修正申告書を提出し、同日納税した。令和7年3月期の修正申告に関する
仕訳を行い、消費税等の修正申告書と法人税修正申告書の別表4と5(1)
を作成しなさい。消費税等の修正申告納付額は、納付時は「仮払税金」
とし、決算時に未払消費税等と相殺する。

【消費税の修正申告税額の計算】
※計算過程は修正申告書（267頁以降）を参照
（課税売上割合）

$$\frac{課税資産の譲渡(600,000,000円+10,000,000円)}{(課税資産の譲渡等(600,000,000円+10,000,000円)+非課税売上1,000,000円)}=\frac{610,000,000}{611,000,000}$$

（消費税額）
　課税標準額610,000,000×7.8％＝47,580,000円
（控除仕入税税額）
　課税売上対応仕入：189,000,000円×7.8％＝14,742,000円
　共通仕入：600,000円×6.3％＋300,000円×6.24％
　　　　　　＋13,500,000円×7.8％＋1,500,000円×7.8％＋100,000×7.8％
　　　　　　×80/100＝1,232,760円

第5章
設例に基づく会計処理と消費税・法人税申告書への記載

控除仕入税額：14,742,000円＋1,232,760円×課税売上割合＝15,972,741円

（控除対象外消費税額）

14,742,000円＋1,232,760円－15,972,741円＝2,019円

（差引税額）

47,580,000円－15,972,741円＝31,607,200円（百円未満切捨て）

（地方消費税額）※計算過程は修正申告書付表1-1、1-2参照

△37,738円×17/63＋△18,689円×22/78＋31,663,686円×22/78＝8,915,300円（百円未満切捨て）

（確定申告納付額）

消費税：31,607,200円－中間納付額22,500,000円＝9,107,200円

地方消費税：8,915,300円－中間納付額6,345,900円＝2,569,400円

消費税及び地方消費税の合計税額：9,107,200円＋2,569,400円＝11,676,600円

（修正申告納付額）

消費税：9,107,200円－既確定税額8,327,200円＝780,000円

地方消費税：2,569,400円－既確定譲渡割額2,349,400円＝220,000円

消費税及び地方消費税の合計修正納付税額：780,000円＋220,000円＝1,000,000円

【法人税の申告調整】

（消費税の修正申告納付額を仮払税金とした場合の会計処理、税務処理、申告調整）

	会計処理				税務処理				申告調整			
	借方		貸方		借方		貸方		借方		貸方	
	科目	金額	科目	金額	科目	金額	科目	金額	科目	金額	科目	金額
前期の修正申告	なし		なし		売掛金	11,000,000	売上 未払消費税等	10,000,000 1,000,000	売掛金（利益積立金額増）	11,000,000	売上（加算・留保） 未払消費税等（利益積立金額減）	10,000,000 1,000,000
修正申告当期納付時	仮払税金	1,000,000	預金	1,000,000	未払消費税等	1,000,000	預金	1,000,000	なし		なし	
決算時（売上計上含む）	売掛金 仮受消費税等	11,000,000 1,000,000	売上 仮受消費税等 仮払金	10,000,000 1,000,000 1,000,000	なし		なし		売上（減算・留保） 未払消費税等（利益積立金額増）	10,000,000 1,000,000	売掛金（利益積立金額減）	11,000,000

（令和6年3月期の修正申告における法人税別表4と別表5(1)）

（別表4の一部）

区分		総額	処分	
			留保	社外流出
		①	②	③
加算	売上計上もれ	10,000,000	10,000,000	

（別表5(1)Ⅰの一部）

区分	期首現在利益積立金額	当期の増減		差引翌期首現在利益積立金額 ①−②+③
		減	増	
	①	②	③	④
売掛金			11,000,000	11,000,000
未払消費税等		1,000,000		△1,000,000

第5章
設例に基づく会計処理と消費税・法人税申告書への記載

（令和7年3月期の法人税別表4と別表5(1)）

（別表4の一部）

区分		総額	処分	
			留保	社外流出
		①	②	③
減算	売上計上もれ認容	10,000,000	10,000,000	

（別表5(1) I の一部）

区分	期首現在利益積立金額	当期の増減		差引翌期首現在利益積立金額 ①－②＋③
		減	増	
	①	②	③	④
売掛金	11,000,000	11,000,000		0
未払消費税等	△1,000,000		1,000,000	0

263

〈設例13〉

〈設例4〉で修正申告があった場合
・経理処理は税込方式
・修正申告税額は納付時に租税公課とする。

【問題】
　〈設例4〉における株式会社 ABC コーポレーションにおいて、令和6年10月に税務調査があり、売上計上もれ税込11,000,000円（税抜10,000,000円）が判明し（売上原価は計上済）、令和6年12月10日に法人税及び消費税等の修正申告書を提出し、同日納税した。令和7年3月期の修正申告に関する仕訳を行い、消費税等の修正申告書と法人税修正申告書の別表4と5（1）を作成しなさい。消費税等の修正申告納付額は、納付時に租税公課（費用）とする。

【消費税の修正申告税額の計算】
〈設例12〉と同様

【法人税の申告調整】
（消費税の修正申告納付額を租税公課とした場合の会計処理、税務処理、申告調整）
〈税込処理〉

	会計処理				税務処理				申告調整			
	借方		貸方		借方		貸方		借方		貸方	
	科目	金額	科目	金額	科目	金額	科目	金額	科目	金額	科目	金額
前期の修正申告	なし		なし		売掛金	11,000,000	売上	11,000,000	売掛金（利益積立金額増）	11,000,000	売上（加算・留保）	11,000,000
修正申告当期納付時	租税公課	1,000,000	預金	1,000,000	租税公課	1,000,000	預金	1,000,000	なし		なし	
決算時（売上計上含む）	売掛金	11,000,000	売上	11,000,000	なし		なし		売上（減算・留保）	11,000,000	売掛金（利益積立金額減）	11,000,000

（注）消費税の修正申告納税額1,000,000円については、令和6年3月期の法人税の修正申告では損金経理していないことから減算処理はできず、租税公課処理した令和7年3月期に損金算入される。

第5章
設例に基づく会計処理と消費税・法人税申告書への記載

（令和6年3月期の修正申告における法人税別表4と別表5(1)）

（別表4の一部）

区分		総額	処分	
			留保	社外流出
		①	②	③
加算	売上計上もれ	11,000,000	11,000,000	

（別表5(1) I の一部）

区分	期首現在利益積立金額	当期の増減		差引翌期首現在利益積立金額 ①－②＋③
		減	増	
	①	②	③	④
売掛金			11,000,000	11,000,000

265

（令和7年3月期の法人税別表4と別表5(1)）

（別表4の一部）

区分		総額	処分	
			留保	社外流出
		①	②	③
減算	売上計上もれ認容	11,000,000	11,000,000	

（別表5(1) Iの一部）

区分	期首現在利益積立金額	当期の増減		差引翌期首現在利益積立金額 ①－②＋③
		減	増	
	①	②	③	④
売掛金	11,000,000	11,000,000		0

第5章 設例に基づく会計処理と消費税・法人税申告書への記載

【消費税等の申告書】

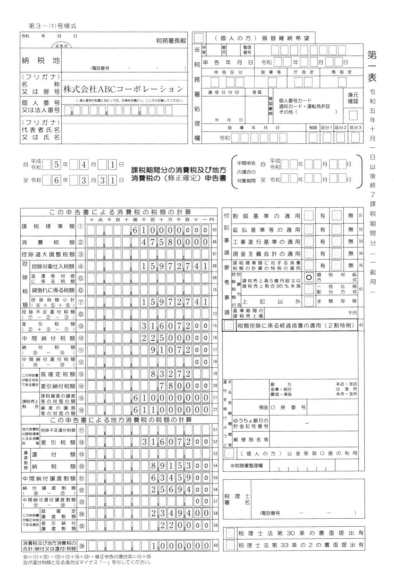

第3-(2)号様式

課税標準額等の内訳書

整理番号 ☐☐☐☐☐☐☐☐

納 税 地	
	（電話番号　　　-　　　-　　　）
（フリガナ） 名　　　称 又 は 屋 号	株式会社ABCコーポレーション
（フリガナ） 代 表 者 氏 名 又 は 氏 名	

改 正 法 附 則 に よ る 税 額 の 特 例 計 算		
軽 減 売 上 割 合 （ 10 営 業 日 ）	☐	附則38① 51
小 売 等 軽 減 仕 入 割 合	☐	附則38② 52

第二表

令和四年四月一日以後終了課税期間分

自 令和 ⑤ 年 ④ 月 ① 日
至 令和 ⑥ 年 ③ 月 ③① 日

課税期間分の消費税及び地方消費税の（修正確定）申告書

中間申告
の場合の
対象期間
自 令和 ☐☐ 年 ☐☐ 月 ☐☐ 日
至 令和 ☐☐ 年 ☐☐ 月 ☐☐ 日

課　　税　　標　　準　　額 ※申告書（第一表）の①欄へ	①	6 1 0 0 0 0 0 0 0	01

課税資産の 譲 渡 等 の 対 価 の 額 の 合 計 額	3 ％ 適 用 分	②		02
	4 ％ 適 用 分	③		03
	6.3 ％ 適 用 分	④		04
	6.24 ％ 適 用 分	⑤		05
	7.8 ％ 適 用 分	⑥	6 1 0 0 0 0 0 0	06
		⑦	6 1 0 0 0 0 0 0	07
特定課税仕入れ に係る支払対価 の 額 の 合 計 額 (注1)	6.3 ％ 適 用 分	⑧		11
	7.8 ％ 適 用 分	⑨		12
		⑩		13

消　　費　　税　　額 ※申告書（第一表）の②欄へ		⑪	4 7 5 8 0 0 0 0	21
⑪ の 内 訳	3 ％ 適 用 分	⑫		22
	4 ％ 適 用 分	⑬		23
	6.3 ％ 適 用 分	⑭		24
	6.24 ％ 適 用 分	⑮		25
	7.8 ％ 適 用 分	⑯	4 7 5 8 0 0 0 0	26

返 還 等 対 価 に 係 る 税 額 ※申告書（第一表）の⑤欄へ		⑰		31
⑰の内訳	売 上 げ の 返 還 等 対 価 に 係 る 税 額	⑱		32
	特 定 課 税 仕 入 れ の 返 還 等 対 価 に 係 る 税 額 (注1)	⑲		33

地方消費税の 課税標準となる 消 費 税 額 (注2)		⑳	3 1 6 0 7 2 5 9	41
	4 ％ 適 用 分	㉑		42
	6.3 ％ 適 用 分	㉒	△ 3 7 7 3 8	43
	6.24％及び7.8％ 適 用 分	㉓	3 1 6 4 4 9 9 7	44

(注1) ⑧～⑩及び⑲欄は、一般課税により申告する場合で、課税売上割合が95％未満、かつ、特定課税仕入れがある事業者のみ記載します。

(注2) ㉑～㉓欄が還付税額となる場合はマイナス「－」を付してください。

268

第5章
設例に基づく会計処理と消費税・法人税申告書への記載

第4-(1)号様式

付表1-1　税率別消費税額計算表　兼　地方消費税の課税標準となる消費税額計算表
〔経過措置対象課税資産の譲渡等を含む課税期間用〕

一般

課　税　期　間	5・4・1 ～ 6・3・31			氏 名 又 は 名 称	株式会社ABCコーポレーション	

区　　　　分		旧 税 率 分 小 計 X	税率6.24％適用分 D	税率7.8％適用分 E	合　　計　　F (X+D+E)
課　税　標　準　額	①	(付表1-2の①X欄の金額)　円 　　　　　　　000	円 000	円 610,000,000	円 610,000,000
①の内訳 課税資産の譲渡等の対価の額	①-1	(付表1-2の①-1X欄の金額)	※第二表の⑤欄へ	※第二表の⑥欄へ 610,000,000	※第二表の⑦欄へ 610,000,000
特定課税仕入れに係る支払対価の額	①-2	(付表1-2の①-2X欄の金額)	※①-2欄は、課税売上割合が95％未満、かつ、特定課税仕入れがある事業者のみ記載する。	※第二表の⑧欄へ	※第二表の⑨欄へ
消　　費　　税　　額	②	(付表1-2の②X欄の金額)	※第二表の⑮欄へ	※第二表の⑯欄へ 47,580,000	※第二表の⑪欄へ 47,580,000
控 除 過 大 調 整 税 額	③	(付表1-2の③X欄の金額)	(付表2-1の②・㉑D欄の合計金額)	(付表2-1の②・㉑E欄の合計金額)	※第一表の③欄へ
控除税額 控除対象仕入税額	④	(付表1-2の④X欄の金額) 37,738	(付表2-1の㉕D欄の金額) 18,689	(付表2-1の㉕E欄の金額) 15,916,314	※第一表の④欄へ 15,972,741
返還等対価に係る税額	⑤	(付表1-2の⑤X欄の金額)			※第二表の⑰欄へ
⑤の内訳 売上げの返還等の対価に係る税額	⑤-1	(付表1-2の⑤-1X欄の金額)			※第二表の⑱欄へ
特定課税仕入れの返還等対価に係る税額	⑤-2	(付表1-2の⑤-2X欄の金額)	※⑤-2欄は、課税売上割合が95％未満、かつ、特定課税仕入れがある事業者のみ記載する。		※第二表の⑲欄へ
貸倒れに係る税額	⑥	(付表1-2の⑥X欄の金額)			※第一表の⑥欄へ
控除税額小計 (④+⑤+⑥)	⑦	(付表1-2の⑦X欄の金額) 37,738	18,689	15,916,314	※第一表の⑦欄へ 15,972,741
控 除 不 足 還 付 税 額 (⑦-②-③)	⑧	(付表1-2の⑧X欄の金額) 37,738	※①E欄へ 18,689	※①E欄へ	56,427
差　引　税　額 (②+③-⑦)	⑨	(付表1-2の⑨X欄の金額)	※⑫E欄へ	※⑫E欄へ 31,663,686	31,663,686
合 計 差 引 税 額 (⑨-⑧)	⑩				※マイナスの場合は第一表の⑧欄へ ※プラスの場合は第一表の⑨欄へ 31,607,259
地方消費税の課税標準となる消費税額 控除不足還付税額	⑪	(付表1-2の⑪X欄の金額) 37,738	(⑧D欄と⑧E欄の合計金額) 18,689		56,427
差　引　税　額	⑫	(付表1-2の⑫X欄の金額) 31,663,686	(⑨D欄と⑨E欄の合計金額) 31,663,686		31,663,686
合計差引地方消費税の課税標準となる消費税額 (⑫-⑪)	⑬	(付表1-2の⑬X欄の金額) △37,738	※第二表の㉒欄へ 31,644,997		※マイナスの場合は第一表の⑬欄へ ※プラスの場合は第一表の⑭欄へ ※第二表の㉒欄へ 31,607,259
譲渡割額 還　付　額	⑭	(付表1-2の⑭X欄の金額) 10,183	(⑪E欄×22/78) 5,271		15,454
納　税　額	⑮	(付表1-2の⑮X欄の金額)	(⑫E欄×22/78) 8,930,783		8,930,783
合 計 差 引 譲 渡 割 額 (⑮-⑭)	⑯				※マイナスの場合は第一表の⑳欄へ ※プラスの場合は第一表の㉑欄へ 8,915,329

注意　1　金額の計算においては、1円未満の端数を切り捨てる。
　　　2　旧税率が適用された取引がある場合は、付表1-2を作成してから当該付表を作成する。

(R5.10.1以後終了課税期間用)

269

第4-(5)号様式

付表1－2　税率別消費税額計算表　兼　地方消費税の課税標準となる消費税額計算表
〔経過措置対象課税資産の譲渡等を含む課税期間用〕

		一 般

課　税　期　間	5・4・1 ～ 6・3・31	氏名又は名称	株式会社ABCコーポレーション

区　　　分		税率3％適用分 A	税率4％適用分 B	税率6.3％適用分 C	旧税率分小計　X (A＋B＋C)
課　税　標　準　額	①	円 000	円 000	円 000	※付表1-1の①X欄へ 円 000
①の内訳 課税資産の譲渡等の対価の額	①-1	※第二表の②欄へ	※第二表の③欄へ	※第二表の④欄へ	※付表1-1の①-1X欄へ
特定課税仕入れに係る支払対価の額	①-2	※①-2欄は、課税売上割合が95%未満、かつ、特定課税仕入れがある事業者のみ記載する。		※第二表の⑤欄へ	※付表1-1の①-2X欄へ
消　費　税　額	②	※第二表の⑫欄へ	※第二表の⑬欄へ	※第二表の⑭欄へ	※付表1-1の②X欄へ
控除過大調整税額	③	(付表2-2の㉑・㉓A欄の合計金額)	(付表2-2の㉑・㉓B欄の合計金額)	(付表2-2の㉑・㉓C欄の合計金額)	※付表1-1の③X欄へ
控除税額 控除対象仕入税額	④	(付表2-2の㉕A欄の金額)	(付表2-2の㉕B欄の金額)	(付表2-2の㉕C欄の金額) 37,738	※付表1-1の④X欄へ 37,738
返還等対価に係る税額	⑤				※付表1-1の⑤X欄へ
⑤の内訳 売上げの返還等対価に係る税額	⑤-1				※付表1-1の⑤-1X欄へ
特定課税仕入れの返還等対価に係る税額	⑤-2	※⑤-2欄は、課税売上割合が95%未満、かつ、特定課税仕入れがある事業者のみ記載する。			※付表1-1の⑤-2X欄へ
貸倒れに係る税額	⑥				※付表1-1の⑥X欄へ
控除税額小計 (④＋⑤＋⑥)	⑦			37,738	※付表1-1の⑦X欄へ 37,738
控除不足還付税額 (⑦－②－③)	⑧		※⑪B欄へ	※⑪C欄へ 37,738	※付表1-1の⑧X欄へ 37,738
差　引　税　額 (②＋③－⑦)	⑨		※⑫B欄へ	※⑫C欄へ	※付表1-1の⑨X欄へ
合計差引税額 (⑨－⑧)	⑩				
地方消費税の課税標準となる消費税額 控除不足還付税額	⑪		(⑧B欄の金額)	(⑧C欄の金額) 37,738	※付表1-1の⑪X欄へ 37,738
差　引　税　額	⑫		(⑨B欄の金額)	(⑨C欄の金額)	※付表1-1の⑫X欄へ
合計差引地方消費税の課税標準となる消費税額 (⑫－⑪)	⑬		※第二表の㉑欄へ	※第二表の㉒欄へ △37,738	※付表1-1の⑬X欄へ △37,738
譲渡割額 還　付　額	⑭		(⑪B欄×25/100)	(⑪C欄×17/63) 10,183	※付表1-1の⑭X欄へ 10,183
納　税　額	⑮		(⑫B欄×25/100)	(⑫C欄×17/63)	※付表1-1の⑮X欄へ
合計差引譲渡割額 (⑮－⑭)	⑯				

注意　1　金額の計算においては、1円未満の端数を切り捨てる。
　　　2　旧税率が適用された取引がある場合は、当該付表を作成してから付表1-1を作成する。

(R5.10.1以後終了課税期間用)

第5章
設例に基づく会計処理と消費税・法人税申告書への記載

第4-(2)号様式

付表2－1　課税売上割合・控除対象仕入税額等の計算表
〔経過措置対象課税資産の譲渡等を含む課税期間用〕

一般

課税期間	5・4・1 ～ 6・3・31	氏名又は名称	株式会社ABCコーポレーション

項　目	旧税率分小計 X	税率6.24%適用分 D	税率7.8%適用分 E	合計 F (X+D+E)
課 税 売 上 額 （ 税 抜 き ） ①			610,000,000	610,000,000
免 税 売 上 額 ②				
非課税資産の輸出等の金額、海外支店等へ移送した資産の価額 ③				
課税資産の譲渡等の対価の額（①＋②＋③）④				610,000,000
課税資産の譲渡等の対価の額（④の金額）⑤				610,000,000
非 課 税 売 上 額 ⑥				1,000,000
資産の譲渡等の対価の額（⑤＋⑥）⑦				611,000,000
課 税 売 上 割 合 （ ④ ／ ⑦ ） ⑧				〔 99% 〕 ※端数切捨て
課税仕入れに係る支払対価の額（税込み）⑨	648,000	324,000	224,400,000	225,372,000
課 税 仕 入 れ に 係 る 消 費 税 額 ⑩	37,800	18,720	15,912,000	15,968,520
適格請求書発行事業者以外の者から行った課税仕入れに係る経過措置の適用を受ける課税仕入れに係る支払対価の額(税込み) ⑪			110,000	110,000
適格請求書発行事業者以外の者から行った課税仕入れに係る経過措置により課税仕入れに係る消費税額とみなされる額 ⑫			6,240	6,240
特 定 課 税 仕 入 れ に 係 る 支 払 対 価 の 額 ⑬				
特 定 課 税 仕 入 れ に 係 る 消 費 税 額 ⑭				
課 税 貨 物 に 係 る 消 費 税 額 ⑮				
納税義務の免除を受けない（受ける）こととなった場合における消費税額の調整（加算又は減算）額 ⑯	37,800	18,720	15,918,240	15,974,760
課 税 仕 入 れ 等 の 税 額 の 合 計 額（⑩＋⑫＋⑭＋⑮±⑯）⑰				
課税売上高が5億円以下、かつ、課税売上割合が95%以上の場合（⑰の金額）⑱				
⑰のうち、課税売上げにのみ要するもの ⑲			14,742,000	14,742,000
⑰のうち、課税売上げと非課税売上げに共通して要するもの ⑳	37,800	18,720	1,176,240	1,232,760
個別対応方式により控除する課税仕入れ等の税額〔⑲＋（⑳×④／⑦）〕㉑	37,738	18,689	15,916,314	15,972,741
一括比例配分方式により控除する課税仕入れ等の税額（⑰×④／⑦）㉒				
課税売上割合変動時の調整対象固定資産に係る消費税額の調整（加算又は減算）額 ㉓				
調整対象固定資産を課税業務用（非課税業務用）に転用した場合の調整（加算又は減算）額 ㉔				
居住用賃貸建物を課税賃貸用に供した（譲渡した）場合の加算額 ㉕				
控 除 対 象 仕 入 税 額〔（⑱、㉑又は㉒の金額）±㉓±㉔＋㉕〕がプラスの時 ㉖	37,738	18,689	15,916,314	15,972,741
控 除 過 大 調 整 税 額〔（⑱、㉑又は㉒の金額）±㉓±㉔＋㉕〕がマイナスの時 ㉗				
貸 倒 回 収 に 係 る 消 費 税 額 ㉘				

注意
1 金額の計算においては、1円未満の端数を切り捨てる。
2 旧税率が適用された取引がある場合は、付表2-2を作成してから当該付表を作成する。
3 ⑨、⑩及び⑪欄には、値引き、割戻し、割引きなど仕入対価の返還等の金額がある場合（仕入対価の返還等の金額を仕入金額から直接減額している場合を除く。）には、その金額を控除した後の金額を記載する。
4 ⑪及び⑫欄の「経過措置」は、所得税法等の一部を改正する法律（平成28年法律第15号）附則第52条又は第53条の適用がある場合をいう。

(R5.10.1以後終了 課税期間用)

第4-(6)号様式

付表2-2　課税売上割合・控除対象仕入税額等の計算表
〔経過措置対象課税資産の譲渡等を含む課税期間用〕

一般

| 課税期間 | 5・4・1 ～ 6・3・31 | 氏名又は名称 | 株式会社ABCコーポレーション |

項　目	税率3％適用分 A	税率4％適用分 B	税率6.3％適用分 C	旧税率分小計X (A+B+C)
課税売上額（税抜き）①				
免税売上額②				
非課税資産の輸出等の金額、海外支店等へ移送した資産の価額③				
課税資産の譲渡等の対価の額（①＋②＋③）④				610,000,000
課税資産の譲渡等の対価の額（④の金額）⑤				
非課税売上額⑥				
資産の譲渡等の対価の額（⑤＋⑥）⑦				610,000,000
課税売上割合（④／⑦）⑧				〔99 %〕
課税仕入れに係る支払対価の額（税込み）⑨			648,000	648,000
課税仕入れに係る消費税額⑩			37,800	37,800
適格請求書発行事業者以外の者から行った課税仕入れに係る経過措置の適用を受ける課税仕入れに係る支払対価の額（税込み）⑪				
適格請求書発行事業者以外の者から行った課税仕入れに係る経過措置により課税仕入れに係る消費税額とみなされる額⑫				
特定課税仕入れに係る支払対価の額⑬				
特定課税仕入れに係る消費税額⑭				
課税貨物に係る消費税額⑮				
納税義務の免除を受けない（受ける）こととなった場合における消費税額の調整（加算又は減算）額⑯				
課税仕入れ等の税額の合計額（⑩＋⑫＋⑮±⑯）⑰			37,800	37,800
課税売上高が5億円以下、かつ、課税売上割合が95％以上の場合（⑰の金額）⑱				
⑰のうち、課税売上げにのみ要するもの⑲				
⑰のうち、課税売上げと非課税売上げに共通して要するもの⑳			37,800	37,800
個別対応方式により控除する課税仕入れ等の税額〔⑲＋（⑳×④／⑦）〕㉑			37,738	37,738
一括比例配分方式により控除する課税仕入れ等の税額（⑰×④／⑦）㉒				
課税売上割合変動時の調整対象固定資産に係る消費税額の調整（加算又は減算）額㉓				
調整対象固定資産を課税業務用（非課税業務用）に転用した場合の調整（加算又は減算）額㉔				
居住用賃貸建物を課税賃貸用に供した（譲渡した）場合の加算額㉕				
控除対象仕入税額〔（⑱、㉑又は㉒の金額）±㉓±㉔＋㉕〕がプラスの時㉖			37,738	37,738
控除過大調整税額〔（⑱、㉑又は㉒の金額）±㉓±㉔＋㉕〕がマイナスの時㉗				
貸倒回収に係る消費税額㉘				

消費税の会計処理について（中間報告）

平成元年1月18日
日本公認会計士協会
消費税の会計処理に関するプロジェクトチーム

第1. はじめに

　消費税は、事業者が国内で行った課税資産の譲渡等を課税対象とする間接税である。製造及び流通等の各段階の事業者を納税義務者とするが、原則として、その税額が転嫁され、最終的には消費者がそれを負担するところの新しい税制である。

　当報告は、消費税法及びその関連法令が昭和63年12月30日に公布・施行され、平成元年4月1日から適用されることに伴い、企業が採用すべき当面の「消費税の会計処理」について、当プロジェクトチームの検討結果を報告するものである。この報告の会計処理は、主に証券取引法監査及び商法監査の対象となる企業を考慮して作成したものであるが、その他の企業にも利用できるよう配慮を行った。

第2. 会計処理の基本的考え方

　消費税は、付加価値に課税するものであり、原則として、資産の譲渡等の都度その対価の額につき課税を行うこととし、その前段階に課された税額を控除又は還付して調整することとされている。このように仕入れ等に係る消費税（以下「仕入税」という。）は、一種の仮払金ないし売上等に係る消費税（以下「販売税」という。）から控除される一種の通過支出であり、各段階の納税義務者である企業においては、消費税の会計処理が損益計算に影響を及ぼさない方式（税抜方式）を採用することが適当である。

　ただし、非課税取引が主要な部分を占める企業等当該企業が消費税の負担者となると認められる場合、簡易課税制度を採用した場合、その他企業の業種業態等から判断して合理性がある場合には、それに対応する会計処理方式（税込方式）を採用することができる。

　なお、資産に係る控除対象外消費税の性格については、最終的な消費について負担したものと考え「当該資産の付随費用として取得原価を構成するもの」とみる説と控除できなくなった仮払金であるとの考え方等から「発生事業年度の期間費用」とみる説があるが、いずれがより適当であるかは、消費税法適用後の経過等を踏まえ、今後更に検討すべきものと考える。

第3. 税抜方式

　これは、仕入税を仮払消費税等の勘定で、販売税を仮受消費税等の勘定で処理し、課税期間に係る販売税と仕入税とを相殺し、その差額を納付し又は還付を受ける方式であり、企業の損益計算に影響を及ぼさない方式である。

Ⅰ. 消費税の会計処理

1. 販　　　売　　　税……販売税は、売上、雑収入、特別利益等と区分し、仮受消費税等として処理する。

2. 仕　　　入　　　税……仕入税は、仕入、経費、固定資産等と区分し、仮払消費税等として処理する。

3. 納付すべき消費税（以下「納付税」という。）……販売税から控除対象消費税を控除した金額を未払計上し、費用に関係させない。

4. 還付を受ける消費税（以下「還付税」という。）……控除対象消費税から販売税を控除した金額を未収計上し、収益に関係させない。

Ⅱ. 税抜方式の仕訳例1（取引の都度行う方法）

1. 取引時の処理

(1) 販売税の処理

売掛金	XXX	売　上	XXX
		仮受消費税	XXX

(2) 仕入税の処理

（例1）

仕　入	XXX	買掛金	XXX
仮払消費税	XXX		

（例2）

製造経費	XXX	未払金	XXX
諸経費	XXX		
仮払消費税	XXX		

（例3）

固定資産	XXX	現金預金	XXX
仮払消費税	XXX		

2. 半期末及び事業年度末（以下「計算期間末」という。）の処理

　計算期間中の販売税と仕入税を相殺し、その差額を未払消費税又は未収消費税に振り替える。

（例1）納付税のある場合

仮受消費税	XXX	仮払消費税	XXX
		未払消費税	XXX

（例2）還付税のある場合

仮受消費税	XXX	仮払消費税	XXX
未収消費税	XXX		

3. 納付又は還付時の処理

（納付時）
　　未払消費税　XXX　　　現金預金　　　　XXX
（還付時）
　　現金預金　　XXX　　　未収消費税　　　XXX
Ⅲ．税抜方式の仕訳例2（取引時点では税込方式で会
　計処理し、計算期間末等に税抜方式に修正する方法）
　1．販売税の処理
　　　売　上　　XXX　　　仮受消費税　　　XXX
　　　雑収入　　XXX
　　　固定資産　XXX
　　　売却益（損）
　2．仕入税の処理
　　　仮払消費税　XXX　　　仕　入　　　　　XXX
　　　　　　　　　　　　　　製造経費　　　　XXX
　　　　　　　　　　　　　　諸経費　　　　　XXX
　　　　　　　　　　　　　　固定資産　　　　XXX
　3．棚卸資産の評価額を修正
　　　仕　入　　　XXX　棚卸資産　　　　　XXX
　　　製造経費　　XXX
　4．未払消費税又は未収消費税の計上時の処理及び
　　　納付又は還付時の処理は、取引の都度行う方法の
　　　場合に同じ。
Ⅳ．資産に係る控除対象外消費税の処理
　1．棚卸資産に係るもの
　（1）　当該棚卸資産の取得原価に算入する方法
　（2）　発生事業年度の期間費用とする方法
　2．固定資産等に係るもの
　（1）　資産に計上する方法
　　　①　当該固定資産等の取得原価に算入する方法
　　　②　固定資産等に係るものを一括して長期前払
　　　　消費税として費用配分する方法
　（2）　発生事業年度の期間費用とする方法
　3．控除対象外消費税の仕訳例
　（1）　資産に計上する場合
　　　①　個々の資産の取得原価に算入する場合
　　　建物　　　　XXX　　　仮払消費税　　　XXX
　　　機械装置　　XXX
　　　②　長期前払消費税で処理する場合
　　　長期前払　　XXX　　　仮払消費税　　　XXX
　　　消費税
　（2）　期間費用とする場合
　　　租税公課　　XXX　　　仮払消費税　　　XXX
　　　（消費税）

第4. 税込方式

　これは、仕入税を資産の取得原価又は費用に含め、
販売税を収益に含める方式である。この方式では、納
付税は租税公課勘定に、還付税は収益勘定に計上する。
Ⅰ．消費税の会計処理
　1．販　売　税……販売税は、売上、雑収入、特別
　　　　　　　　　　利益等に含めて計上する。

　2．仕　入　税……仕入税は、仕入、経費、固定資
　　　　　　　　　　産等に含めて計上する。
　3．納　付　税……租税公課（消費税）として費用
　　　　　　　　　　に計上する。
　4．還　付　税……雑収入（還付消費税）として収
　　　　　　　　　　益に計上する。
Ⅱ．税込方式の仕訳例
　1．計算期間末の処理
　（1）　納付税は租税公課として費用に計上する。
　　　租税公課　　XXX　　　未払消費税　　　XXX
　　　（消費税）
　（2）　還付税は雑収入として収益に計上する。
　　　未収消費税　XXX　　　雑収入　　　　　XXX
　　　　　　　　　　　　　　（還付消費税）
　2．納付又は還付時の処理
　（納付時）
　　　未払消費税　XXX　　　現金預金　　　　XXX
　（還付時）
　　　現金預金　　XXX　　　未収消費税　　　XXX

第5. 財務諸表における表示

Ⅰ．消費税の会計処理は、会計方針として記載するも
　のとする。
　1．税抜方式を採用している場合の記載例
　（1）　資産に係る控除対象外消費税がないとき
　　　消費税の会計処理は、税抜方式によっている。
　（2）　資産に係る控除対象外消費税があるとき
　　　①　資産に係る控除対象外消費税を資産の取得
　　　　原価に算入することとしているとき
　　　　　消費税の会計処理は、税抜方式によってい
　　　　る。ただし、固定資産に係る控除対象外消費
　　　　税は個々の資産の取得原価に算入している。
　　　②　資産に係る控除対象外消費税を一括して長
　　　　期前払消費税に計上することとしているとき
　　　　　消費税の会計処理は、税抜方式によってい
　　　　る。ただし、固定資産に係る控除対象外消費
　　　　税は長期前払消費税に計上し、○年間で均等
　　　　償却を行っている。
　　　③　資産に係る控除対象外消費税を発生事業年
　　　　度の期間費用とすることとしているとき
　　　　　消費税の会計処理は、税抜方式によってい
　　　　る。ただし、資産に係る控除対象外消費税は
　　　　発生事業年度の期間費用としている。
　　　（注）　資産に係る控除対象外消費税の金額が
　　　　　重要でない場合は、上記ただし書きの記
　　　　　載を省略することができる。
　2．税込方式を採用している場合の記載例
　　　消費税の会計処理は、税込方式によっている。
Ⅱ．消費税関連科目の表示方式は、次のとおりとする。
　1．未払消費税
　　　未払消費税は、「未払消費税」等その内容を示す

275

適当な名称を付した科目で貸借対照表に表示する。ただし、その金額が重要でない場合は、未払金等に含めて表示することができる。

2. 未収消費税

未収消費税は、「未収消費税」等その内容を示す適当な名称を付した科目で貸借対照表に表示する。ただし、その金額が重要でない場合は、未収金等に含めて表示することができる。

3. 租税公課（消費税）

税抜方式の場合における控除対象外消費税又は税込方式の場合における納付すべき消費税は、販売費及び一般管理費の「租税公課」に表示し、その金額が重要な場合は「消費税」等その内容を示す適当な名称を付した科目で表示する。

（注） 販売費及び一般管理費として表示することが適当でない場合には、その金額を売上原価、営業外費用等に表示することができる。

4. 雑収入（還付消費税）

税込方式の場合における還付された消費税は営業外収益の「雑収入」等に表示し、その金額が重要な場合は「還付消費税」等その内容を示す適当な名称を付した科目で表示する。

（注） 営業外収益の「雑収入」等として表示することが適当でない場合には、その金額を売上原価、販売費及び一般管理費等から控除して表示することができる。

5. 長期前払消費税

長期前払消費税は、「長期前払消費税」等その内容を示す適当な名称を付した科目で貸借対照表に表示する。ただし、その金額が重要でない場合は、投資その他の資産の「その他」に含めて表示することができる。

以　上

参考資料

公益法人委員会報告第13号
公益法人における消費税の会計処理について（中間報告）

平成元年9月5日
日本公認会計士協会

第1　はじめに

　本報告は、消費税法が平成元年4月1日から適用されたことに伴い、公益法人が採用すべき当面の「消費税の会計処理」について報告するものである。本報告の会計処理は、公益法人会計基準（昭和60年9月17日改正　公益法人指導監督連絡会議決定）を採用する公益法人を対象として作成したものである。

　本報告は、「消費税の会計処理について（中間報告）」（平成元年1月18日付け日本公認会計士協会・消費税の会計処理に関するプロジェクトチーム、以下「プロジェクトチーム中間報告」という。）に基本を置き、公益法人の特殊性を考慮して取りまとめを行った。

第2　会計処理の基本的な考え方

1.「プロジェクトチーム中間報告」の考え方

　消費税について「プロジェクトチーム中間報告」は、次のように述べている。

(1)　消費税は、付加価値に課税するものであり、原則として、資産の譲渡等の都度その対価の額につき課税を行うこととし、その前段階に課された税額を控除又は還付して調整することとされている。このように、仕入れ等に係る消費税は、一種の仮払金ないし売上げ等に係る消費税から控除される一種の通過支出であり、各段階の納税義務者である企業においては、消費税の会計処理が損益計算に影響に及ぼさない方式（税抜方式）を採用することが適当である。

(2)　ただし、非課税取引が主要な部分を占める企業等当該企業が消費税の負担者となると認められる場合、簡易課税制度を採用した場合、その他企業の業種業態等から判断して合理性がある場合には、それに対応する会計処理方式（税込方式）を採用することができる。

(3)　なお、資産に係る控除対象外消費税の性格については、最終的な消費について負担したものと考え「当該資産の付随費用として取得原価を構成するもの」とみる説と控除できなくなった仮払金であるとの考え方から「発生事業年度の期間費用」とみる説があるが、いずれがより適当であるかは、消費税法適用後の経過等を踏まえ、今後更に検討すべきものと考える。

2.　公益法人の考え方

　消費税の会計処理については、税抜方式と税込方式があるが、公益法人会計にあっては、

(1)　消費税の対象外取引及び非課税取引が主要な部分を占めるため、消費税の最終負担者となる法人が多いこと

(2)　免税事業者となる法人及び簡易課税制度を選択する法人が多いこと

(3)　資金収支会計による予算に基づき事業活動を行っているため、税込方式がなじみやすいこと

などの理由から、税込方式を採用することが適当であると考えられる。

　ただし、課税取引が主要部分を占めるため、消費税の最終負担者とならない法人等にあっては、税抜方式を採用することができるものとする。

　特別会計を有する公益法人においては、消費税の納税額の計算は、一法人のすべての会計単位を対象に一括して行われるので、会計単位ごとに税抜方式及び税込方式を区分して採用することはできないことに留意する。

第3　税込方式

　これは、仕入れ等に係る消費税を資産の取得価額又は経費に含め、売上げ等に係る消費税を収入に含める方式である。この方式では、納付すべき消費税は租税公課等の科目に、還付を受ける消費税は雑収入等の科目に計上する。

1.　消費税の会計処理

(1)　売上げ等に係る消費税は、収入の部の各科目に含めて計上する。

(2)　仕入れ等に係る消費税は、事業費、管理費及び固定資産取得支出等の各科目に含めて計上する。

(3)　納付すべき消費税は、事業費（又は管理費）の租税公課（又は消費税）に計上する。

(4)　還付を受ける消費税は、雑収入（又は還付消費税）に計上する。

2.　税込方式の仕訳例

(1)　取引時の処理

①　売上げ等に係る消費税の処理

現 金 預 金 ×××　事 業 収 入 ×××

②　仕入れ等に係る消費税の処理

事 業 税 ×××　現 金 預 金 ×××

管 理 費 ×××　現 金 預 金 ×××

277

```
固 定 資 産    ×××  現 金 預 金  ×××
取 得 支 出
```
(2) 事業年度末の処理
　　① 納付すべき消費税は、租税公課（又は消費税）に計上する。
```
租 税 公 課  ×××  未 払 金  ×××
（又は消費税）        （又は未払消費税）
```
　　② 還付を受ける消費税は、雑収入（又は還付消費税）に計上する。
```
未 収 金  ×××  雑 収 入  ×××
（又は未収消費税）      （又は還付消費税）
```
(3) 納付又は還付時の処理
　　① 納付時
```
未 払 金  ×××  現 金 預 金  ×××
（又は未払消費税）
```
　　② 還付時
```
現 金 預 金  ×××  未 収 金  ×××
                          （又は未収消費税）
```
3. 特別会計を有している場合
　特別会計を有している場合には、納付すべき消費税又は還付を受ける消費税は、原則として、発生原因に応じて一般会計と特別会計に按分して処理するものとする。ただし、発生原因別に按分することが困難な場合又は重要性がない場合には、一括して処理することもできるものとする。

第4　税抜方式

　これは、仕入れ等に係る消費税を仮払消費税等の科目で、売上げ等に係る消費税を仮受消費税等の科目で処理し、課税期間に係る売上げ等に係る消費税と控除対象の仕入れ等に係る消費税とを相殺し、その差額を納付し又は還付を受けるものである。
1. 消費税の会計処理
　(1) 売上げ等に係る消費税は、収入の部の各科目と区分し、仮受消費税等として処理する。
　(2) 仕入れ等に係る消費税は、事業費、管理費及び固定資産取得支出等と区分し、仮払消費税等として処理する。
　(3) 納付すべき消費税は、売上げ等に係る消費税から控除対象の仕入れ等に係る消費税を控除した金額を仮受消費税等から未払金（又は未払消費税）に振り替える。
　(4) 還付を受ける消費税は、控除対象消費税から売上げ等に係る消費税を控除した金額を仮払消費税等から未収金（又は未収消費税）に振り替える。
　(5) 経費に係る控除対象外消費税は、当該事業年度の租税公課（又は消費税）として処理するものとする。
2. 税抜方式の仕訳例1（取引の都度行う方法）
　(1) 取引時の処理
　　① 売上げ等に係る消費税の処理

```
現 金 預 金  ×××  事 業 収 入  ×××
                   仮受消費税  ×××
```
　　② 仕入れ等に係る消費税の処理
　　（例1）
```
事 業 費  ×××  現 金 預 金  ×××
仮払消費税  ×××
```
　　（例2）
```
管 理 費  ×××  現 金 預 金  ×××
仮払消費税  ×××
```
　　（例3）
```
固 定 資 産  ×××  現 金 預 金  ×××
取 得 支 出
仮払消費税  ×××
```
(2) 事業年度末の処理
　計算期間中の売上げ等に係る消費税と控除対象の仕入れ等に係る消費税を相殺し、その差額を未払金（未払消費税）又は未収金（未収消費税）に振り替える。経費に係る控除対象外消費税は、事業費又は管理費の租税公課（又は消費税）に振り替える。
　　① 納付すべき消費税のある場合
```
仮受消費税  ×××  仮払消費税  ×××
                   未 払 金  ×××
                   （又は未払消費税）
```
　　② 還付を受ける消費税のある場合
```
仮受消費税  ×××  仮払消費税  ×××
未 収 金  ×××
（又は未収消費税）
```
　　③ 経費に係る控除対象外消費税の処理
```
租 税 公 課  ×××  仮払消費税  ×××
（又は消費税）
```
(3) 納付又は還付時の処理
　　① 納付時
```
未 払 金  ×××  現 金 預 金  ×××
（又は未払消費税）
```
　　② 還付時
```
現 金 預 金  ×××  未 収 金  ×××
                          （又は未収消費税）
```
　　（注）　上記の仕訳例では、仮払消費税・仮受消費税及び未払金（又は未払消費税）・未収金（又は未収消費税）は、資金の範囲に含まれるものとした。
3. 税抜方式の仕訳例2（取引時点では税込方式で会計処理し、事業年度末に税抜方式に修正する方法）
　(1) 取引時の処理
　　税込方式の仕訳例の取引時の処理に同じ。
　(2) 事業年度末の処理
　　① 売上げ等に係る消費税の処理
```
事 業 収 入  ×××  仮受消費税  ×××
雑 収 入  ×××
```

固定資産
　　売却収入　×××
　②　仕入れ等に係る消費税の処理
　　仮払消費税　×××　事業費　×××
　　　　　　　　　　　　管理費　×××
　　　　　　　　　　　　固定資産
　　　　　　　　　　　　取得支出　×××
（3）　納付すべき消費税又は還付を受ける消費税の未
　　払金又は未収金の計上時の処理及び納付又は還付
　　時の処理は、取引の都度行う方法に同じ。
4.　特別会計を有している場合
　　　特別会計を有している場合、売上げ等に係る消費
　　税及び仕入れ等に係る消費税の税抜処理は、各会計
　　単位ごとに行うこととなるが、事業年度末の処理は、
　　原則として、納付すべき消費税及び還付を受ける消
　　費税の発生原因に応じて一般会計と特別会計に按分
　　して処理するものとする。ただし、発生原因別に按
　　分することが困難な場合又は重要性がない場合には
　　一括して処理することもできるものとする。
5.　資産に係る控除対象外消費税の処理
　（1）　発生事業年度の支出として処理する方法
　（2）　当該資産の取得価額に算入する方法
　　　資産に係る控除対象外消費税の会計処理は、その性
　　格を、控除できなくなった仮払金であるとの考え方に
　　より(1)を選択する場合と、最終的な消費について負担
　　した付随費用であると考え(2)を選択する場合がある
　　が、いずれかの方法を選択することとなる。
　　　(2)の方法を選択した場合には、収支計算において税
　　抜方式を採用しているため、資産に係る控除対象外消
　　費税を当該資産の取得価額に計上するためには、再び
　　収支計算書に資産取得支出として計算するとともに、
　　正味財産増減計算において資産増加額に加算して処理
　　する必要があることに留意する。
6.　資産に係る控除対象外消費税の仕訳例
　（1）　事業年度の支出として処理する場合
　　　租税公課　×××　仮払消費税　×××
　　　（又は消費税）
　（2）　資産の取得価額に算入する場合
　　　固定資産
　　　取得支出　×××　仮払消費税　×××
　　　（又は固定資産取得に係る消費税支出）
　　　固定資産　×××　固定資産
　　　　　　　　　　　　取得額　×××
　　（注）　仮払消費税は、資金の範囲に含まれること
　　　　とした。

7.　特別会計を有する場合
　　　特別会計を有している場合に、資産に係る控除対象
　　外消費税を発生事業年度の支出として処理する場合
　　は、原則として、資産に係る控除対象外消費税の発生
　　原因に応じて、一般会計と特別会計に按分して処理す
　　るものとする。ただし、発生原因別に按分することが
　　困難な場合又は重要性がない場合には、一括して処理
　　することができるものとする。
　　　資産に係る控除対象外消費税を当該資産の取得価額
　　に算入する場合には、当該会計単位において処理する
　　ものとする。

第5　計算書類における表示

1.　消費税の会計処理は、重要な会計方針として記載
　　するものとする。
　（1）　税抜方式を採用している場合の記載例
　　　　消費税の会計処理は、税込方式によっている。
　（2）　税抜方式を採用している場合の記載例
　　①　資産に係る控除対象外消費税がないとき
　　　　消費税の会計処理は、税抜方式によっている。
　　②　資産に係る控除対象外消費税があるとき
　　　ア.　資産に係る控除対象外消費税を発生事業年
　　　　度の支出として処理することとしているとき
　　　　　消費税の会計処理は、税抜方式によってい
　　　　る。ただし、資産に係る控除対象外消費税は
　　　　発生事業年度の支出として処理している。
　　　イ.　資産に係る控除対象外消費税を資産の取得
　　　　価額に算入することとしているとき
　　　　　消費税の会計処理は、税抜方式によってい
　　　　る。ただし、資産に係る控除対象外消費税は
　　　　個々の資産の取得価額に算入している。
　（注）　資産に係る控除対象外消費税の金額が重要で
　　　　ない場合は、上記のただし書の記載を省略する
　　　　ことができる。

府 益 担 第138号
令和5年2月3日

各都道府県公益法人行政担当部局長　殿

内閣府大臣官房公益法人行政担当室長

公益法人における消費税等の会計処理について（通知）

　「所得税法等の一部を改正する法律」（平成28年法律第15号）、「所得税法等の一部を改正する法律」（平成30年法律第7号）、「消費税法施行令等の一部を改正する政令」（平成30年政令第135号）及び「消費税法施行規則等の一部を改正する省令」（平成30年財務省令第18号）の規定により、令和5年10月1日から、消費税の仕入税額控除の方式として適格請求書等保存方式（インボイス制度）が導入されます。同制度の導入に伴い、公益法人の会計に関する研究会及び公益認定等委員会において検討を行った結果、公益法人における消費税等（※）の会計処理については下記のとおりとします。

　貴職におかれましては、当該事務を行うに当たっては、下記事項を踏まえ、適切に実施されるとともに、所管の公益法人をはじめ、広く周知されるようお願いします。

　なお、この通知に関連する「公益法人会計基準」及び「公益法人会計基準の運用指針」の変更はありません。

　また、本通知は、地方自治法（昭和22年法律第67号）第245条の4第1項の規定に基づく技術的な助言であることを申し添えます。

　※消費税等：消費税及び地方消費税

記

1．インボイス制度導入後の税込方式の継続について

　公益法人における消費税等の会計処理について、現在税込方式を採用されている法人におかれましては、従来どおり税込方式を採用しても差支えありません。

2．インボイス制度の導入に伴う税込方式から税抜方式への変更について

　インボイス制度の導入に伴い、消費税等の会計処理を税込方式から税抜方式へ変更する場合におかれましては、過去の期間に消費税等が算入された固定資産等の取得原価を修正する際、相当の期間にわたり情報を入手することが必要となり、実務的な対応に困難を伴うことが想定されるため、変更初年度の期首より前までに消費税等が算入された固定資産等の取得原価から消費税等相当額を控除しないことができます。

　また、消費税等の会計処理（方針）の変更に関する「財務諸表に対する注記」において、当該変更による影響額の記載についても法人の負担を鑑み記載しないこともできます。

（参考資料）

「令和4年度公益法人の会計に関する諸課題の検討結果及び整理について」（令和5年2

月3日　内閣府公益認定等委員会　公益法人の会計に関する研究会）

以上

（照会先）
内閣府 大臣官房公益法人行政担当室
電話：03-5403-9555（内線 9535、9531）

消費税法等の施行に伴う法人税の取扱いについて

平成元年3月1日直法2-1

平成6年3月16日課法2-1（例規）により改正

平成9年2月26日課法2-1（例規）により改正

平成10年6月23日課法2-7（例規）により改正

平成16年6月23日課法2-10（法令解釈通達）により改正

平成19年3月13日課法2-3、課審5-11（法令解釈通達）により改正

平成22年11月30日課法2-7、課審5-33（法令解釈通達）により改正

平成25年6月27日課法2-4、課審6-16（法令解釈通達）により改正

平成26年3月13日課法2-1（法令解釈通達）により改正

平成26年6月27日課法2-6、課審6-11（法令解釈通達）により改正

平成27年6月30日課法2-8、課審6-3（法令解釈通達）により改正

平成28年6月28日課法2-11、課審6-9（法令解釈通達）により改正

平成29年6月30日課法2-17、課審6-6（法令解釈通達）により改正

令和元年6月28日課法2-10、課審6-9、査調9-117（法令解釈通達）により改正

令和3年2月9日付課法2-6（法令解釈通達）により改正

令和4年6月24日付課法2-14、課審6-5（法令解釈通達）により改正

令和5年6月20日付課法2-8、課審6-6（法令解釈通達）により改正

標題のことについては、下記のとおり定めたから、これによられたい。

（趣旨）

　消費税法（昭和63年法律第108号）、所得税法及び消費税法の一部を改正する法律（平成6年法律第109号）、地方税法等の一部を改正する法律（平成6年法律第111号）、地方税法等の一部を改正する法律の一部の施行に伴う関係政令の整備等に関する政令（平成9年政令第17号）、社会保障の安定財源の確保等を図る税制の抜本的な改革を行うための消費税法の一部を改正する等の法律（平成24年法律第68号）、社会保障の安定財源の確

保等を図る税制の抜本的な改革を行うための地方税法及び地方交付税法の一部を改正する法律（平成24年法律第69号）、所得税法等の一部を改正する法律（平成27年法律第9号）、地方税法等の一部を改正する法律（平成27年法律第2号）、所得税法等の一部を改正する法律（平成28年法律第15号）及び地方税法等の一部を改正する等の法律（平成28年法律第13号）の施行に伴い、法人税の課税所得金額の計算における消費税及び地方消費税の取扱いを明らかにするものである。（平9年課法2-1、令元年課法2-10により改正）

記

（用語の意義）

1　この通達において、次に掲げる用語の意義は、それぞれ次に定めるところによる。（平成9年課法2-1、令元年課法2-10、令3年課法2-6により改正）

(1)　法　法人税法（昭和40年法律第34号）をいう。

(2)　令　法人税法施行令（昭和40年政令第97号）をいう。

(3)　消法　消費税法（昭和63年法律第108号）をいう。

(4)　消法令　消費税法施行令（昭和63年政令第360号）をいう。

(5)　措置法　租税特別措置法（昭和32年法律第26号）をいう。

(6)　消費税等　消費税及び地方消費税をいう。

(7)　税抜経理方式　消費税等の額とこれに係る取引の対価の額とを区分して経理をする方式をいう。

(8)　税込経理方式　消費税等の額とこれに係る取引の対価の額とを区分しないで経理をする方式をいう。

(9)　課税期間　消法第19条第1項《課税期間》に規定する課税期間をいう。

(10)　課税仕入れ等　消法第2条第1項第12号《定義》に規定する課税仕入れ又は同項第2号に規定する保税地域からの同項第11号に規定する課税貨物の引取りをいう。

(11)　特定課税仕入れ　消法第5条第1項《納税義務者》に規定する特定課税仕入れをいう。

(12)　仮受消費税等の額　課税期間中に行った消法第2条第1項第9号に規定する課税資産の譲渡等につき課されるべき消費税の額及び当該消費税の額を課税標準として課

されるべき地方消費税の額に相当する金額をこれらに係る取引の対価の額と区分する経理をする場合における当該課されるべき消費税の額及び当該課されるべき地方消費税の額に相当する金額をいう。

(13) 仮払消費税等の額　課税期間中に行った課税仕入れ等に係る消法第30条第2項《仕入れに係る消費税額の控除》に規定する課税仕入れ等の税額及び当該課税仕入れ等の税額に係る地方消費税の額に相当する金額（以下(15)までにおいて「課税仕入れ等に係る消費税額等」という。）をこれらに係る取引の対価の額と区分する経理をする場合における当該課税仕入れ等に係る消費税額等をいう。

(14) 控除対象外消費税額等　令第139条の4第5項《資産に係る控除対象外消費税額等の損金算入》の「控除をすることができない金額及び当該控除をすることができない金額に係る地方消費税の額に相当する金額の合計額」をいう。

(15) 控除対象消費税額等　消法第30条第1項の規定の適用を受ける場合における課税仕入れ等に係る消費税額等のうち控除対象外消費税額等以外の金額をいう。

（税抜経理方式と税込経理方式の選択適用）

2　法人（消法第9条第1項本文《小規模事業者に係る納税義務の免除》の規定により消費税を納める義務が免除されるものを除く。以下3の2までにおいて同じ。）が行う取引に係る消費税等の経理処理につき、当該法人の行う全ての取引について税抜経理方式又は税込経理方式のいずれかの方式に統一していない場合には、その行う全ての取引についていずれかの方式を適用して法人税の課税所得金額を計算するものとする。ただし、法人が売上げ等の収益に係る取引につき税抜経理方式で経理をしている場合において、固定資産、繰延資産及び棚卸資産（以下「固定資産等」という。）の取得に係る取引又は販売費及び一般管理費等（以下「経費等」という。）の支出に係る取引のいずれかの取引について税込経理方式で経理をしたときは、当該取引については税込経理方式を、当該取引以外の取引にあっては税抜経理方式を適用して法人税の課税所得金額を計算する。（平9年課法2-1、令元年課法2-10、令3年課法2-6により改正）

（注）　ただし書の適用に当たっては、固定資産等のうち棚卸資産の取得に係る取引について、固定資産及び繰延資産と異なる方式を適用した場合には、継続して適用し

た場合に限りその適用した方式によるほか、次に定めるところによる。

（1）個々の固定資産等又は個々の経費等ごとに異なる方式を適用しない。

（2）消費税と地方消費税について異なる方式を適用しない。

（売上げと仕入れで経理方式が異なる場合の取扱い）

3　法人が国内において行う売上げ等の収益に係る取引について税込経理方式で経理を
している場合には、固定資産等の取得に係る取引又は経費等の支出に係る取引の全部
又は一部について税抜経理方式で経理をしている場合であっても、2《税抜経理方式
と税込経理方式の選択適用》にかかわらず、税込経理方式を適用して法人税の課税所
得金額を計算することに留意する。（令3年課法2−6により追加）

（注）　この取扱いは、消法第6条第1項《非課税》の規定により消費税を課さないこと
とされている資産の譲渡等のみを行う法人が、固定資産等の取得に係る取引又は経
費等の支出に係る取引の全部又は一部について税抜経理方式で経理をしている場合
についても同様とする。

（仮受消費税等又は仮払消費税等と異なる金額で経理をした場合の取扱い）

3の2　法人が行う取引に係る消費税等の経理処理について税抜経理方式によっている場
合において、次に掲げる場合に該当するときは、それぞれ次に定めるところにより法
人税の課税所得金額を計算することに留意する。（令3年課法2−6により追加）

（1）仮受消費税等の額又は仮払消費税等の額を超える金額を取引の対価の額から区分
して経理をしている場合　その超える部分の金額を売上げ等の収益に係る取引の対
価の額又は固定資産等の取得に係る取引若しくは経費等の支出に係る取引の対価の
額に含める。

（注）　減価償却資産の取得に係る取引において仮払消費税等の額を超えて取引の対
価の額から区分して経理をしたことによりその取得価額に含まれることとなる金
額につき損金経理をしている場合には、その損金経理をした金額は法第31条第1
項《減価償却資産の償却費の計算及びその償却の方法》に規定する「償却費とし

285

て損金経理をした金額」に含まれるものとする。

(2) 仮受消費税等の額又は仮払消費税等の額に満たない金額を取引の対価の額から区分して経理をしている場合　その満たない部分の金額を売上げ等の収益に係る取引の対価の額又は固定資産等の取得に係る取引若しくは経費等の支出に係る取引の対価の額から除く。

（期末一括税抜経理方式）

4　税抜経理方式による経理処理は、原則として取引（請求書の交付を含む。）の都度行うのであるが、消法令第46条第2項《課税仕入れに係る消費税額の計算》の規定の適用を受ける場合を除き、その経理処理を事業年度終了の時において一括して行うことができるものとする。（令3年課法2-6により改正）

（免税事業者の消費税等の処理）

5　消法第9条第1項本文《小規模事業者に係る納税義務の免除》の規定により消費税を納める義務が免除される法人については、その行う取引について税抜経理方式で経理をしている場合であっても、2《税抜経理方式と税込経理方式の選択適用》にかかわらず、税込経理方式を適用して法人税の課税所得金額を計算することに留意する。（平9年課法2-1、令3年課法2-6により改正）

（特定課税仕入れに係る消費税等の額）

5の2　特定課税仕入れの取引については、取引時において消費税等の額に相当する金銭の受払いがないのであるから、税抜経理方式を適用することとなる法人であっても、当該特定課税仕入れの取引の対価の額と区分すべき消費税等の額はないことに留意する。

　　ただし、法人が当該特定課税仕入れの取引につき課されるべき消費税の額及び当該消費税の額を課税標準として課されるべき地方消費税の額に相当する金額を当該取引の対価の額と区分して、例えば、仮受金及び仮払金等としてそれぞれ計上するなど仮勘定を用いて経理をしている場合には、当該仮受金又は仮払金等として経理をした金

額はそれぞれ仮受消費税等の額又は仮払消費税等の額に該当するものとして、法人税の課税所得金額を計算することに留意する。（平27年課法2−8により追加、令3年課法2−6により改正）

(注) この取扱いによった場合においても、2《税抜経理方式と税込経理方式の選択適用》の適用については、税込経理方式で経理をしたことにはならないことに留意する。

（仮払消費税等及び仮受消費税等の清算）

6 税抜経理方式を適用することとなる法人は、課税期間の終了の時における仮受消費税等の額の合計額から仮払消費税等の額の合計額（控除対象外消費税額等に相当する金額を除く。以下6において同じ。）を控除した金額と当該課税期間に係る納付すべき消費税等の額とに差額が生じた場合は、当該差額については、当該課税期間を含む事業年度において益金の額又は損金の額に算入するものとする。

　課税期間の終了の時における仮払消費税等の額の合計額から仮受消費税等の額の合計額を控除した金額と当該課税期間に係る還付を受ける消費税等の額とに差額が生じた場合についても同様とする。（平9年課法2−1、平27年課法2−8、令3年課法2−6により改正）

（消費税等の損金算入の時期）

7 税込経理方式を適用することとなる法人が納付すべき消費税等の額は、納税申告書に記載された税額については当該納税申告書が提出された日の属する事業年度の損金の額に算入し、更正又は決定に係る税額については当該更正又は決定があった日の属する事業年度の損金の額に算入する。ただし、当該法人が申告期限未到来の当該納税申告書に記載すべき消費税等の額を損金経理により未払金に計上したときの当該金額については、当該損金経理をした事業年度の損金の額に算入する。（平9年課法2−1、令3年課法2−6により改正）

（消費税等の益金算入の時期）

8　税込経理方式を適用することとなる法人が還付を受ける消費税等の額は、納税申告書に記載された税額については当該納税申告書が提出された日の属する事業年度の益金の額に算入し、更正に係る税額については当該更正があった日の属する事業年度の益金の額に算入する。ただし、当該法人が当該還付を受ける消費税等の額を収益の額として未収入金に計上したときの当該金額については、当該収益に計上した事業年度の益金の額に算入する。（平9年課法2-1、令3年課法2-6により改正）

（少額の減価償却資産の取得価額等の判定）

9　令第133条《少額の減価償却資産の取得価額の損金算入》、令第133条の2《一括償却資産の損金算入》又は令第134条《繰延資産となる費用のうち少額のものの損金算入》の規定を適用する場合において、これらの規定における金額基準を満たしているかどうかは、法人がこれらの規定の適用がある減価償却資産に係る取引につき適用することとなる税抜経理方式又は税込経理方式に応じ、その適用することとなる方式により算定した価額により判定することに留意する。

　　措置法に規定する特別償却等において定められている金額基準又は措置法第61条の4第6項第2号《交際費等の損金不算入》に規定する金額基準についても、同様とする。（平10年課法2-7、平19年課法2-3、平26年課法2-6、令3年課法2-6、令4年課法2-14により改正）

（資産の評価損益等に係る時価）

10　資産又は時価評価資産について、次に掲げる規定を適用する場合におけるそれぞれ次に定める価額は、当該資産又は当該時価評価資産につき法人が適用することとなる税抜経理方式又は税込経理方式に応じ、その適用することとなる方式による価額をいうものとする。（平16年課法2-10、平19年課法2-3、平22年課法2-7、平29年課法2-17、令3年課法2-6、令4年課法2-14により改正）

（1）法第25条第3項《資産の評価益》　令第24条の2第5項第1号《再生計画認可の決定

に準ずる事実等》に規定する「当該再生計画認可の決定があった時の価額」

(2) 法第33条第2項《資産の評価損》　同項に規定する「評価換えをした日の属する事業年度終了の時における当該資産の価額」

(3) 法第33条第4項　令第68条の2第4項第1号《再生計画認可の決定に準ずる事実等》に規定する「当該再生計画認可の決定があった時の価額」

(4) 法第62条の9第1項《非適格株式交換等に係る株式交換完全子法人等の有する資産の時価評価損益》同項に規定する「時価評価資産」に係る「非適格株式交換等の直前の時の価額」又は「その時の価額」

(5) 法第64条の11第1項《通算制度の開始に伴う資産の時価評価損益》同項に規定する「時価評価資産」に係る「その時の価額」

(6) 法第64条の12第1項《通算制度への加入に伴う資産の時価評価損益》同項に規定する「時価評価資産」に係る「その時の価額」

(7) 法第64条の13第1項《通算制度からの離脱等に伴う資産の時価評価損益》同項に規定する「時価評価資産」に係る「その時の価額」

　　(注)　令第123条の11第1項第5号《非適格株式交換等に係る株式交換完全子法人等の有する資産の時価評価損益》又は第131条の15第1項第5号《通算制度の開始に伴う資産の時価評価損益》、第131条の16第1項第3号《通算制度への加入に伴う資産の時価評価損益》若しくは第131条の17第3項第4号《通算制度からの離脱等に伴う資産の時価評価損益》に規定する「資産の価額」についても、同様とする。

（寄附金に係る時価）

11　法第37条第7項及び第8項《寄附金の損金不算入》の規定を適用する場合における「資産のその贈与の時における価額」又は「資産のその譲渡の時における価額」は、当該資産につき法人が適用することとなる税抜経理方式又は税込経理方式に応じ、その適用することとなる方式による価額をいい、「経済的な利益のその供与の時における価額」は、売上げ等の収益に係る取引につき法人が適用することとなる方式に応じ、その適用することとなる方式による価額をいうものとする。（平16年課法2-10、令3年課法2-6により改正）

289

（交際費等に係る消費税等の額）

12　法人が支出した措置法第61条の4第6項《交際費等の損金不算入》に規定する交際費等（以下「交際費等」という。）に係る消費税等の額は、交際費等の額に含まれることに留意する。

　　ただし、法人が当該交際費等の支出に係る取引につき税抜経理方式を適用することとなる場合には、当該交際費等に係る課税仕入れ等の消費税等の額のうち控除対象消費税額等は交際費等の額に含めないものとする。（平26年課法2-6、平28年課法2-11、令4年課法2-14により改正）

（注）

1　税込経理方式を適用することとなる場合には、交際費等に係る課税仕入れ等の消費税等の額は、その全額が交際費等の額に含まれることになる。

2　税抜経理方式を適用することとなる場合における交際費等に係る課税仕入れ等の消費税の額のうち控除対象外消費税額等に相当する金額は、交際費等の額に含まれることになる。

3　2により交際費等の額に含まれることとなる金額のうち、措置法第61条の4第6項に規定する飲食費に係る金額については、同項の飲食費の額に含まれる。

4　控除対象外消費税額等のうち特定課税仕入れ（その支払対価の額が交際費等の額に該当するものに限る。）に係る金額は、本文の「交際費等に係る課税仕入れ等の消費税等の額」に含まれないことに留意する。

（資産に係る控除対象外消費税額等の処理）

13　令第139条の4第5項《資産に係る控除対象外消費税額等の損金算入》に規定する資産に係る控除対象外消費税額等の合計額（以下「資産に係る控除対象外消費税額等」という。）については、同条の規定の適用を受け、又は受けないことを選択することができるが、同条の規定の適用を受ける場合には、資産に係る控除対象外消費税額等の全額について同条の規定を適用することになることに留意する。したがって、法人が資産に係る控除対象外消費税額等の一部について損金経理をしなかった場合には、

その損金経理をしなかった資産に係る控除対象外消費税額等については、当該事業年度後の事業年度において同条第4項の規定を適用するのであるから留意する。

（平6年課法2-1、平9年課法2-1、平16年課法2-10、令3年課法2-6、令4年課法2-14により改正）

（注）この取扱いの後段の適用を受ける場合において、法人が資産に係る控除対象外消費税額等の一部について資産の取得価額に算入したときは、その資産の取得価額に算入した資産に係る控除対象外消費税額等は、当該資産の取得価額から除いて法人税の課税所得金額を計算することに留意する。

（資産の範囲）

14　令第139条の4《資産に係る控除対象外消費税額等の損金算入》の資産には、棚卸資産、固定資産のほか繰延資産が含まれるが、前払費用（一定の契約に基づき継続的に役務の提供を受けるために支出した費用のうち当該事業年度終了の時においてまだ提供を受けていない役務に対応するものをいう。）は含まれないことに留意する。

（平6年課法2-1、平16年課法2-10、令3年課法2-6により改正）

（適格請求書発行事業者以外の者から行った課税仕入れに係る消費税等の処理）

14の2　国内において行った消法第2条第1項第7号の2《定義》に規定する適格請求書発行事業者以外の者から行った同項第12号に規定する課税仕入れ（特定課税仕入れ並びに消法令第46条第1項第5号及び第6号《課税仕入れに係る消費税額の計算》に掲げる課税仕入れを除く。）に係る取引について税抜経理方式で経理をしている場合であっても、その取引の対価の額と区分して経理をした消費税等の額に相当する金額を当該課税仕入れに係る取引の対価の額に含めて法人税の課税所得金額を計算することになることに留意する。（令3年課法2-6により追加、令5年課法2-8により改正）

（注）1　3の2（1）（注）《仮受消費税等又は仮払消費税等と異なる金額で経理をした場合の取扱い》の取扱いは、本文の取扱いの適用を受ける場合についても同様とする。

2　本文の取扱いによった場合においても、2《税抜経理方式と税込経理方式の選択適用》の適用については、税込経理方式で経理をしたことにはならないことに留意する。

3　本文の取扱いは、本文の課税仕入れが国若しくは地方公共団体、消法別表第三に掲げる法人又は人格のない社団等において、消法令第75条第8項《国、地方公共団体等の仕入れに係る消費税額の特例》の規定の適用を受け、又は受けることが見込まれるものであっても同様であることに留意する。

（控除対象外消費税額等の対象となる消費税法の規定）

14の3　税抜経理方式を適用することとなる法人が国内において行う課税仕入れ等（消法第2条第1項第7号の2《定義》に規定する適格請求書発行事業者以外の者から行った同項第12号に規定する課税仕入れ（特定課税仕入れ並びに消法令第46条第1項第5号及び第6号《課税仕入れに係る消費税額の計算》に掲げる課税仕入れを除く。）を除く。）につき、消法第30条第2項《仕入れに係る消費税額の控除》のほか、例えば、次の規定の適用を受ける場合には、当該規定の適用を受ける取引に係る仮払消費税等の額は、控除対象外消費税額等となることに留意する。（令3年課法2-6により追加）

（1）　消法第30条第7項及び第10項から第12項まで（同条第7項及び第11項にあっては、ただし書を除く。）

（2）　消法第36条第5項《納税義務の免除を受けないこととなった場合等の棚卸資産に係る消費税額の調整》

（附則）

（経過的取扱い（1）　……改正前の消費税法等の適用がある場合）

改正法令（所得税法及び消費税法の一部を改正する法律（平成6年法律第109号）、地方税法等の一部を改正する法律（平成6年法律第111号）及び地方税法等の一部を改正する法律の一部の施行に伴う関係政令の整備等に関する政令（平成9年政令第17号））による改正前の消費税法及び法人税法施行令の規定の適用を受ける場合の取扱いについては、この通達の改正前の取扱いの例による。（平9年課法2-1により追加）

参考資料

（経過的取扱い（2）……限界控除の適用がある場合）

　所得税法及び消費税法の一部を改正する法律（平成6年法律第109号）附則第20条《小規模事業者等に係る限界控除に関する経過措置》によりなお効力を有することとされる旧消費税法第40条《小規模事業者等に係る限界控除》の適用がある場合の取扱いについては、改正前の6《仮払消費税及び仮受消費税の清算》の取扱いの例による。この場合において、改正前の6中「消費税」とあるのは「消費税等」と、「仮受消費税」とあるのは「仮受消費税等」と、「仮払消費税」とあるのは「仮払消費税等」と、「控除対象外消費税額」とあるのは「控除対象外消費税額等」とする。（平9年課法2-1により追加）

（経過的取扱い）

　この法令解釈通達による改正後の取扱いは、平成26年4月1日以後に行う消費税法第2条第1項第12号に規定する課税仕入れ（社会保障の安定財源の確保等を図る税制の抜本的な改革を行うための地方税法及び地方交付税法の一部を改正する法律附則第4条第3項に規定する経過措置対象課税仕入れ等で同項第4号又は第5号に掲げるものに該当するもの（以下「経過措置対象課税仕入れ」という。）を除く。）及び同日以後に消費税法第2条第1項第2号に規定する保税地域から引き取る同項第11号に規定する課税貨物について適用し、同日前に行った同項第12号に規定する課税仕入れ（経過措置対象課税仕入れを含む。）及び同日前に同項第2号に規定する保税地域から引き取った同項第11号に規定する課税貨物については、なお従前の例による。（平成26年課法2-1により追加）

（経過的取扱い（1）……改正通達の適用時期）

　別に定めるものを除き、この法令解釈通達による改正後の取扱いは、令和5年10月1日以後に国内において法人が行う資産の譲渡等（消法第2条第1項第8号《定義》に規定する資産の譲渡等をいう。以下同じ。）、国内において法人が行う課税仕入れ（同項第12号に規定する課税仕入れをいう。以下同じ。）及び保税地域（同項第2号に規定する保税地域をいう。以下同じ。）から引き取られる課税貨物（同項第11号に規定する課税貨物をいう。以下同じ。）に係る消費税について適用し、同日前に国内において法人が行った

資産の譲渡等、国内において法人が行った課税仕入れ及び保税地域から引き取った課税貨物に係る消費税については、なお従前の例による。（令3年課法2-6により追加）

（経過的取扱い（2）……適格請求書発行事業者以外の者から行った課税仕入れに係る税額控除に関する経過措置）

　法人が国内において行った課税仕入れ等につき、次に掲げる規定の適用を受ける場合には、この法令解釈通達による改正後の14の2《適格請求書発行事業者以外の者から行った課税仕入れに係る消費税等の処理》の取扱いは、適用しない。（令3年課法2-6により追加、令4年課法2-14、令5年課法2-8により改正）

（1）所得税法等の一部を改正する法律（平成28年法律第15号。以下「平成28年改正法」という。）附則第52条第1項《適格請求書発行事業者以外の者から行った課税仕入れに係る税額控除に関する経過措置》（消費税法施行令等の一部を改正する政令（平成30年政令第135号。以下「平成30年改正令」という。）附則第22条第3項又は第4項《適格請求書発行事業者以外の者から行った課税仕入れに係る消費税額の計算に関する経過措置》の規定により読み替えて適用する場合を含む。）の規定

（2）平成28年改正法附則第53条第1項《適格請求書発行事業者以外の者から行った課税仕入れに係る税額控除に関する経過措置》（平成30年改正令附則第23条第3項又は第4項《適格請求書発行事業者以外の者から行った課税仕入れに係る消費税額の計算に関する経過措置》の規定により読み替えて適用する場合を含む。）の規定

（3）平成28年改正法附則第53条の2《請求書等の保存を要しない課税仕入れに関する経過措置》の規定

（1）又は（2）に掲げる規定の適用を受ける場合において、当該課税仕入れ等に係る取引について税抜経理方式を適用するときは、法人税法施行令等の一部を改正する政令（平成30年政令第132号）附則第14条第3項（（2）に掲げる規定の適用を受ける場合にあっては、同条第4項）《資産に係る控除対象外消費税額等の損金算入に関する経過措置》の規定による読替え後の令第139条の4第5項《資産に係る控除対象外消費税額等の損金算入》に規定する当該課税仕入れ等の税額及び当該課税仕入れ等の税額に係る地方消費税の額に相当する金額の合計額をこの法令解釈通達による改正後の1（13）《用語の意義》

参考資料

に規定する仮払消費税等の額とする。

（経過的取扱い（3）……控除対象外消費税額等の対象となる消費税法の規定に関する経過措置）

　税抜経理方式を適用することとなる法人が国内において行う課税仕入れ等につき、平成28年改正法附則第53条の2《請求書等の保存を要しない課税仕入れに関する経過措置》の規定の適用を受ける場合におけるこの法令解釈通達による改正後の14の3《控除対象外消費税額等の対象となる消費税法の規定》の取扱いについては、次による。（令5年課法2-8により追加）

　（1）この法令解釈通達による改正後の14の3に定める消法令第46条第1項第6号《課税仕入れに係る消費税額の計算》に掲げる課税仕入れには、平成28年改正法附則第53条の2の規定の適用を受ける課税仕入れを含む。

　（2）この法令解釈通達による改正後の14の3（1）に掲げる規定には、平成28年改正法附則第53条の2の規定による読替え後の消法第30条第7項《仕入れに係る消費税額の控除》（ただし書を除く。）の規定を含む。

（経過的取扱い（1）……連結申告法人に改正前の法等の適用がある場合）

　所得税法等の一部を改正する法律（令和2年法律第8号。以下「令和2年改正法」という。）による改正前の法第2条第16号《定義》に規定する連結申告法人が連結改正法令（令和2年改正法のうち令和2年改正法第3条の規定（令和2年改正法附則第1条第5号ロに掲げる改正規定に限る。）及び第16条の規定に係る部分、法人税法施行令等の一部を改正する政令（令和2年政令第207号）並びに法人税法施行規則等の一部を改正する省令（令和2年財務省令第56号）をいう。）及び4年改正法令（所得税法等の一部を改正する法律（令和4年法律第4号）、法人税法施行令等の一部を改正する政令（令和4年政令第137号）、租税特別措置法施行令等の一部を改正する政令（令和4年政令第148号）、法人税法施行規則等の一部を改正する省令（令和4年財務省令第14号）及び租税特別措置法施行規則等の一部を改正する省令（令和4年財務省令第23号）をいう。）による改正前の法、令及び法人税法施行規則並びに措置法、租税特別措置法施行令及び租税特別措置法施行規則の

295

規定の適用を受ける場合の取扱いについては、この法令解釈通達による改正前の15《連結納税に係る取扱い》の取扱いの例による。（令4年課法2-14により追加）

（経過的取扱い（2）……改正通達の適用時期）

　この法令解釈通達による改正後の12《交際費等に係る消費税等の額》の取扱い（「措置法第61条の4第4項」を「措置法第61条の4第6項」に改める部分を除く。）は、令和5年10月1日以後に国内において法人が行う課税仕入れ（消法第2条第1項第12号《定義》に規定する課税仕入れをいう。以下同じ。）及び同日以後に法人が保税地域（同項第2号に規定する保税地域をいう。以下同じ。）から引き取る課税貨物（同項第11号に規定する課税貨物をいう。以下同じ。）に係る消費税について適用し、同日前に国内において法人が行った課税仕入れ及び同日前に法人が保税地域から引き取った課税貨物に係る消費税については、なお従前の例による。（令4年課法2-14により追加）

（経過的取扱い……改正通達の適用時期）

　この法令解釈通達による改正後の取扱いは、令和5年10月1日以後に国内において法人が行う課税仕入れ（消法第2条第1項第12号《定義》に規定する課税仕入れをいう。）に係る消費税について適用する。（令5年課法2-8により追加）

参考資料

令和３年改正消費税経理通達関係Ｑ＆Ａ

　　令和５年 10 月１日から消費税の仕入税額控除制度において適格請求書等保存方式（いわゆる「インボイス制度」）が導入されます。
　　これに伴い、国税庁では令和３年２月に平成元年３月１日付直法２－１「消費税法等の施行に伴う法人税の取扱いについて」（法令解釈通達）（以下「消費税経理通達」といいます。）の改正を行いました。
　　このＱ＆Ａは、具体的な事例に関して、改正後の消費税経理通達を基に、法人税の所得金額の計算における消費税及び地方消費税の取扱いをまとめたものです。

　　　　　　　　　　　令和３年２月
　　　　　　　　　　　国　税　庁
　　　　　　　　　　　法人番号 7000012050002

297

〔 凡 例 〕

○ 文中、文末引用の法令等の略称は以下のとおりです。

28年改正法………所得税法等の一部を改正する法律（平成28年法律第15号）

30年改正令………法人税法施行令等の一部を改正する政令（平成30年政令第132号）

法法………………法人税法（昭和40年法律第34号）

法令………………法人税法施行令（昭和40年政令第97号）

法規………………法人税法施行規則（昭和40年大蔵省令第12号）

新消法……………28年改正法による改正後の消費税法（昭和63年法律第108号）

旧消法……………28年改正法による改正前の消費税法（昭和63年法律第108号）

措法………………租税特別措置法（昭和32年法律第26号）

別表………………法人税確定申告書別表

消費税経理通達…平成元年3月1日付直法2－1「消費税法等の施行に伴う法人税の取扱い
　　　　　　　　　について」（法令解釈通達）

新経理通達………令和3年2月9日付課法2－6「『消費税法等の施行に伴う法人税の取扱い
　　　　　　　　　について』の一部改正について」（法令解釈通達）による改正後の消費税経
　　　　　　　　　理通達

旧経理通達………令和3年2月9日付課法2－6「『消費税法等の施行に伴う法人税の取扱い
　　　　　　　　　について』の一部改正について」（法令解釈通達）による改正前の消費税経
　　　　　　　　　理通達

経過的取扱い……令和3年2月9日付課法2－6「『消費税法等の施行に伴う法人税の取扱い
　　　　　　　　　について』の一部改正について」（法令解釈通達）経過的取扱い

※　このQ&Aは、令和3年2月9日現在公布されている法令及び同日現在の通達に基づいて
　作成しています。

参考資料

《 目　次 》

Ⅰ　令和３年２月の消費税経理通達の改正の趣旨
　　問１　令和３年２月の消費税経理通達の改正の趣旨・・・・・・・・・・・・・・・・・・1

Ⅱ　免税事業者から課税仕入れを行った場合の法人税の取扱い
　　問２　インボイス制度導入後（令和11年10月〜）に免税事業者から課税仕入れを行った
　　　　場合の法人税の取扱い・・・・・・・・・・・・・・・・・・・・・・・・・・・・・3
　　問３　経過措置期間中（令和５年 10 月〜令和８年９月）に免税事業者から課税仕入れを
　　　　行った場合の法人税の取扱い・・・・・・・・・・・・・・・・・・・・・・・・・・4
　　問４　経過措置期間中（令和８年 10 月〜令和11 年９月）に免税事業者から課税仕入れを
　　　　行った場合の法人税の取扱い・・・・・・・・・・・・・・・・・・・・・・・・・・5

Ⅲ　会計上、インボイス制度導入前の金額で仮払消費税等を計上した場合の法人税の取扱い
　　問５　インボイス制度導入後（令和11 年10 月〜）に免税事業者から減価償却資産を取得
　　　　した場合の法人税の取扱い・・・・・・・・・・・・・・・・・・・・・・・・・・・7
　　問６　インボイス制度導入後（令和11 年10 月〜）に免税事業者から棚卸資産を取得した
　　　　場合の法人税の取扱い・・・・・・・・・・・・・・・・・・・・・・・・・・・・・9
　　問７　インボイス制度導入後（令和11 年10 月〜）に免税事業者に経費等を支出した場合
　　　　の法人税の取扱い・・・・・・・・・・・・・・・・・・・・・・・・・・・・・・・11
　　問８　経過措置期間中（令和５年 10 月〜令和８年９月）に免税事業者から減価償却資産を
　　　　取得した場合の法人税の取扱い・・・・・・・・・・・・・・・・・・・・・・・・・12
　　問９　経過措置期間中（令和８年 10 月〜令和11 年９月）に免税事業者から減価償却資産
　　　　を取得した場合の法人税の取扱い・・・・・・・・・・・・・・・・・・・・・・・・14

299

Ⅰ　令和３年２月の消費税経理通達の改正の趣旨

問１　令和３年２月の消費税経理通達の改正の趣旨を教えてください。

【回答】

　　消費税の納付税額は、税の累積を排除するため、課税売上げに係る消費税額から課税仕入れ等に係る消費税額を控除して算出することとされており、この控除することを「仕入税額控除」といいます。

　　令和５年10月１日からは、複数税率に対応した消費税の仕入税額控除の方式として「適格請求書等保存方式」（以下「インボイス制度」といいます。）が導入され、インボイス制度の下では、仕入税額控除の要件として、原則、税務署長に申請して登録を受けた課税事業者である「適格請求書発行事業者」から交付を受けた「適格請求書」等の保存が必要になります（新消法30⑦⑧⑨）。

　　この仕入税額控除の適用を受ける課税仕入れに係る消費税額は、インボイス制度導入前においては、課税仕入れに係る支払対価の額に110分の7.8（軽減税率の対象となる場合は108分の6.24）を乗じて算出した金額とされています（旧消法30①、28年改正法附則34②）。

　　一方、インボイス制度導入後においては、仕入税額控除の適用を受ける課税仕入れに係る消費税額は、適格請求書又は適格簡易請求書の記載事項に基づき計算した金額その他の政令で定めるところにより計算した金額とされ、適格請求書発行事業者以外の者（消費者、免税事業者又は登録を受けていない課税事業者）から行った課税仕入れは、原則として仕入税額控除の適用を受けることができなくなります（新消法30①）。

　　ところで、消費税の納税義務者である法人は、法人税の所得金額の計算に当たり、消費税及び地方消費税（以下「消費税等」といいます。）の経理処理については、

・　消費税等の額とこれに係る取引の対価の額とを区分して経理する「税抜経理方式」と、

・　消費税等の額とこれに係る取引の対価の額とを区分しないで経理する「税込経理方式」

とのうちいずれかを選択できることとされています（旧経理通達３）。

　　このうち、税抜経理方式によった場合、インボイス制度導入前は、課税仕入れに係る仮払消費税等の額として計上する金額は、地方消費税も加味したところで、課税仕入れに係る支払対価の額（消費税等の額がある場合にはその額を含みます。以下同じです。）に110分の10（軽減税率の対象となる場合は108分の８）を乗じて算出した金額に相当する額とされていました。例えば、法人が国内において資産（軽減税率の対象ではないものとします。）を取得し、対価として11,000円を支払った場合の仕訳は、次のようになります。

　　（借方）資　　　　産　　10,000円　（貸方）現　　　　金　　11,000円
　　　　　　仮 払 消 費 税 等　　1,000円

　　しかしながら、インボイス制度導入後は、課税仕入れであっても適格請求書又は適格簡易請求書の保存がないものは原則として仕入税額控除の適用を受けることができないため、適格請求書発行事業者以外の者からの課税仕入れ（古物営業を営む者が棚卸資産を取得する取引等を除きます。以下同じです。）について仕入税額控除の適用を受ける課税仕入れに係る消費税額はないこととなります。この点、法人税では、仕入税額控除の適用を受ける課税仕入れ等の税額及び当該課税仕入れ等の税額に係る地方消費税の額に相当する金額の合計額が仮払消費税等の

－ 1 －

額とされていますので、税務上は仮払消費税等の額がないこととなります(法令139の4⑤⑥、法規28②)。

　このため、令和3年2月、消費税経理通達を改正し、仮に法人が適格請求書発行事業者以外の者からの課税仕入れについてインボイス制度導入前のように仮払消費税等の額として経理した金額があっても、税務上は当該仮払消費税等の額として経理した金額を取引の対価の額に算入して法人税の所得金額の計算を行うことを明らかにしました。具体的な税務調整の例については、以下の問を参照してください。

※　消費税経理通達と同日に改正された平成元年3月29日付直所3－8ほか1課共同「消費税法等の施行に伴う所得税の取扱いについて」（法令解釈通達）（以下「所得税に係る消費税経理通達」といいます。）についても、同様の改正の趣旨となります。

〔参考〕適格請求書発行事業者以外の者からの課税仕入れに係る経過措置

　インボイス制度導入後6年間は、適格請求書発行事業者以外の者からの課税仕入れについても、仕入税額相当額の一定割合を課税仕入れに係る消費税額とみなす経過措置が設けられています。

　具体的には、次の課税仕入れの区分に応じてそれぞれ次の算式により算出した金額が仕入税額控除の適用を受ける課税仕入れに係る消費税額に該当します（28年改正法附則52、53）。

・令和5年10月1日から令和8年9月30日までの間に行われた課税仕入れ

$$\text{当該課税仕入れに係る支払対価の額} \times \frac{7.8}{110}^※ \times \frac{80}{100} = \text{仕入税額控除の適用を受ける課税仕入れに係る消費税額}$$

・令和8年10月1日から令和11年9月30日までの間に行われた課税仕入れ

$$\text{当該課税仕入れに係る支払対価の額} \times \frac{7.8}{110}^※ \times \frac{50}{100} = \text{仕入税額控除の適用を受ける課税仕入れに係る消費税額}$$

※　軽減税率が適用される場合は108分の6.24。

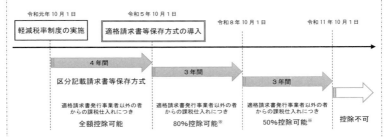

※　この経過措置による仕入税額控除の適用に当たっては、適格請求書発行事業者以外の者から受領する区分記載請求書等と同様の事項が記載された請求書等及びこの経過措置の適用を受ける旨（80％控除・50％控除の特例を受ける課税仕入れである旨）を記載した帳簿の保存が必要です。

Ⅱ　免税事業者から課税仕入れを行った場合の法人税の取扱い

問2　当社（飲食業）は、インボイス制度導入後である令和11年10月1日に免税事業者から国内にある店舗用の建物を取得し、その対価として1,100万円を支払いました。当社は税抜経理方式で経理していますが、この場合の課税仕入れに係る法人税の取扱いはどうなりますか。

【回答】

　1,100万円を建物の取得価額として法人税の所得金額の計算を行うことになります。

【解説】

　インボイス制度導入後（令和11年10月1日以降）は、課税仕入れであっても適格請求書又は適格簡易請求書の保存がないものは仕入税額控除の適用を受けることができないため、適格請求書発行事業者以外の者（消費者、免税事業者又は登録を受けていない課税事業者）からの課税仕入れについて仕入税額控除の適用を受ける課税仕入れに係る消費税額はないこととなります（新消法30①）。

　このため、法人が税抜経理方式で経理している場合において、適格請求書発行事業者以外の者からの課税仕入れについて仮払消費税等の額として取引の対価の額と区分して経理する金額はなく、支払対価の額を建物の取得価額として法人税の所得金額の計算を行うことになります（新経理通達14の2）。

※　所得税に係る消費税経理通達についても同様の取扱いとなります（所得税に係る消費税経理通達11の2）。

－ 3 －

参考資料

問3　当社（飲食業）は、インボイス制度導入後である令和5年10月1日に免税事業者から国内にある店舗用の建物を取得し、その対価として1,100万円を支払いました。当社は税抜経理方式で経理していますが、この場合の課税仕入れに係る法人税の取扱いはどうなりますか。

【回答】
　支払対価の額のうち、80万円を仮払消費税等の額として取引の対価から区分し、1,020万円を建物の取得価額として法人税の所得金額の計算を行うことになります。

【解説】
　インボイス制度導入後、令和5年10月1日から令和8年9月30日までの間に行われた適格請求書発行事業者以外の者（消費者、免税事業者又は登録を受けていない課税事業者）からの課税仕入れについては、当該課税仕入れに係る支払対価の額に110分の7.8（軽減税率の対象となる場合は108分の6.24）を乗じて算出した金額に100分の80を乗じて算出した金額を課税仕入れに係る消費税額とみなすこととされています（28年改正法附則52①）。すなわち、インボイス制度導入前の課税仕入れに係る消費税額の80％相当額について仕入税額控除の適用を受けることができます。
　このため、法人が税抜経理方式で経理している場合において、適格請求書発行事業者以外の者からの課税仕入れについて、支払対価の額のうちインボイス制度導入前の仮払消費税等の額の80％相当額を仮払消費税等の額とし、残額を建物の取得価額として法人税の所得金額の計算を行うことになります（新経理通達3の2、経過的取扱い⑵）。
※　所得税に係る消費税経理通達についても同様の取扱いとなります（所得税に係る消費税経理通達3の2、令和3年2月9日付課個2−3『『消費税法等の施行に伴う所得税の取扱いについて』の一部改正について」（法令解釈通達）経過的取扱い⑵）。

－ 4 －

303

問4　当社（飲食業）は、インボイス制度導入後である令和8年10月1日に免税事業者から国内にある店舗用の建物を取得し、その対価として1,100万円を支払いました。当社は税抜経理方式で経理していますが、この場合の課税仕入れに係る法人税の取扱いはどうなりますか。

【回答】

　支払対価の額のうち、50万円を仮払消費税等の額として取引の対価から区分し、1,050万円を建物の取得価額として法人税の所得金額の計算を行うことになります。

【解説】

　インボイス制度導入後、令和8年10月1日から令和11年9月30日までの間に行われた適格請求書発行事業者以外の者（消費者、免税事業者又は登録を受けていない課税事業者）からの課税仕入れについては、当該課税仕入れに係る支払対価の額に110分の7.8（軽減税率の対象となる場合は108分の6.24）を乗じて算出した金額に100分の50を乗じて算出した金額を課税仕入れに係る消費税額とみなすこととされています（28年改正法附則53①）。すなわち、インボイス制度導入前の課税仕入れに係る消費税額の50%相当額について仕入税額控除の適用を受けることができます。

　このため、法人が税抜経理方式で経理している場合において、適格請求書発行事業者以外の者からの課税仕入れについて、支払対価の額のうちインボイス制度導入前の仮払消費税等の額の50%相当額を仮払消費税等の額とし、残額を建物の取得価額として法人税の所得金額の計算を行うことになります（新経理通達3の2、経過的取扱い(2)）。

※　所得税に係る消費税経理通達についても同様の取扱いとなります（所得税に係る消費税経理通達3の2、令和3年2月9日付課個2-3『「消費税法等の施行に伴う所得税の取扱いについて』の一部改正について」（法令解釈通達）経過的取扱い(2)）。

- 5 -

参考資料

Ⅲ　会計上、インボイス制度導入前の金額で仮払消費税等を計上した場合の法人税の取扱い

　　インボイス制度導入後は、原則として※、適格請求書発行事業者以外の者からの課税仕入れについては、税務上、仮払消費税等の額はないこととなります。

　　しかしながら、法人の会計においては、消費税等の影響を損益計算から排除する目的や、そもそも会計ソフトがインボイス制度に対応していないなどの理由で、適格請求書発行事業者以外の者からの課税仕入れについてインボイス制度導入前と同様に、支払対価の額に110分の10（軽減税率の対象となる場合は108分の8）を乗じて算出した金額を仮払消費税等の額として経理することも考えられます。こうしたケースにおける具体的な税務調整の例については、以下の問を参照してください。

※　インボイス制度導入後6年間は、適格請求書発行事業者以外の者からの課税仕入れについても、仕入税額相当額の一定割合を課税仕入れに係る消費税額とみなす経過措置が設けられています（問1の「〔参考〕適格請求書発行事業者以外の者からの課税仕入れに係る経過措置」をご覧ください。）。

－ 6 －

305

問5　当社（9月決算法人、飲食業）は、インボイス制度導入後である令和11年10月1日に免税事業者から国内にある店舗用の建物を取得し、その対価として1,100万円を支払いました。当社は税抜経理方式で経理しており、本件取引について支払対価の額の110分の10相当額を仮払消費税等の額として経理し、決算時に雑損失として計上しましたが、この場合の課税仕入れに係る法人税の取扱いはどうなりますか。

なお、この建物は取得後直ちに事業の用に供しており、耐用年数20年で定額法により減価償却費を算出しています。

〔取得時〕

（借方）	建　　　　　物	10,000,000円	（貸方）	現　　　　　金	11,000,000円
	仮払消費税等	1,000,000円			

〔決算時〕

（借方）	減 価 償 却 費	500,000円	（貸方）	建　　　　　物	500,000円
	雑　　損　　失	1,000,000円		仮払消費税等	1,000,000円

【回答】

以下のような申告調整を行います。

・別表四　所得の金額の計算に関する明細書

区　　分	総　額	処　　　分	
		留　保	社外流出
加算　減価償却の償却超過額	950,000円	950,000円	

・別表五(一)　利益積立金額及び資本金等の額の計算に関する明細書

I　利益積立金額の計算に関する明細書				
区　　分	期首現在利益積立金額	当期の増減		差引翌期首現在利益積立金額
		減	増	
建物減価償却超過額			950,000円	950,000円

【解説】

インボイス制度導入後（令和11年10月1日以降）は、税務上は適格請求書発行事業者以外の者（消費者、免税事業者又は登録を受けていない課税事業者）からの課税仕入れについて仮払消費税等の額はないこととなるため、仮に法人の会計において仮払消費税等の額として経理した金額がある場合には、その金額を取引の対価の額に算入して法人税の所得金額の計算を行うことになります（新経理通達14の2）。

本事例においては、法人の会計上、100万円を仮払消費税等の額として建物の取得価額と区分して経理していますが、税務上は仮払消費税等の額はないことになりますので、この100万円は建物の取得価額に算入することになります。

ところで、本事例においては、建物の取得時に仮払消費税等の額として経理した金額を、決算時に雑損失として計上しています。この雑損失の額は、本来は建物の取得価額に算入すべきものですが、「償却費として損金経理をした金額」として取り扱い、結果として償却限度額を超

える部分の 95 万円を減価償却の償却超過額として当該事業年度の所得金額に加算することになります（新経理通達 14 の 2 ⒤ 1 ）。

※　建物減価償却超過額の計算
　　　（10,000,000 円＋1,000,000 円）×0.050＝550,000 円（償却限度額）
　　　（500,000 円＋1,000,000 円）－550,000 円＝950,000 円

－ 8 －

307

問6　当社（9月決算法人、小売業）は、インボイス制度導入後である令和12年9月1日に免
税事業者から国内にある商品（家具）20個を仕入れ、その対価として220万円（11万円×
20個）を支払いました。当社は税抜経理方式で経理しており、本件取引について支払対価
の額の110分の10相当額を仮払消費税等の額として経理し、決算時に雑損失として計上し
ました。また、この商品のうち10個は期末時点で在庫として残っています。この場合の課
税仕入れに係る法人税の取扱いはどうなりますか。

〔仕入時〕
（借方）　仕　　　　　入　2,000,000円　（貸方）　現　　　　　金　2,200,000円
　　　　　仮払消費税等　　200,000円
〔決算時〕
（借方）　商　　　　　品　1,000,000円　（貸方）　仕　　　　　入　1,000,000円
　　　　　雑　損　失　　200,000円　　　　　　　仮払消費税等　　200,000円

【回答】
　以下のような申告調整を行います。
・別表四　所得の金額の計算に関する明細書

区　分	総　額	処　分	
		留　保	社外流出
加算　雑損失の過大計上	100,000円	100,000円	

・別表五(一)　利益積立金額及び資本金等の額の計算に関する明細書

I　利益積立金額の計算に関する明細書			
区　分	期首現在利益積立金額	当期の増減	差引翌期首現在利益積立金額
		減　　増	
商品		100,000円	100,000円

【解説】
　インボイス制度導入後（令和11年10月1日以降）は、税務上は適格請求書発行事業者以外
の者（消費者、免税事業者又は登録を受けていない課税事業者）からの課税仕入れについて仮
払消費税等の額はないこととなるため、仮に法人の会計において仮払消費税等の額として経理
した金額がある場合には、その金額を取引の対価の額に算入して法人税の所得金額の計算を行
うことになります（新経理通達14の2）。
　本事例においては、法人の会計上、20万円を仮払消費税等の額として商品の取得価額と区分
して経理していますが、税務上は仮払消費税等の額はないことになりますので、この20万円は
商品の取得価額に算入することになります。
　ところで、本事例においては、商品の取得（仕入）時に仮払消費税等の額として経理した金
額を、決算時に雑損失として計上しています。この雑損失の額は、本来は商品の取得価額に算
入すべきものですが、期中に販売した商品に係る部分の金額は売上原価として当該事業年度の

- 9 -

参考資料

損金の額に算入されますので、期末に在庫として残った商品に係る部分の金額を当該事業年度の所得金額に加算することになります。

問7　当社（９月決算法人、小売業）は、全社員の慰安のため、インボイス制度導入後である令和12年９月１日に免税事業者が営む国内の店舗において飲食を行い、その対価として11万円を支払いました。当社は税抜経理方式で経理しており、本件取引について支払対価の額の110分の10相当額を仮払消費税等の額として経理し、決算時に雑損失として計上しました。この場合の課税仕入れに係る法人税の取扱いはどうなりますか。

〔支出時〕

（借方）	福利厚生費	100,000円	（貸方）	現　　　金	110,000円
	仮払消費税等	10,000円			

〔決算時〕

（借方）	雑　損　失	10,000円	（貸方）	仮払消費税等	10,000円

【回答】

申告調整は不要です。

【解説】

インボイス制度導入後（令和11年10月１日以降）は、税務上は適格請求書発行事業者以外の者（消費者、免税事業者又は登録を受けていない課税事業者）からの課税仕入れについて仮払消費税等の額はないこととなるため、仮に法人の会計において仮払消費税等の額として経理した金額がある場合には、その金額を取引の対価の額に算入して法人税の所得金額の計算を行うことになります（新経理通達14の２）。

本事例においては、法人の会計上、１万円を仮払消費税等の額として福利厚生費と区分して経理していますが、税務上は仮払消費税等の額はないことになりますので、この１万円は福利厚生費の額に算入することになります。

ところで、本事例においては、福利厚生費の支出時に仮払消費税等の額として経理した金額を、決算時に雑損失として計上しています。この雑損失の額は、本来は福利厚生費の額に含めるべきものですが、いずれも当該事業年度の損金の額に算入されることについては変わりありませんので、結果的に申告調整は不要となります。

〔参考〕交際費等の損金不算入制度の適用

新経理通達は、令和５年10月１日以後に国内において法人が行う資産の譲渡等又は課税仕入れ等に係る消費税について適用することとされておりますが、交際費等の損金不算入制度は法人が令和４年３月31日までの間に開始する各事業年度において支出する交際費等の額がある場合に適用されます（経過的取扱い⑴、措法61の４）。このため、新経理通達の適用時における交際費等の損金不算入制度の在り方は不明ですが、仮に現行制度と同様の場合には、本事例の飲食のために要した費用の支出がその得意先、仕入先その他事業に関係のある者等に対する接待、供応、慰安、贈答その他これらに類する行為のために支出するものである場合には、交際費等の額の計算や、交際費等の範囲から除かれる飲食費の金額基準である５千円以下の判定は、本事例における仮払消費税等の額として経理した金額を飲食のために要した費用の額に算入した後の金額により行うことになります（消費税経理通達12）。

参考資料

問8　当社（9月決算法人、金融業）は、インボイス制度導入後である令和5年10月1日に免税事業者から国内にある店舗用の建物を取得し、その対価として1,320万円を支払いました。当社は税抜経理方式で経理しており、本件取引について支払対価の額の110分の10相当額を仮払消費税等の額として経理しました。また、当社の消費税の課税期間は事業年度と一致しており、当該課税期間の課税売上割合は50％で、仕入税額控除の計算は一括比例配分方式を適用しているところ、当該事業年度において仮払消費税等の額として経理した金額は本件取引に係る120万円のみで、このほか仮受消費税等の額として経理した金額が120万円ありました。決算時において、納付すべき消費税等の額が72万円算出されたため、仮受消費税等の額から仮払消費税等の額を控除した金額との間に差額が72万円生じることとなり、その差額を雑損失として計上しました。この場合の課税仕入れに係る法人税の取扱いはどうなりますか。

　　なお、この建物は取得後直ちに事業の用に供しており、耐用年数20年で定額法により減価償却費を算出しています。

〔取得時〕
（借方）　建　　　　　　　物　12,000,000円　　（貸方）　現　　　　　　　金　13,200,000円
　　　　　仮 払 消 費 税 等　1,200,000円

〔決算時〕
（借方）　減 価 償 却 費　600,000円　　（貸方）　建　　　　　　　物　600,000円
　　　　　仮 受 消 費 税 等　1,200,000円　　　　　　仮 払 消 費 税 等　1,200,000円
　　　　　雑　　損　　失　720,000円　　　　　　　　未 払 消 費 税 等　720,000円

【回答】
　以下のような申告調整を行います。
・別表四　所得の金額の計算に関する明細書

区　分		総　額	処　　分	
			留　保	社外流出
加算	減価償却の償却超過額	228,000円	228,000円	
	控除対象外消費税額等の損金算入限度超過額	432,000円	432,000円	

・別表五（一）　利益積立金額及び資本金等の額の計算に関する明細書

I　利益積立金額の計算に関する明細書				
区　分	期 首 現 在利益積立金額	当期の増減		差引翌期首現在利益積立金額
		減	増	
建物減価償却超過額			228,000円	228,000円
繰延消費税額等			432,000円	432,000円

【解説】
　インボイス制度導入後、令和5年10月1日から令和8年9月30日までの間に行われた適格請求書発行事業者以外の者（消費者、免税事業者又は登録を受けていない課税事業者）からの

－ 12 －

311

課税仕入れについては、当該課税仕入れに係る支払対価の額に 110 分の 7.8（軽減税率の対象となる場合は 108 分の 6.24）を乗じて算出した金額に 100 分の 80 を乗じて算出した金額が仕入税額控除の対象となる課税仕入れに係る消費税額となります（28 年改正法附則 52①）。すなわち、インボイス制度導入前の課税仕入れに係る消費税額の 80％相当額について仕入税額控除の適用を受けることができます。

このため、法人が税抜経理方式で経理をしている場合において、免税事業者からの課税仕入れについては、支払対価の額のうちインボイス制度導入前の仮払消費税等の額の 80％相当額を仮払消費税等の額として経理し、残額を資産の取得価額として法人税の所得金額の計算を行うことになります（新経理通達 3 の 2、経過的取扱い⑵）。

本事例においては、法人の会計上、120 万円を仮払消費税等の額として建物の取得価額と区分して経理していますが、税務上は仮払消費税等の額は 96 万円となりますので、120 万円のうち 96 万円を超える部分の金額である 24 万円は、建物の取得価額に算入することになります。

ところで、本事例においては、決算時に仮受消費税等の額の合計額から仮払消費税等の額の合計額（建物の取得時に仮払消費税等の額として経理した金額）を控除した金額と納付すべき消費税等の額（未払消費税等の額）との清算の結果生ずる差額を雑損失として計上しています。この雑損失の金額のうち 24 万円は、前述のとおり本来は建物の取得価額に算入すべきものですが、「償却費として損金経理をした金額」として取り扱い、結果として償却限度額を超える部分の 22 万 8 千円を減価償却の償却超過額として所得金額に加算することになります（新経理通達 3 の 2⑴(注)）。

また、本事例では、課税売上割合が 50％ですので控除対象外消費税額等が生ずることになります。この控除対象外消費税額等は、仕入税額控除の適用を受ける課税仕入れに係る消費税等の額のうち新消法第 30 条第 1 項の規定による控除をすることができない金額（地方消費税相当額を含みます。）となりますので、地方消費税も加味したところで計算すると、仕入税額控除の適用を受ける課税仕入れに係る消費税等の額（支払対価の額 1,320 万円×10/110×80％＝96 万円）のうち、控除をすることができない金額は 96 万円×（1−課税売上割合 50％）＝48 万円となります（法令 139 の 4⑤⑥、30 年改正法令附則 14③）。本事例の控除対象外消費税額等は、法令第 139 条の 4 第 3 項及び第 4 項の規定により、損金経理を要件として 5 年以上の期間で損金の額に算入します。本事例ではこの控除対象外消費税額等について決算時に雑損失として損金経理をしており、当該事業年度の損金算入限度額は資産に係る控除対象外消費税額等を 60 で除して 12（当該事業年度の月数）を乗じた金額の 2 分の 1 に相当する金額となりますので、結果として、43 万 2 千円を繰延消費税額等として当該事業年度後の各事業年度において、損金の額に算入することになります（法令 139 の 4③）。

※　建物減価償却超過額の計算
　　（12,000,000 円＋240,000 円）×0.050＝612,000 円（償却限度額）
　　（600,000 円＋240,000 円）−612,000 円＝<u>228,000 円</u>
※　控除対象外消費税額等の損金算入限度超過額の計算
　　480,000 円÷60×12×1/2＝48,000 円（損金算入限度額）
　　480,000 円−48,000 円＝<u>432,000 円</u>

参考資料

問9　当社（9月決算法人、金融業）は、インボイス制度導入後である令和8年10月1日に免税事業者から国内にある店舗用の建物を取得し、その対価として1,320万円を支払いました。当社は税抜経理方式で経理しており、本件取引について支払対価の額の110分の10相当額を仮払消費税等の額として経理しました。また、当社の消費税の課税期間は事業年度と一致しており、当該課税期間の課税売上割合は50％で、仕入税額控除の計算は一括比例配分方式を適用しているところ、当該事業年度において仮払消費税等の額として経理した金額は本件取引に係る120万円のみで、このほか仮受消費税等の額として経理した金額が120万円ありました。決算時において、納付すべき消費税等の額が90万円算出されたため、仮受消費税等の額から仮払消費税等の額を控除した金額との間に差額が90万円生じることとなり、その差額を雑損失として計上しました。この場合の課税仕入れに係る法人税の取扱いはどうなりますか。

　なお、この建物は取得後直ちに事業の用に供しており、耐用年数20年で定額法により減価償却費を算出しています。

〔取得時〕

| （借方） | 建　　　　物 | 12,000,000 円 | （貸方） | 現　　　　金 | 13,200,000 円 |
| | 仮 払 消 費 税 等 | 1,200,000 円 | | | |

〔決算時〕

（借方）	減 価 償 却 費	600,000 円	（貸方）	建　　　　物	600,000 円
	仮 受 消 費 税 等	1,200,000 円		仮 払 消 費 税 等	1,200,000 円
	雑　　損　　失	900,000 円		未 払 消 費 税 等	900,000 円

【回答】

以下のような申告調整を行います。

・別表四　所得の金額の計算に関する明細書

| 区　　分 | | 総　　額 | 処　　分 | |
			留　保	社外流出
加算	減価償却の償却超過額	570,000 円	570,000 円	
	控除対象外消費税額等の損金算入限度超過額	270,000 円	270,000 円	

・別表五（一）　利益積立金額及び資本金等の額の計算に関する明細書

| | I　利益積立金額の計算に関する明細書 | | | |
| 区　　分 | 期　首　現　在利益積立金額 | 当期の増減 | | 差引翌期首現在利益積立金額 |
		減	増	
建物減価償却超過額			570,000 円	570,000 円
繰延消費税額等			270,000 円	270,000 円

【解説】

　インボイス制度導入後、令和8年10月1日から令和11年9月30日までの間に行われた適格請求書発行事業者以外の者（消費者、免税事業者又は登録を受けていない課税事業者）からの

－ 14 －

313

課税仕入れについては、当該課税仕入れに係る支払対価の額に110分の7.8（軽減税率の対象となる場合は108分の6.24）を乗じて算出した金額に100分の50を乗じて算出した金額が仕入税額控除の対象となる課税仕入れに係る消費税額となります（28年改正法附則53①）。すなわち、インボイス制度導入前の課税仕入れに係る消費税額の50％相当額について仕入税額控除の適用を受けることができます。

このため、法人が税抜経理方式で経理をしている場合において、免税事業者からの課税仕入れについては、支払対価の額のうちインボイス制度導入前の仮払消費税等の額の50％相当額を仮払消費税等の額として経理し、残額を資産の取得価額として法人税の所得金額の計算を行うことになります（新経理通達3の2、経過的取扱い(2)）。

本事例においては、法人の会計上、120万円を仮払消費税等の額として建物の取得価額と区分して経理していますが、税務上は仮払消費税等の額は60万円となりますので、120万円のうち60万円を超える部分の金額である60万円は、建物の取得価額に算入することになります。

ところで、本事例においては、決算時に仮受消費税等の額の合計額から仮払消費税等の額の合計額（建物の取得時に仮払消費税等の額として経理した金額）を控除した金額と納付すべき消費税等の額（未払消費税等の額）との清算の結果生ずる差額を雑損失として計上しています。この雑損失の金額のうち60万円は、前述のとおり本来は建物の取得価額に算入すべきものですが、「償却費として損金経理をした金額」として取り扱い、結果として償却限度額を超える部分の57万円を減価償却の償却超過額として所得金額に加算することになります（新経理通達3の2(1)(注)）。

また、本事例では、課税売上割合が50％ですので控除対象外消費税額等が生ずることになります。この控除対象外消費税額等は、仕入税額控除の適用を受ける課税仕入れに係る消費税等の額のうち新消法第30条第1項の規定による控除をすることができない金額（地方消費税相当額を含みます。）となりますので、地方消費税も加味したところで計算すると、仕入税額控除の適用を受ける課税仕入れに係る消費税等の額（支払対価の額1,320万円×10/110×50％＝60万円）のうち、控除をすることができない金額は60万円×（1－課税売上割合50％）＝30万円となります（法令139の4⑤⑥、30年改正法令附則14④）。本事例の控除対象外消費税額等は、法令第139条の4第3項及び第4項の規定により、損金経理を要件として5年以上の期間で損金の額に算入します。本事例ではこの控除対象外消費税額等について決算時に雑損失として損金経理をしており、当該事業年度の損金算入限度額は資産に係る控除対象外消費税額等を60で除して12（当該事業年度の月数）を乗じた金額の2分の1に相当する金額となりますので、結果として、27万円を繰延消費税額等として当該事業年度後の各事業年度において、損金の額に算入することになります（法令139の4③）。

※　建物減価償却超過額の計算
　　（12,000,000円＋600,000円）×0.050＝630,000円（償却限度額）
　　（600,000円＋600,000円）－630,000円＝570,000円
※　控除対象外消費税額等の損金算入限度超過額の計算
　　300,000円÷60×12×1/2＝30,000円（損金算入限度額）
　　300,000円－30,000円＝270,000円

－ 15 －

314

○ 収益認識基準による場合の取扱いの例

ケース1　自社ポイントの付与（論点：履行義務の識別）
ケース2　契約における重要な金融要素（論点：履行義務の識別）
ケース3　割戻を見込む販売（論点：変動対価）
ケース4　返品権付き販売（論点：変動対価）
ケース5　商品券等（論点：非行使部分）
ケース6　消化仕入（論点：本人・代理人）

国税庁
平成30年5月

ケース1 自社ポイントの付与(論点:履行義務の識別)

家電量販店を展開するA社はポイント制度を運営している。A社は、顧客の100円(税込)の購入につき10ポイントを付与する(ただし、ポイント使用部分についてはポイントは付与されない)。顧客は、1ポイントを当該家電量販店グループの1円の商品と交換することができる。X1年度にA社は顧客に10,800円(税込)の商品を販売し、1,080ポイントを付与する(消化率100%と仮定)。A社は当該付与するポイントを顧客に付与する重要な権利と認識している。顧客は当初付与されたポイントについて認識しない。なお、消費税率8%とする。

(単位:円)

	会計	法人税の取扱い	消費税の取扱い
商品の売買時	**売手** 現金 10,800 / 売上※1 9,025 　　　　　　　契約負債※2 975 　　　　　　　仮受消費税 800 **買手** 仕入 10,000 / 現金 10,800 仮払消費税 800	同左	**売手** 課税売上げの対価 10,000 課税売上げに係る消費税額 800 **買手** 課税仕入れの対価 10,000 課税仕入れに係る消費税額 800
ポイント使用時	**売手**(税込1,080円の商品を売買時に1,080ポイントが使用された場合) 契約負債 975 / 売上 975 **買手**(税込1,080円の商品を売買時に1,080ポイントを使用した場合) (処理なし)※3	同左	**売手** 課税売上げの対価 1,000 1,000×8%=80　税額 80 対価の返還等(ポイント分) △1,000 (1,080×100/108)×8%=80　△80 差引消費税額(80-80) 0 **買手** 課税仕入れの対価 1,000 1,000×8%=80　税額 80 対価の返還等(ポイント分) △1,000 (1,080×100/108)×8%=80　△80 差引消費税額(80-80) 0

※1　(商品)10,000×10,000/(10,000+1,080)=9,025円
※2　(ポイント)10,000×1,080/(10,000+1,080)=975円
※3　ポイント使用を仕入値引きとする等の複数の処理がありうる

ケース2　契約における重要な金融要素

企業は顧客Aとの間で商品の販売の契約を締結し、契約締結と同時に商品を引き渡した。顧客は契約から2年後に税込対価2,160円を支払う。契約上、利子を付することとはされていないが、信用供与についての重要な便益が顧客に提供されると認められる。対価の調整として用いる金利は1％とする。なお、消費税率8％とする。

（単位：千円）

	会計	法人税の取扱い	消費税の取扱い
商品引渡時	**売手** 売掛金※1　2,117　／　売上　1,957 　　　　　　　　　　　　　仮受消費税　160 **買手** 仕入　2,000　／　買掛金　2,160 仮払消費税　160	同左	**売手** 課税売上げの対価　2,000 課税売上げに係る消費税額　160 **買手** 課税仕入れの対価　2,000 課税仕入れに係る消費税額　160
1年後	**売手** 売掛金　21　／　受取利息※2　21 **買手** （処理なし）		（処理なし）
2年後（対価受領時）	**売手** 売掛金　22　／　受取利息※3　22 現金　2,160　／　売掛金　2,160 **買手** 買掛金　2,160　／　現金　2,160		（処理なし）

※1　2,160÷(1＋0.01)²＝2,117
※2　2,117×0.01＝21
※3　2,160−(2,117＋21)＝22

ケース3 割戻を見込む販売 論点：変動対価

A社は、B社と商品Zの販売について2年契約を締結している。この契約における対価には変動性があり、右のように、B社が商品Zを1,000個より多く購入する場合には1個当たりの価格を4,000円に、さらに2,000個より多く購入する場合には3,000円に減額すると定めている。A社は、B社への2年間の販売数量予測は2,000個になると予想している。X1年5月に1,000個を販売し、X2年5月に1,000個を追加販売したと予想している。X1年5月に1,000個を販売し、X2年5月に1,000個を追加販売した。なお、消費税率は8%とする。

【販売数量】	【1個あたりの販売価格】
2,001個以上	3,000円
1,001～2,000個	4,000円
0～1,000個	5,000円

（単位：千円）

	会計	法人税の取扱い	消費税の取扱い
X1年5月	**売手（商品1,000個の販売時）** 現金 5,400 ／ 売上※1 4,500 　　　　　　／ 返金負債 500 　　　　　　／ 仮受消費税 400 **買手（商品1,000個の購入時）** 仕入 5,000 ／ 現金 5,400 仮払消費税 400 ／	同左	**売手** 課税売上げの対価 5,000 課税売上げに係る消費税額 400 **買手** 課税仕入れの対価 5,000 課税仕入れに係る消費税額 400
X2年5月	**売手（商品1,000個の追加販売時）** 現金 4,320 ／ 売上※2 4,500 返金負債 500 ／ 　　　　　　／ 仮受消費税 320 **買手（商品1,000個の追加購入時）** 仕入 4,000 ／ 現金 4,320 仮払消費税 320 ／	同左	**売手** 課税売上げの対価 4,000 課税売上げに係る消費税額 320 **買手** 課税仕入れの対価 4,000 課税仕入れに係る消費税額 320

【計算方法】取引価格は、1個あたり4,500円となる。
⇒5,000×1,000個=5,000千円
　4,000×1,000個=4,000千円
　計（5,000千円+4,000千円）÷2,000個=@4,500円
（X1年5月）※1 4,500×1,000個=4,500千円
（X2年5月）※2 4,500×1,000個=4,500千円

ケース4　返品権付き販売(論点:変動対価)

A社は、顧客へ1個200円の商品(原価120円)を100個販売し、その返品予想は2個と見込んだ。なお、消費税率8%とする。A社の仕訳は次のとおり。

(単位:円)

売手

会計			法人税の取扱い			消費税の取扱い
現金	21,600	売上　　　　19,600	現金	21,600	売上　　　　20,000	課税売上げの対価　　　20,000
		返金負債　　　400			仮受消費税　　1,600	課税売上げに係る消費税額　1,600
		仮受消費税　1,600				
売上原価	11,760	商品　　　　12,000	売上原価	12,000	商品　　　　12,000	
返品資産	240					

買手

会計			法人税の取扱い	消費税の取扱い
仕入	20,000	現金　　　　21,600		課税仕入れの対価　　　20,000
仮払消費税	1,600		同左	課税仕入れに係る消費税額　1,600

(注) 本設例は、平成30年度税制改正における返品調整引当金に係る経過措置の適用期間終了後の取引を前提としている。なお、経過措置期間中は会計における返金負債勘定の金額から返品資産勘定の金額を控除した金額に相当する金額が損金経理により返品調整引当金勘定に繰り入れたものとして取扱われる(平成30年改正法附則25、改正法令附則9)。

ケース5　商品券等（論点：非行使部分）

企業Bは1枚当たり1千円のギフトカードを500枚、合計500千円を顧客に発行した。過去の経験から、発行済ギフトカードのうち10%である50千円分が非行使部分になると見込んでいる。発行した翌期に200千円相当の商品と引き換えられ、消費税を含めて行使された。

（単位：円）

	会計	法人税の取扱い	消費税の取扱い
ギフトカード発行時	**企業B** 現金　500,000／契約負債　500,000 **顧客** 商品券　500,000／現金　500,000	（左記会計の取扱いを原則とするが、以下も認める。） **企業B** 現金　500,000／雑収入　500,000 **顧客** 同左	**企業B** 不課税　500,000 **顧客** 不課税　500,000
ギフトカード行使時	**企業B** 契約負債　240,000／売上　200,000 　　　　　　　　　　／仮受消費税　16,000 　　　　　　　　　　／雑収入※　24,000 売上原価　XXX／商品　XXX **顧客** 商品券　216,000／商品券　200,000 　　　　　　　　／仮払消費税　16,000	**企業B** 売上原価　XXX／商品　XXX **顧客** 同左	**企業B** 課税売上げの対価　200,000 課税売上げに係る消費税額　16,000 **顧客** 課税仕入れの対価　200,000 課税仕入れに係る消費税額　16,000

【計算方法】
非行使部分50,000円｜50枚（500枚×10%）
行使割合48%（216枚÷（500枚-50枚）
※ 50,000×48%＝24,000円

ケース6　消化仕入（論点：本人・代理人）

百貨店Aは、B社と消化仕入契約を締結している。百貨店Aは顧客に1個20,000円の商品（卸値19,000円）を1個販売した。百貨店Aは、自らをこの消化仕入れに係る取引における代理人に該当すると判断している。なお、消費税率8％とする。百貨店Aの仕訳は次のとおり。

（単位：円）

合計

百貨店A

売掛金	21,600	手数料収入	1,000
仮払消費税	1,520	買掛金	20,520
		仮受消費税	1,600

法人税の取扱い

同左

消費税の取扱い

百貨店A

課税売上げの対価	20,000
課税売上げに係る消費税額	1,600

※　B社からの商品仕入れ

課税仕入れの対価	19,000
課税仕入れに係る消費税額	1,520

参考文献

・田中健二編『令和5年版図解消費税』（令和5年7月、大蔵財務協会）

・濱田正義編『消費税法基本通達逐条解説』（平成30年3月、大蔵財務協会）

・成松洋一『消費税の経理処理と税務調整』（平成25年10月、大蔵財務協会）

・中田ちず子編著『非営利法人の税務と会計』（平成27年7月、大蔵財務協会）

・藤曲武美『改正消費税の内容と考え方』（平成28年3月、税務経理協会）

・三宮修編『公共・公益法人のための消費税の実務（平成18年版）』（平成18年12月、大蔵財務協会）

・国税庁パンフレット「国、地方公共団体や公共・公益法人等と消費税」（令和5年6月）

・国税庁消費税軽減税率制度対応室「消費税の軽減税率制度に関する Q&A（制度概要編）」
（平成28年4月、平成30年1月改訂）

・国税庁消費税軽減税率制度対応室「消費税の仕入税額控除制度における適格請求書等保
存方式に関する Q&A」（平成30年6月、令和5年10月改訂）

・「社会保障の安定財源の確保等に関する税制の抜本的な改革を行うための消費税法の一部
を改正する等の法律関係（平成24年8月）消費税関係の改正」（『平成25年度改正税法のすべて』
大蔵財務協会）

・「消費税法等の改正」（『平成28年度改正税法のすべて』大蔵財務協会）

・多田雄司監修『事例でわかる「貸倒損失」処理の実務』（平成28年3月、日本実業出版社）

・末安直貴編著『改訂版消費税インボイス制度の実務とQ＆A』（令和5年2月、大蔵財務協会）

・熊王征秀・渡辺章著『逐条放談消費税のインボイスＱ＆Ａ決定版』（令和5年9月、中央経済
社）

■著者紹介

鶴田 泰三（つるた たいぞう）

公認会計士・税理士

昭和38年東京都生まれ、昭和63年早稲田大学商学部卒業

同年公認会計士2次試験合格後、太田昭和監査法人（現、EY新日本有限責任監査法人）入所

大手製造業及びその子会社、公益法人の監査業務、株式公開支援業務に主に従事

平成4年公認会計士登録、平成7年公認会計士・税理士鶴田雄一事務所入所、税理士登録

日本公認会計士協会東京会税務委員会委員長、公認会計士補習所修了考査出題委員（税実務担当）、日本公認会計士協会租税調査会研修サポート専門部会長、税理士試験委員（平成30年〜令和3年）などを歴任

現在、鶴田公認会計士・税理士事務所代表、公認会計士試験委員（租税法担当、令和4年〜）、東京税理士会会員相談室相談委員、日本税務会計学会会計部門委員、日本公認会計士協会租税調査会租税政策検討専門部会委員

上場会社及び上場会社子会社、中堅中小企業、各種非営利法人の会計・税務業務に主に従事

〔主な著書〕

『実務で気になる法律会計制度＆税務事例』（共著）清文社

『事例でわかる「貸倒損失」処理の実務』（共著）日本実業出版社

『連結納税入門』（共著）東洋経済新報社

『図表でわかる会社法と会計・税務の接点』（共著）税務研究会出版局

だい　ばん
第3版
しょうひぜい　かいけいしょり　ほうじんぜい む しんこくちょうせい
消費税の会計処理と法人税務申告調整パーフェクトガイド

2024年2月5日　発行

著　者　　鶴田　泰三 Ⓒ
つる た　たいぞう

発行者　　小泉　定裕

発行所　　株式会社 清文社

東京都文京区小石川1丁目3-25（小石川大国ビル）
〒112-0002　電話03（4332）1375　FAX 03（4332）1376
大阪市北区天神橋2丁目北2-6（大和南森町ビル）
〒530-0041　電話06（6135）4050　FAX 06（6135）4059
URL https://www.skattsei.co.jp/

印刷：亜細亜印刷㈱

■著作権法により無断複写複製は禁止されています。落丁本・乱丁本はお取り替えします。
■本書の内容に関するお問い合わせは編集部までFAX（03-4332-1378）又はメール（edit-e@skattsei.co.jp）
　でお願いします。
■本書の追録情報等は、当社ホームページ（https://www.skattsei.co.jp/）をご覧ください。

ISBN978-4-433-71813-8